高等院校财经类专业系列教材（互联网+应用型）

管理会计

主　编　韩建军　戴　晶
副主编　张　露

扫码申请更多资源

南京大学出版社

图书在版编目(CIP)数据

管理会计 / 韩建军,戴晶主编. —南京:南京大
学出版社,2020.7
ISBN 978 - 7 - 305 - 23256 - 5

Ⅰ. ①管… Ⅱ. ①韩… ②戴… Ⅲ. ①管理会计
Ⅳ. ①F234.3

中国版本图书馆 CIP 数据核字(2020)第 079821 号

出版发行 南京大学出版社
社   址 南京市汉口路 22 号   邮编   210093
出 版 人 金鑫荣

书   名 **管理会计**
主   编 韩建军 戴 晶
责任编辑 武 坦   编辑热线 025 - 83592315
助理编辑 李素梅

照   排 南京开卷文化传媒有限公司
印   刷 南京人民印刷厂有限责任公司
开   本 787×1092 1/16 印张 16.5 字数 401 千
版   次 2020 年 7 月第 1 版 2020 年 7 月第 1 次印刷
ISBN 978 - 7 - 305 - 23256 - 5
定   价 42.00 元

网   址:http://www.njupco.com
官方微博:http://weibo.com/njupco
微信服务号:njuyuexue
销售咨询热线:(025)83594756

内容简介

管理会计是为了满足企业加强经营管理和提高经济效益而产生的,是现代管理科学理论和方法应用于会计领域的结果,是向企业或单位管理当局提供与计划、控制、决策、考核等有关信息的会计学科。随着我国经济的深入发展和现代企业制度的不断完善,管理会计的应用越来越广泛,作业也越来越重要。

管理会计是高等院校财经类会计专业、财务管理专业的主干课程,也是其他经济类专业必须学习的一门专业课。本教材以项目为主导、以任务为引领,便于学生明确学习目的,围绕项目和任务探索和解决问题。每一项目下面有"知识目标""技能目标""知识导图""引导案例""知识准备",任务下面有"关键术语""应知考核""应会考核""项目实训"。内容精炼,理论深度把握适当,由浅入深,简明易懂;注重体现新知识和新方法,实用性强。本教材编写注重知识和技能的结合,培养学生综合运用知识和技能的能力;突出基础理论以必需、够用为度,以掌握概念、强化应用为重点;注重理论联系实际,突出能力、技能培养,提高了教材的实用性和使用范围。

虽然本书编者通力合作,力求做到精益求精,但因撰稿、定稿时间仓促,更主要的是由于编者水平有限,书中难免有疏漏之处,恳请学者和同行专家指正,以便进一步修改和完善。

前　言

财政部大力推进中国管理会计体系的建设,管理会计成为互联网时代会计体系聚焦的热点。2016 年以来,财政部发布的《管理会计基本指引》和《管理会计应用指引》为企业规范和深入应用管理会计提供了切实可行的方法及研究路径。

管理会计是管理与会计的有机结合,是经济发展和会计发展的必然产物。管理会计以会计基本理论、系统理论、预测学、决策学、行为科学等为基础,是一门多学科相互渗透和结合的边缘学科。管理会计不仅可以正确地分析过去,而且可以有效地控制现在,科学地筹划未来,以灵活多样的方法,搜集、加工、分析会计信息及有关资料,为企业内部管理人员正确地进行计划、决策、控制和考评服务。

本教材具有以下特点:① 根据应用型课程的特点,体现了"知识应用"的内容组织特征,按"工作任务课程化、教学任务工作化、工作过程系统化"原则设计教材结构及内容。② 按照应用型系列教材的内容组织编写,突破了传统学科知识体系的结构限制,以"项目""任务"等模块化形式组织教材内容,同时配备一定量的基本概念和基础理论知识作为项目实践的理论支撑。③ 基于企业需求和职业岗位需求,确定典型工作任务,将典型工作任务转化为教学项目,并结合国家职业标准设计典型工作过程,以典型工作过程的实施来组织教材内容,教材内容体现"双基双技"(基本概念、基础理论、通用技能、专业技能),兼顾学科知识体系结构的完整性。

本教材由韩建军、戴晶任主编,张露任副主编,编写过程中结合多年的教学经验,针对管理会计相关知识能力的要求,吸收了国内外专家、学者的研究成果和理念,参考了大量相关文献。在此谨向所有专家、学者及文献的编著者表示衷心的感谢! 同时也感谢出版社编辑们的辛勤付出!

本教材是编者集体智慧的结晶,虽已尽了最大的努力,但书中内容不尽成熟,难免有错漏之处,恳请读者批评指正。

编 者
2020 年 5 月

目　录

项目一　管理会计

知识目标

- 重点掌握管理会计的定义、职能和内容。
- 熟悉管理会计与财务会计的主要联系和区别。
- 理解管理会计的基本理论。
- 了解管理会计的产生及发展。

技能目标

通过项目学习,了解管理会计产生和发展的历史过程,对管理会计形成全方位的崭新认识,培养对管理会计的学习兴趣,理解管理会计的概念,掌握管理会计理论的假设和原则,掌握管理会计与财务会计的不同特点及相互关系。

知识导图

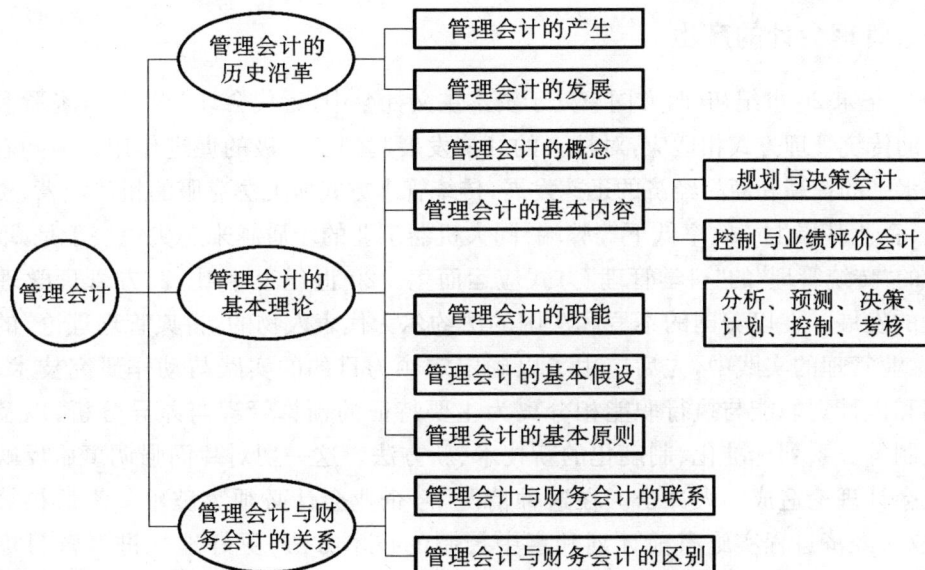

引导案例

魏文王问名医扁鹊说:"你们家兄弟三人都精于医术,到底哪一位最高明呢?"扁鹊回答:"长兄最好,中兄次之,我最差。"文王再问:"为何你最出名?"扁鹊答:"长兄治病,是治病于病情发作之前,由于一般人不知道他事先能铲除病因,所以他的名气无法传出去;中兄治病,是治于病情初起时,一般人以为他只能治轻微的小病,所以他的名气只及本乡里;而我治病于病情严重之时,一般人都能看到我在经脉上穿针管放血、在皮肤上敷药等大手术,所以认为我的医术高明,我的名气因此响遍全国。"

　　在实际工作中,管理会计、财务会计和审计的作用就像扁鹊的大哥、二哥和扁鹊一样。管理会计利用财务会计和其他相关信息,对利润、成本、销售及资金等进行科学的预测分析,对企业的经营活动和长期投资进行决策,在预测和决策的基础上,按企业的既定目标,编制企业的全面预算。管理会计人员有较高的业务素质和专业能力,就像扁鹊大哥一样"医术精湛"。但是管理会计的名气为什么不大,没有像财务会计和审计一样受到人们的青睐呢?这应该和扁鹊的大哥不出名的原因是一样的。

　　管理会计的职责主要是为管理者的决策提供依据,对上、对内默默无闻地工作,像一名"无名英雄"。一般人对管理会计的工作性质、任务、方法、程序并不了解,认为管理会计是看不见、摸不着、可有可无的工作,就像人们在得病之前不知道预防的作用一样,管理会计的作用往往被人们忽略。

知识准备

任务一　管理会计的历史沿革

一、管理会计的产生

　　19世纪末20世纪初,西方国家处于资本主义社会中,近代会计与当时以经验和直觉为核心的传统管理方式相适应,对社会的经济发展起到了积极的促进作用。但随着社会生产力水平的提高和商品经济的迅速发展,传统管理方式所无法克服的粗放经营、资源浪费严重、企业基层生产效率低下等弊端,同大机器工业的矛盾越来越尖锐。于是,取代旧的落后的"传统管理"的"科学管理"方式应运而生。20世纪上半叶,西方管理学理论有了较大的发展。在以美国的泰罗和法国的法约尔为代表人物的"古典管理理论"的指导下,在企业管理的实践中,先后应用了以确定定额为目的的实践与动作研究技术、差别工资制和以计划职能与执行职能相分离为主要特征的预算管理与差异分析,以及日常成本控制等一系列标准化、制度化的新技术、新方法。这一切对片面强调事后反映职能的传统会计理论造成巨大冲击。在这种情况下,企业会计必须突破单一事后核算的格局,采取对经济过程实施事前计划和事中控制的技术方法,更好地促进经营目标的实现。伴随着企业管理方式的变革,会计学渐渐与管理学融合,开始由近代会计向现代会计转变的进程,原始的管理会计也初见端倪。20世纪初,在美国企业会计实务中开始出现了以差异分析为主要内容的"标准成本计算制度"和"预算控制",这标志着管理会计的原始雏形已经形成。

二、管理会计的发展

第二次世界大战以后,资本主义社会产生许多新的特点:科学技术突飞猛进,并应用于生产之中,生产力获得迅速发展;企业进一步集中,企业规模越来越大,生产经营日趋复杂。企业外部的市场情况瞬息万变,国内外市场竞争日益激烈。为了提高各自企业的竞争力,免于被淘汰,"经营的中心在管理,管理的中心在决策"成为企业管理的新的指导方针,将过去的以生产为中心的生产型管理模式调整转变为以开发市场、调动各方积极性和取得最大可能经济效益为中心的经营决策型管理模式。而泰罗的管理学说有些不能适应社会,在这个阶段,管理会计适应现代经济管理的要求,不仅完善了规划控制会计的理论与实践,而且还逐步充实了以"管理科学"为依据的预测决策会计和以"行为科学"为指导思想的责任会计,以及运筹学等内容。在这一阶段,不仅管理会计的实践内容及特征发生了较大的变化,其应用范围也日益扩大,作用越来越明显。

20世纪50年代后,各国经济复苏,管理会计越来越受到人们的青睐和重视。管理会计在西方国家的迅速发展体现在以下几方面:

(1)1950年11月英国企业会计管理考察团发表了《管理会计报告》,体现了20世纪50年代英美的管理思想。美国学者马特希克写了《管理会计的过去、现在和未来》一文,文中肯定了管理会计的功绩。

(2)20世纪50年代初,责任会计概念的明确提出及内容定位是管理会计演进的一个重要标志。1950年,H.B.艾尔曼在《与责任会计相关联的基本企业计划》一文中,把管理人员的责任和管理会计结合在一起。1952年,希金斯出版了《责任会计》,在现代管理会计基本体系构建方面也取得了进展。1952年在伦敦举行国际会计师联合会上,通过了"管理会计"这个专业术语,标志着会计正式划分为"财务会计"和"管理会计"。

(3)20世纪60年代以来,国外一些学者把行为科学应用于管理会计,使管理会计理论不断丰富和充实。行为科学最早是由美国的埃尔顿·梅奥和他的助手提出来的。在他们的倡导下,形成了一种新的管理思想,人们称为"人群关系论"。之后,行为科学迅速发展起来,美国管理学家亚伯拉罕·马斯洛提出了人的需求层次理论,更加丰富了行为科学,这为经营计划会计、控制会计提供了理论依据。同时,行为科学倡导尊重人格,实行所谓"民主管理",以激发职工在经营管理中的主动性和积极性。应用行为科学研究成果的管理会计理论,称为"行为会计"。

(4)1965年1月,英国成本和工厂会计协会将1931年创办的《成本会计师》杂志更名为《管理会计》。显然,这是一种迎合时代潮流的举动。

20世纪70年代后,在经济发达的国家及地区,不仅管理会计理论研究工作有进一步的发展,而且管理会计的推广应用也进入了实质性的工作阶段。1972年,美国全国会计师协会开始举办"审定管理会计师"(CMA)资格考试,作为上岗依据,把CPA与CMA作为应聘条件。同时,管理会计的发展进一步受到行为科学、管理科学、数学、计算机技术,以及相关数量科学的影响,取得了许多新的成就。1971年E.H.柯普兰的《管会计和行为科学》及1973年出版的A.G.霍普伍德的《会计系统与管理行为》堪称代表之作。从数量科学影响方面讲,在20世纪60年代将"回归分析法""学习曲线"等引入应用的基础上,70

年代又将概率论引入决策模型的建立。

从管理会计产生、发展的历史可以看出,管理会计是一门新兴的学科。成本会计是现代管理会计系统的最初形式。它最初是为了满足财务报告的需要而产生的。自 1975 年以来的发展表明,信息和报告系统已经对个人产生了影响。信息经济学方法所强调的是,信息系统对决策者的信心所产生的影响,而更为新颖的说法则认为,对于个人行动的考核和报告将对行动本身产生影响。

任务二　管理会计的基本理论

一、管理会计的概念

管理会计以现代管理科学为理论基础,以强化企业内部经营管理、实现最佳经济效益为最终目的,广泛利用财务会计信息实现对经济过程的预测、决策、规划、控制和责任考评。它是企业管理的重要组成部分。

管理会计有以下三个特征:

(1) 管理会计的理论基础是现代管理科学。从管理会计的产生和发展上看,管理科学对管理会计的产生和发展起到了推动作用。随着现代管理科学理论的发展,管理会计也在不断地向前发展。

(2) 管理会计的最终目的是利用有限的资源尽可能地提高经济效益。经济效益的提高不应是以利润最大化为唯一目标,企业在重视利润的同时,应抓好企业的标准化管理、目标管理,落实好责任制。

(3) 管理会计是一个以提供经济管理信息为主的会计信息系统。管理会计所提供的信息不仅能对一个企业过去的活动进行反映与监督,而且还能对企业现在的活动进行预测、决策、规划,能对经营过程进行控制和考核。

二、管理会计的基本内容

一般来说,管理会计的基本内容包括预测分析、决策分析、全面预算、成本控制和责任会计等。其中,前两项内容合并成为预测决策会计;全面预算和成本控制合并成为规划控制会计。预测决策会计、规划控制会计和责任会计三者既相对独立,又相辅相成。将上述三者再进一步合并,又可分为"规划与决策会计"和"控制与业绩评价会计"两大部分。

(一) 规划与决策会计

规划与决策会计主要包括经营预测、短期经营决策、长期投资决策和全面预算。

(二) 控制与业绩评价会计

控制与业绩评价会计主要包括存货控制和责任会计。

规划与决策会计和控制与业绩评价会计两者相互联系不可分割,构成了管理统一整体。另外,成本性态分析、变动成本法可视为管理会计的基础,它们既与规划与决策会计有关,又与控制与业绩评价会计相联系。

三、管理会计的职能

管理会计不同于财务会计,它可以综合履行更加广泛的职能,既可以分析过去,同时又可以控制现在,还可以筹划未来。

(一)分析职能

分析职能是管理会计的一项重要职能。它是指管理会计参与经济活动的事后分析。

(二)预测职能

管理会计在预测过程中,主要使用历史数据,并通过把这些历史数据进行科学的加工与整理,来预测未来经济活动的发展变化,以减少企业经营管理决策的盲目性。

(三)决策职能

决策是管理会计的一项重要职能。决策的正确与否关系到一个企业的成败。管理会计就是通过采用各种科学决策方法来选择最优方案的。

(四)计划职能

管理会计主要的工作就是正确编制各项计划,即实行全面预算。全面预算是经营管理决策的具体化。为了实现各项指标,管理会计工作要做到长计划短安排,并把计划指标层层分解,落实到各部门,形成责任预算体系,这样才便于进行有效的控制与考核。

(五)控制职能

控制职能就是按照全面预算的完成情况纠正预算执行过程中的偏差,最终确保预算目标的实现。

(六)考核职能

实施责任会计,定期进行考核是管理会计的又一基本职能。

四、管理会计的基本假设

管理会计的假设和原则,是近年来人们在对管理会计基本理论进行研究时,参照财务会计基本理论框架结构而提出的课题,迄今尚无定论。美国会计学会沿用构建财务会计假设和原则的框架,从会计信息论的角度,围绕"为什么提供信息""为谁提供信息""提供什么样的信息"和"怎样提供信息"等问题,设计了一系列管理会计基本假设和基本原则。对此,中外学者提出了诸多看法。

管理会计基本假设的具体内容包括多层主体假设、理性行为假设、合理预期假设、充分占有信息假设等。

（1）多层主体假设。该假设规定了管理会计工作对象的基本活动空间。由于管理会计主要面向企业内部管理，而企业内部可划分为许多层次。因此，管理会计假定其主体不仅包括企业整体，而且还包括企业内部各个层次的所有责任单位。

（2）理性行为假设。该假设包含双重含义：第一，由于管理会计在履行其职能时往往需要在不同的程序或方法中进行选择，就会使其工作结果在一定程度上受到人的主观意志影响，因此，管理会计师总是出于设法实现管理会计工作总体目标的动机，能够采取理性行为，自觉地按照科学的程序和方法办事；第二，假定每一项管理会计具体目标的提出，完全出于理性或可操作性的考虑，能够从客观实际出发，既不将目标定得过高，也不至于含混不清，无法操作。

（3）合理预期假设。该假设规定，为了满足管理会计要求，可以根据需要和可能，灵活地确定其工作的时间范围或进行会计分期，不必严格地受财务会计上的会计年度、季度或月份的约束；在时态上可以跨越过去和现在，一直延伸到未来。

（4）充分占有信息假设。该假设从信息搜集及处理的角度提出，一方面，管理会计采用多种计量单位，不仅充分占有和处理企业内部、外部的价值量信息，而且还占有和处理其他非价值量信息；另一方面，管理会计所占有的各种信息在总量上能够充分满足现代信息处理技术的要求。

任务三　管理会计与财务会计的关系

管理会计和财务会计都是经济发展的产物，有着极为密切的联系，又有着截然的不同。

一、管理会计与财务会计的联系

（一）管理目标相同

管理会计和财务会计分别对企业内部和企业外部提供信息，但是最终目标都为了使企业能够获得最大利润，提高经济效益。

（二）起源相同

管理会计和财务会计都是在传统会计中孕育、发展起来的，作为会计的重要组成部分，标志着会计学的发展和完善。

（三）基本信息同源

管理会计所使用的信息尽管广泛多样，但基本信息来源于财务会计，有的是财务会计资料的直接使用，有的是财务会计资料的调整和延伸。

（四）服务对象交叉

虽然管理会计与财务会计有内外之分，但是，服务对象并非泾渭分明。在许多情况下,管理会计的信息可以为外部利益集团所利用(如盈利预测),财务会计信息对企业内部决策也至关重要。

(五)某些概念相同

管理会计与财务会计使用的某些概念完全相同,如成本、收益、利润等,有些概念则是由财务会计的概念引申出来的,如边际成本、边际收益、机会成本等。

二、管理会计与财务会计的区别

(一)会计主体不同

管理会计主要以企业内部各层次的责任单位为主体,更加突出以人为中心的行为管理,同时兼顾企业主体;财务会计往往只以整个企业为工作主体。

(二)具体工作目标不同

管理会计作为企业会计的内部会计系统,其工作侧重点主要为企业内部管理服务;财务会计工作的侧重点在于为企业外界利害关系集团提供会计信息服务。

(三)基本职能不同

管理会计主要履行预测、决策、规划、控制和考核的职能;财务会计履行的则是反映、报告企业经营成果和财务状况的职能。

(四)工作依据不同

目前人们所提出的"管理会计假设和原则",并不具备权威性,只有指导作用。至于财务会计的"公认会计原则"对管理会计工作几乎不起作用,对财务会计却具有很强的严肃性和权威性,必须严格遵守,其信息质量必须符合会计原则的要求。

(五)方法及程序不同

管理会计不仅对不同问题可以选择灵活多样的方法进行分析处理,即使对相同的问题也可根据需要和可能而采用不同的方法进行处理,在信息处理过程中经常运用现代数学方法;财务会计的方法则比较稳定,核算时往往只需运用简单的算术方法。管理会计工作的程序性较差,通常缺乏固定的工作程序;财务会计则必须遵循固定的会计循环程序。

(六)信息特征不同

管理会计信息与财务会计信息在以下几个方面有所区别:

第一,时间特征不同。管理会计信息跨越过去、现在和未来三个时态;而财务会计信息则大多为过去时态。

第二,信息载体不同。管理会计大多以没有统一格式、不固定报告日期和不对外公开的内部报告为其信息载体;财务会计在对外公开提供信息时,其载体是具有固定格式和固定报告日期的财务报表。

第三,信息属性不同。由于受决策有用性和灵活性原则的影响,管理会计在向企业内部管理部门提供定量信息时,除了价值计量单位外,还经常使用非价值计量单位,此外还可以根据部分单位的需要,提供定性的、特定的、有选择的、不强求计算精度的,以及不具有法律效用的信息;财务会计主要向企业外部利益关系集团提供以货币为计量单位的定量信息,这些信息要求体现全面性、系统性、连续性、综合性、真实性、准确性和合法性等原则的要求。

(七)观念取向不同

现代管理会计不仅看重管理行为的实施结果,而且更关注管理过程本身。财务会计的主要精力一般集中在如何真实准确地反映企业的人、财、物在供、产、销各阶段上的分布、使用及消耗情况,以确保能够定期向企业外部相关利益集团提供财务报告,往往不大重视管理过程和结果对企业职工心理和行为的影响。

关键术语

管理会计　管理会计职能　管理会计与财务会计的关系

应知考核

一、单选题

1. 狭义的管理会计是指(　　)。
   - A. 微观管理会计
   - B. 宏观管理会计
   - C. 国际管理会计
   - D. 成本会计

2. 管理会计以强化企业内部管理、(　　)为最终目的。
   - A. 降低成本
   - B. 降低保本点
   - C. 实现最佳经济效益
   - D. 增加销售量

3. 传统管理会计的最主要职能是(　　)。
   - A. 预测
   - B. 决策
   - C. 考评
   - D. 控制

4. 管理会计产生与发展的根本原因是(　　)。
   - A. 科学技术的发展
   - B. 商品经济的发展
   - C. 跨国公司的发展
   - D. 生产力的进步

5. 在某种意义上被称为"内部会计"的是(　　)。
   - A. 财务会计
   - B. 成本会计
   - C. 管理会计
   - D. 责任会计

二、多选题

1. 广义的管理会计包括(　　)。
   - A. 企业管理会计
   - B. 宏观管理会计
   - C. 国际管理会计
   - D. 成本会计

2. 管理会计的职能包括(　　)。
   - A. 预测
   - B. 决策
   - C. 规划
   - D. 控制

3. 现代管理会计的内容有(　　)。

  A. 预测决策会计　　　　　　　　B. 规划控制会计

  C. 责任会计　　　　　　　　　　D. 考核会计

4. 传统管理会计的主要内容有(　　)。

  A. 预测　　　　　B. 决策　　　　　C. 预算　　　　　D. 控制

三、判断题

1. 管理会计的主要职能是核算与监督。　　　　　　　　　　　　　　　　　(　　)

2. 标准成本法、预算控制、差异分析的应用是管理会计的雏形。　　　　　　(　　)

3. 20 世纪 30 年代至今属于现代管理会计阶段。　　　　　　　　　　　　(　　)

4. 管理会计的资料主要来源于财务会计,它的主要内容是对财务会计信息进行深加工和再利用。　　　　　　　　　　　　　　　　　　　　　　　　　　　　　(　　)

5. 管理会计和财务会计都必须遵守企业会计准则。　　　　　　　　　　　　(　　)

四、简答题

1. 简述管理会计的产生和发展情况。

2. 管理会计的基本职能有哪些?

3. 什么是管理会计?

应会考核

  A 公司会计人员王某从事财务会计工作,对于管理会计知识不甚了解。以下是他对管理会计提出的个人观点:

  (1) 管理会计与财务会计的职能一样,主要是核算。

  (2) 管理会计和财务会计是截然分开的,无任何联系。

  (3) 管理会计报告要在会计期末以报表的形式上报。

  (4) 管理会计在方法上灵活多样。

  (5) 管理会计服务于企业外部,受会计法规的约束。

  (6) 管理会计的职能主要是满足企业各项管理的需要。

要求:

  (1) 对以上观点加以分析说明,指出正确与否;

  (2) 说明管理会计的职能和基本内容是什么。

项目二 成本性态分析和变动成本法

知识目标

- 理解成本性态的含义、变动成本和固定成本的含义、特点。
- 掌握混合成本的分解方法。
- 了解变动成本法和完全成本法的含义及特点。
- 掌握变动成本法和完全成本法的主要区别。
- 理解变动成本法与完全成本法利润差异的原因。

技能目标

通过项目学习,理解成本性态及其在短期决策中的重要作用;能够说明变动成本法和完全成本法下利润表之间差异产生的原因并进行分析。

知识导图

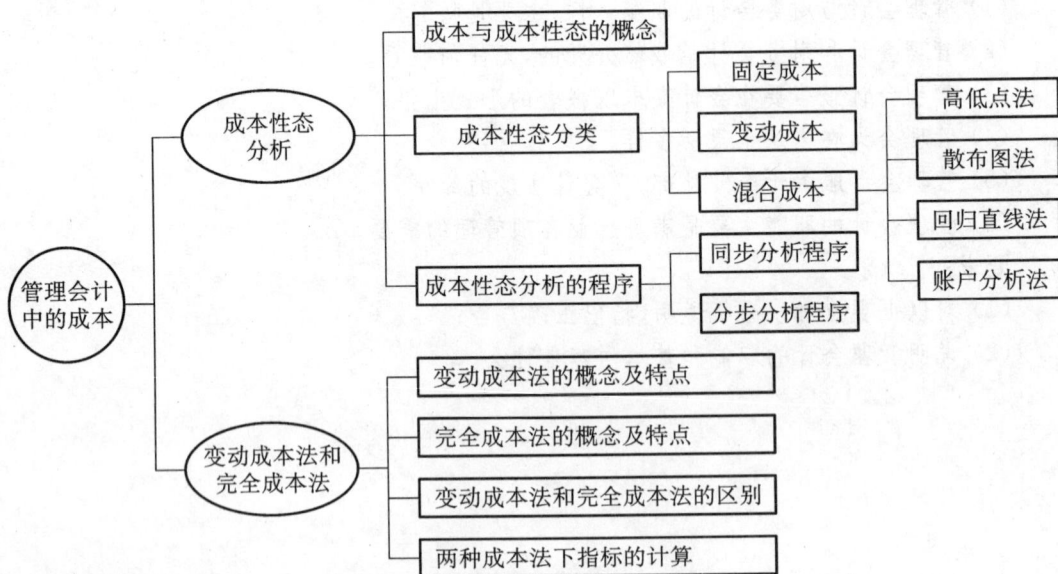

引导案例

五星公司生产净水器,计划生产能力为每年 10 000 台,但由于市场竞争剧烈,过去两年,每年只能生产和销售 5 000 台。市场销售价为每台 2 500 元,而该公司的单位产品成本为 2 600 元/台,其成本资料有:单位变动生产成本为 1 000 元/台,固定制造费用为 8 000 000元,固定推销及管理费用为 2 500 000 元。

该公司已连续两年亏损,去年亏损 3 000 000 元,若今年不能扭亏为盈,银行将不再贷款,公司势必要停产,形势非常严峻,该公司总经理特为此召集各部门经理开会商讨对策,其各自意见如下所述:

(1) 销售部门经理:问题的关键是每台净水器只能按 2 500 元/台每年销售 5 000 台,但每台的制造成本为 2 600 元/台,由于竞争的关系,如果提高价格净水器就卖不出去。另外公司没有钱做广告促销,出路只有请生产部门的工程技术人员想方设法,改进工艺,减少消耗,降低制造成本。

(2) 生产部门经理:我不同意。问题的关键在于销售没有打开,每年只能生产和销售 5 000 台,生产能力只利用了一半,如能充分利用生产能力,就可以把单位固定成本降低,单位产品成本自然下降。对策是要请推销人员千方百计地去搞促销活动,如能每年售出 10 000 台,就一定能转亏为盈。

(3) 总会计师:生产部门经理的意见对我很有启发,我们编制利润表是采用完全成本法。这就为我们提供了一个扭亏为盈的"终南捷径"。那就是充分利用我们的生产能力,一年生产 10 000 台。这样,我们即使不增加销售数量,也能使利润表上扭亏为盈,因而向银行申请贷款就没有问题。

(4) 总经理最后说:总会计师的建议很好,我们就这样干。

【想一想】

1. 根据上述资料,说明该公司去年亏损的 3 000 000 元是怎么计算出来的?

2. 根据总会计师的建议,按完全成本法计算该公司的税前净利是多少,并对该建议做出评价。

3. 生产部门经理和销售部门经理的意见是否正确? 请做出评价。

知识准备

任务一　成本性态分析

一、成本与成本性态的概念

作为一个广义的经济范畴,成本是企业为生产商品和提供劳务所发生的各种耗费的货币表现。作为一个价值范畴,成本是商品经济的产物,它既是企业进行价值补偿的尺度,也是衡量企业工作质量的重要指标,因而也是企业管理的重要内容。

财务会计中,成本是指企业为了获得收入,在日常经营活动中所发生的以货币计量的各种耗费,强调的是"对象性"和"归属性",针对的是"产品"或"期间"。

管理会计中,成本是指企业在生产经营过程中对象化的、以货币表现的、为达到一定目的而应当或可能发生的各种经济资源的价值牺牲或代价,强调的是"因果性"和"必要性",对成本发生的时态、形式没有严格的规定,重视"不同目的,不同成本"。管理会计中的成本时态可以是过去时、现在完成时或将来时。

成本性态也称成本习性,是指成本总额与特定业务量之间数量上的依存关系,即成本的变化对业务量变化表现出来的特征。成本总额和业务量之间的关系在特定的条件下是客观的、不变的,具有规律性,即一定的业务量对应着一定的成本总额。

二、成本性态分类

按照成本与业务量之间的依存关系,可将成本分为固定成本、变动成本和混合成本三类。

(一)固定成本

1. 固定成本的定义及特点

固定成本是指在一定时期和一定业务量范围内,成本总额不受业务量增减变动的影响而保持固定不变的成本,是成本总额与产量增减变化没有直接联系的费用。

在会计实务中,固定成本一般包括企业行政管理人员的工资、办公费、企业资产的保险费、广告费、职工培训费、房产税、按直线法计提的固定资产折旧费等。

【例 2-1】 金达有限公司是一家五金生产厂家,其生产车间的磨床设备按月计提的折旧费总额 500 000 元。该设备的月最大产能为 500 000 件。产量在 500 000 件以内变动对于成本的影响如表 2-1 所示。

表 2-1　折旧费分摊计算表

月产量 X(件)	月折旧额 a(元)	单位产品应分摊的折旧费 a/X(元)
100 000	500 000	5
200 000	500 000	2.5
300 000	500 000	1.67
400 000	500 000	1.25
500 000	500 000	1

根据表 2-1 可以得出固定成本总额和单位固定成本与特定业务量之间的数量关系模型,如图 2-1、图 2-2 所示。

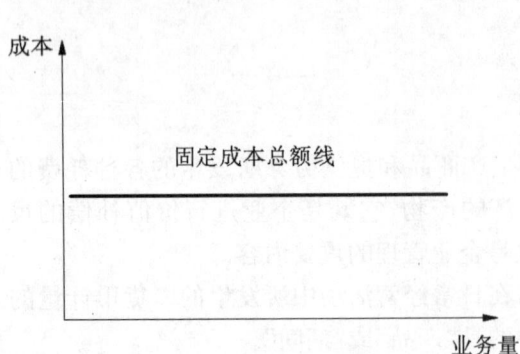

图 2-1　固定成本总额与特定业务量
之间的数量关系模型

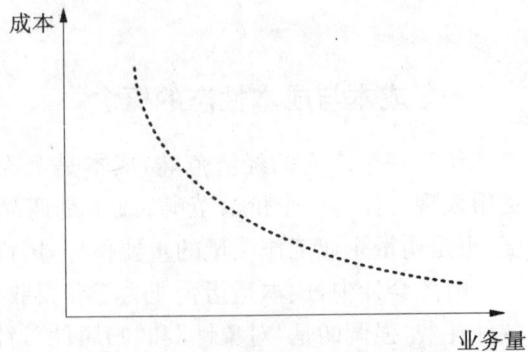

图 2-2　单位固定成本与特定业务量
之间的数量关系模型

根据图2-1、图2-2可以看出,固定成本具有以下两个特点:

(1)固定成本总额不受业务量变动的影响,在一定时期和一定业务量范围内保持不变。

(2)在一定时期和一定业务量范围内,单位产品分摊的固定成本随业务量的增减呈反比例变动。

2. 固定成本的分类

在实际工作中,按照企业管理部门对固定成本的控制程度,即在一定条件下,对固定成本是否发生以及发生多少的影响程度,固定成本可细分为约束性固定成本和酌量性固定成本两类。

(1)约束性固定成本。

约束性固定成本是指由企业的生产经营能力决定的,不受企业管理部门短期决策影响而改变数额的那部分成本,如厂房、机器设备的折旧费、管理人员薪金、保险费、不动产税等。这些成本是企业在一定时期未来形成一定的生产经营能力而必须支出的,即使中途生产中断或者达不到预期生产能力利用程度也要发生。

约束性固定成本是由生产经营能力所决定,维持一定的生产能力所必需的,又称为"经营能力成本",具有较大的约束性。在短期内,管理当局不能影响和控制此类成本,否则企业将不能正常运转,正常生产经营能力将要受到影响。从成本节约或者成本控制的目的看,只能通过提高生产经营能力的利用效率来降低单位产品承担的约束性固定成本。

(2)酌量性固定成本。

酌量性固定成本是指受企业管理部门短期决策影响,可以在不同时期控制和改变其数额的那部分成本,属于企业"经营方针"成本,如产品研究开发费、广告宣传费、业务招待费和职工培训费等。这类成本发生与否或者数额多少,受管理当局决策行为的影响,由企业根据生产经营的需要和财务负担能力而确定支出数额,也称"选择性固定成本"。

从某一个预算期来看,酌量性固定成本数额一旦确定,就不受该期实际生产经营的业务量影响。这类固定成本的节约和控制,管理层可以根据预计的生产经营规模和实际需要,本着精打细算、厉行节约、最高利用效率的原则来确定各项开支数额。

3. 固定成本的相关范围

固定成本总额不变的特性是有条件的,这种条件在管理会计中被称为"相关范围",表现为一定的时间范围和一定的空间范围,如图2-3所示。固定成本的"相关范围"具有如下特定含义:

(1)特定期间。从较长时期看,企业所有的成本包括约束性固定成本,其总额都是会发生变化的。因为随着时间的推移,企业的经营规模都不可避免地发生变化,也必然引起厂房扩建、设备更新、管理人员增减,从而改变折旧费、大修理费及工资的支出。因此,

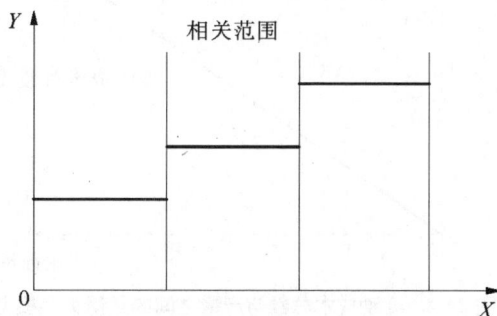

图2-3 固定成本的相关范围

企业的固定成本具有不随产量变动的特性是有时限的。

（2）特定业务量水平。特定产量就是企业现有生产能力水平，当产量超过这一水平，为满足企业生产经营活动和管理活动的需要，势必要扩建厂房、增加设备、扩大经营机构和增加相关人员，从而使原有的折旧费、修理费、管理人员薪金和广告宣传的支出相应增加。因此，在有限期间内具有固定特性的成本，是针对某一特定产量范围而言的。

（二）变动成本

1. 变动成本的定义及特点

变动成本是指在一定业务量范围内，成本总额随相关业务量的变动呈正比例变动的那部分成本。

在会计实务中，变动成本一般包括生产过程中耗用的直接材料、直接人工、制造费用中随产量呈正比例变动的物料用品费、燃料费、动力费、按工作量法计提的固定资产折旧费以及按销量支付的销售佣金、装卸费、包装费等。

【例2-2】 利达公司只生产一种产品，产量在一定范围内变动对成本的影响如表2-2所示。

表2-2 产量与变动成本关系

产 量(件)　　　　项　目	变动成本总额(元)	单位变动成本(元/件)
100	1 000	10
150	1 500	10
200	2 000	10
250	2 500	10
300	3 000	10

以横轴表示产量，纵轴表示成本，根据表2-2中的数据，可得到变动成本总额和单位变动成本与产量之间的数量关系模型，如图2-4、图2-5所示。

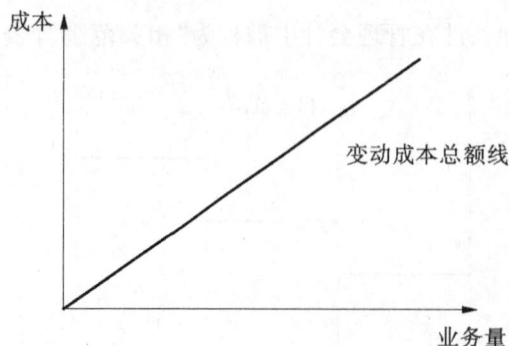

图2-4 变动成本总额与产量之间的数量关系模型　　图2-5 单位变动成本与产量之间的数量关系模型

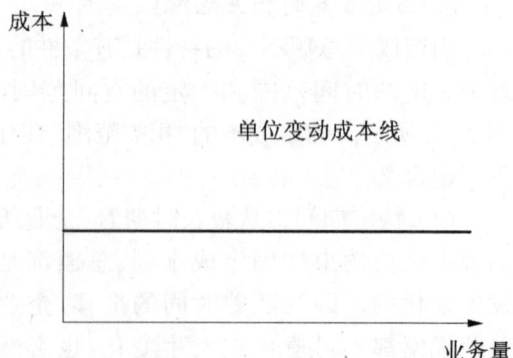

根据图2-4、图2-5可以看出,变动成本具有以下两个特点:

(1)在一定时期和一定业务量范围内变动成本总额随业务量的变动而呈正比例变动,即业务量增加一倍,成本总额也相应增加一倍。

(2)在一定时期和一定业务量范围内,单位变动成本固定不变,即单位变动成本不受业务量变动的影响。

2. 变动成本的分类

在实际工作中,变动成本可根据其发生的原因分为技术性变动成本和酌量性变动成本。

(1)技术性变动成本。

技术性变动成本是指与产量有明确的技术或实物关系的变动成本,即单位成本由客观因素决定,消耗量由技术因素决定的那部分变动成本,如一台电脑要用一块主机板、一个硬盘、一个显示器等。从理论上讲,若企业不生产产品,其技术变动成本就为零。技术性变动成本的降低,必须通过改进设计、改进工艺技术、提高材料综合利用率、提高劳动生产率以及降低单位消耗避免浪费等手段来实现。

(2)酌量性变动成本。

酌量性变动成本是指可以通过管理决策行动而改变的变动成本,即单位消耗由客观因素决定,单位成本受高层管理决策影响的那部分变动成本,如企业从不同供货渠道购买到不同价格的某种材料、管理部门制定的销售佣金计提的百分比等。酌量性变动成本的降低,通过管理部门的合理决策、计划安排、降低材料采购成本、优化劳动组合、控制开支等手段来实现。

3. 变动成本的相关范围

变动成本的基本特征也是有条件的,即只有在一定产量范围内,变动成本总额与产量之间呈正比例变动关系(完全的线性关系);超过这一范围,两者之间表现为非线性关系,如图2-6所示。

(1)产品投产初期,产量增长初始阶段,单位产品的材料成本和人工成本较高,成本的增长幅度低于产量的增长幅度,从而使总成本线呈现向下弯曲的趋势。

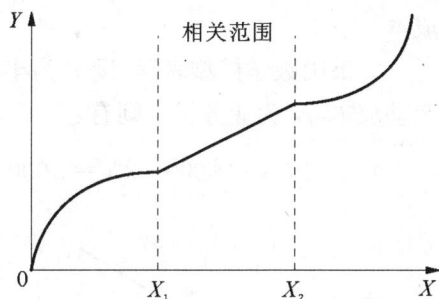

图2-6　变动成本的相关范围

(2)随着业务量的增加,生产效率逐渐提高,各项材料和人工的消耗逐渐下降并趋于平稳,从而使变动成本总额和业务量之间呈现完全的线性关系,即变动成本的"相关范围"。

(3)业务量继续增加并超过相关范围,会使某些成本项目急剧上升,成本增长幅度高于产量增长幅度,从而使总成本线呈向上弯曲的趋势。

(三)混合成本

1. 混合成本的定义

在实际工作中,往往存在一些成本项目兼具变动成本和固定成本两种不同的性质。它们既非完全固定不变,也不随业务量呈正比例变动,我们将其称之为混合成本。

混合成本是指介于固定成本和变动成本之间,总额随业务量变动又不呈正比例变动的那部分成本,基本特征是成本总额受业务量变动影响,但变动幅度不与业务量呈现严格的正比例关系。

2. 混合成本的分类

混合成本与业务量的关系比较复杂,有多种不同的表现形式,可进一步划分为以下四类。

(1) 半变动混合成本。

半变动混合成本又称为标准式混合成本,是指在一定初始基数的基础上随着产量的变动而呈正比例变动的成本。半变动混合成本的特点是:开始有个初始值,相当于固定成本;在初始值之上,总成本随业务量呈正比例变动,这部分相当于变动成本。例如,公用事业费(包括水费、电费、煤气费、电话费、有线电视费等)以及机器设备的维护保养费等,这些费用一般包括两部分:一部分是基数,不管当期是否使用,都必须支付,具有固定成本的性质;另一部分是按照单价根据实际耗用量来计算的,具有变动成本的性质。

【例 2-3】 振兴公司与供水单位签订一项供水合同,合同规定水费的计算分两部分:一部分是按月支付的固定水费 1 000 元;另一部分是根据实际用水量按每吨 2 元支付,假设该企业本月实际耗用 5 000 吨水。

要求:建立该企业半变动混合成本的性态模型。

解:该企业共支付水费 11 000 元,这项支出中 1 000 元是不按供水量计算的固定基数,属于固定成本;10 000 元是根据实际耗用量 5 000 吨按照每吨 2 元计算的,属于变动成本。

如果用数学模型表示,设 Y 为半变动混合成本总额,a 为固定的成本部分,b 为单位变动成本,X 为业务量。则有:

$$Y = a + bX = 1\,000 + 2X = 1\,000 + 2 \times 5\,000 = 11\,000(元)$$

上述模型可用直角坐标图来表示,如图 2-7 所示。

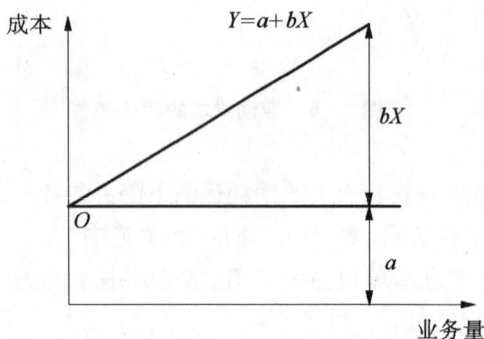

图 2-7 半变动混合成本的模型

(2) 半固定混合成本。

半固定混合成本又称为阶梯式混合成本,是指其总额随产量呈阶梯式变动的成本,其特点是:在一定业务量范围内,其发生额是固定的;当业务量增加到一定程度,其发生额就突然跳跃到一个新水平,然后在这个业务量限度内发生额又保持不变,直到又跳跃到一个新的业务量水平。在会计实务中,企业的化验员、运货员、检验员、保养工、领班等的工资,以及受班次影响的动力费、整车运输费、设备修理费等,都属于阶梯式混合成本。

【例 2-4】 振海公司的产品产量在 100 件以内,需配备 1 名质检员,而产量每增加

100 件就需要增加 1 名质检员,假定每名质检员的薪酬均为 1 500 元。

要求:建立阶梯式混合成本的性态模型。

解:根据已知条件,半固定混合成本的数学表达式为:

$$Y=\begin{cases}a_1 & (0\leqslant X<X_1) \\ a_2 & (X_1\leqslant X<X_2) \\ a_3 & (X_2\leqslant X<X_3)\end{cases} \quad Y=\begin{cases}1\ 500 & (0\leqslant X<100) \\ 3\ 000 & (100\leqslant X<200) \\ 4\ 500 & (200\leqslant X<300)\end{cases}$$

上述表达式用直角坐标图来表示,如图 2-8 所示。

(3)延期变动混合成本。

延期变动混合成本又称为堤坡式混合成本,是指成本总额在一定业务量范围内保持稳定,但超过该业务量后则随业务量呈正比例增长的成本。这类成本的特点是:在某一时间或产量下表现为固定成本,超过这一时间或产量则表现为变动成本。例如,企业在正常工作时间的情况下,对职工所支付的薪金是固定不变的;但当工作时间超过规定范围,则根据加班时间的长短按正比例支付加班费用。

【例 2-5】 昂立公司规定搬运工 10 名,工资总额 10 000 元。当产量超过 3 000 件时,就需要雇用临时工。临时工采用计件工资制,单位工资为每件 0.5 元。

要求:建立该企业搬运工工资的性态模型。

解:搬运工工资的数学表达式为:

$$Y=\begin{cases}a & (X\leqslant X_1) \\ a+b(X-X_1) & (X>X_1)\end{cases} \quad Y=\begin{cases}10\ 000 & (X\leqslant 3\ 000) \\ 10\ 000+0.5(X-3\ 000) & (X>3\ 000)\end{cases}$$

上述表达式用直角坐标图来表示,如图 2-9 所示。

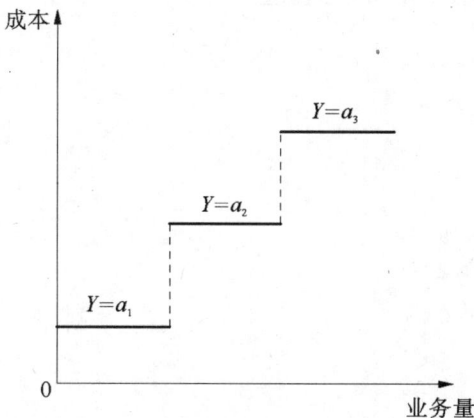

图 2-8　半固定混合成本模型　　　　图 2-9　延期变动混合成本模型

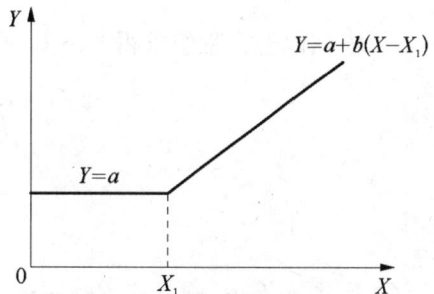

(4)曲线式混合成本。

曲线式混合成本又称为曲线式变动成本,有一部分不受业务量影响的基数部分,类似于固定成本,另一部分随业务量呈非线性关系的变动。曲线式混合成本有两种形式:

① 递增型混合成本(成本增长大于业务量增长),如各种违约罚金和累计计件工资,曲线变化如图 2-10 所示。

② 递减型混合成本(成本增长小于业务量增长),如电炉设备热处理的耗电成本,曲线变化如图 2-11 所示。

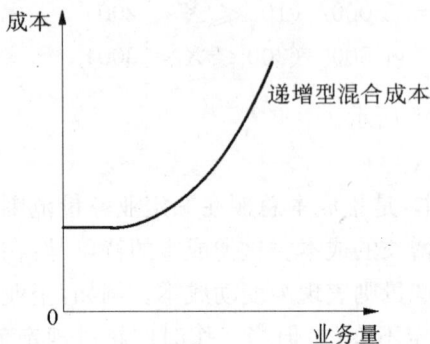

图 2-10　递增型混合成本模型　　　图 2-11　递减型混合成本模型

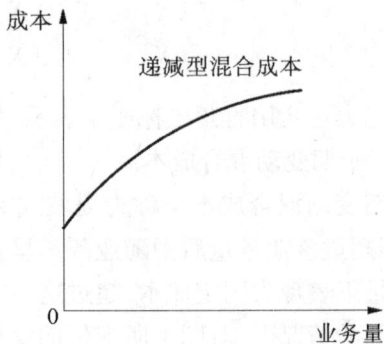

3. 混合成本的分解方法

(1) 高低点法。

高低点法是指根据历史资料中某期最高产量和最低产量以及对应同期的总成本,推算单位产品的变动成本,然后根据总成本和单位变动成本来确定固定成本的一种成本分解方法。

基本步骤如下:

① 从各期历史资料中,找出最高、最低业务量及对应同期的总成本组成$(x_{高},y_{高})$和$(x_{低},y_{低})$坐标点,根据混合成本 $y=a+bx$,列出二元一次方程组:

$$\begin{cases} y_{高}=a+bx_{高} \\ y_{低}=a+bx_{高} \end{cases}$$

② 根据以上方程组求得 a、b 如下:

$$b=\frac{y_{高}-y_{低}}{x_{高}-x_{低}}$$

$$a=y_{高}-bx_{高}$$

或

$$a=y_{低}-bx_{低}$$

③ 代入 a、b 值,建立成本性态模型:$y=a+bx$。

需要注意的是,采用高低点法选用的历史成本数据应能代表该项业务活动的正常情况,不得含有任何不正常状态的成本,通过高低点法分解而求得的混合成本公式只适用于相关范围内的情况。

【例 2-6】 华英公司 2019 年 1~6 月的机器设备维修成本数据如表 2-3 所示。

表 2-3　华英公司 2019 年 1～6 月的维修成本资料

月　　份	业务量（千机器小时）	维修成本（元）
1	6	110
2	8	115
3	4	85
4	7	105
5	9	120
6	5	100

要求：运用高低点法对华英公司机器设备的维修成本进行分解。

解：根据上述资料可找出高点坐标（9,120）、低点坐标（4,85），构成方程组：

$$\begin{cases} 120 = a + 9b \\ 85 = a + 4b \end{cases}$$

$$b = \frac{120 - 85}{9 - 4} = 7（元/千机器小时）$$

$$a = 120 - 9 \times 7 = 85 - 4 \times 7 = 57（元）$$

综上可知，华英公司的维修成本性态模型为 $y = 57 + 7x$，其中固定成本总额为 57 元，变动成本总额为 $7x$。

在实际工作中，高低点法简便易操作，缺点是只利用了历史资料的两组数据，而未考虑其他数据的影响，因而代表性差。

（2）散布图法。

散布图法也称目测法，是一种先以观察的历史成本数据在坐标图上作图，绘出各期成本点散布图，然后通过目测在各成本点之间绘出一条反映成本平均变动趋势的直线，据此确定成本中的固定成本和变动成本的一种定量分析方法。

基本步骤如下：

① 以横轴代表业务量 x，以纵轴代表混合成本金额 y，将某一期间混合成本的历史资料逐一标注在坐标图上。这样，各个历史成本数据就形成若干个成本点散布在坐标图上，形成布点图。

② 通过目测在各个成本点之间绘出一条能反映成本平均变动趋势的直线，使其尽可能涵盖或接近所有坐标点。

③ 读出所绘直线与纵轴交点的截距值，即固定成本总额 a。

④ 在所绘直线上任取一点，读出其坐标值 (x, y)，然后利用公式 $b = \dfrac{y - a}{x}$ 求出单位变动成本。

⑤ 代入 a、b 值，建立成本性态模型：$y = a + bx$。

【例 2-7】　大明厂 2019 年 7～12 月份的设备维修费数据如表 2-4 所示。

表 2-4 设备维修费与业务量

月　份	业务量(千机器小时)	维修费(元)
7	7	130
8	9	135
9	5	105
10	8	125
11	10	140
12	6	120

解:根据表 2-4 中的业务量和设备维修费的数据,绘制布点图如图 2-12 所示。

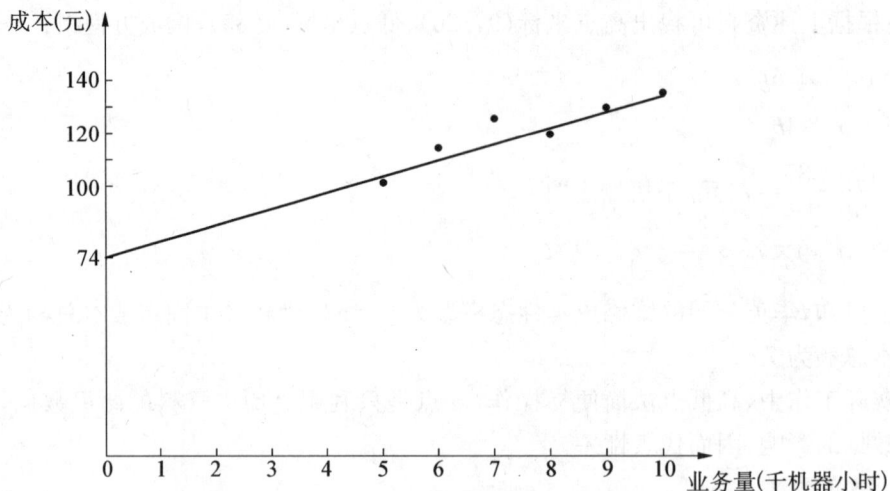

图 2-12　维修成本的散布图

在图 2-12 中,通过目测绘制一条反映维修成本平均变动趋势的直线,使其尽可能涵盖或接近 6 个成本点。该直线与纵轴的交点就是固定成本总额,即 $a=74$ 元。在直线 $y=a+bx$ 上任取一点,如令 $x=10$ 千机器小时,此时 $y=140$ 元,则:

$$b=\frac{y-a}{x}=\frac{140-74}{10}\approx6.6(元/千机器小时)$$

代入 a 和 b 的值,维修成本的性态模型为 $y=74+6.6x$。

与高低点法相比,散布图法全面考虑了已知的历史成本资料,排除只由高低两点确定成本带来的偶然性,计算结果更加精确,图示反映的成本性态更为直观且易于掌握。缺点是绘制直线时易出错,通过目测绘出的反映成本变动平均趋势的直线带有一定程度的主观随意性,测得的数据不够准确。

(3) 回归直线法。

回归直线法是根据过去若干历史时期的业务量和成本总额的资料,运用最小二乘法的原理,建立反映成本和业务量之间关系的回归直线方程,并据此确定混合成本中的固定成本和变动成本的一种定量分析方法。

假设共有 n 期业务量和成本的资料，用 x 代表业务量，y 代表某项混合成本，a 代表混合成本中的固定成本部分，b 代表单位变动成本。它们之间的关系可以用直线方程 $y=a+bx$ 来表示，只要 x 与 y 之间基本保持线性关系，就可以运用最小二乘法的原理求出 a 和 b 的值，最终确立该项业务的成本与业务量之间变动趋势的直线方程。

回归分析法的具体步骤如下：

① 对已知资料进行加工，计算 $\sum x,\sum y,\sum xy,\sum x^2,\sum y^2$。

② 按下式计算相关系数，判断业务量 x 与成本 y 之间的线性关系。

$$r=\frac{n\times\sum xy-\sum x\sum y}{\sqrt{\left[n\sum x^2-\left(\sum x\right)^2\right]\left[n\sum y^2-\left(\sum y\right)^2\right]}}$$

相关系数 r 的取值范围一般在 -1 至 $+1$ 之间，用来说明业务量与成本之间的相关程度。当 $r=-1$ 时，说明 x 与 y 之间完全负相关；当 $r=0$ 时，说明 x 与 y 之间不存在线性关系；当 $r=1$ 时，说明 x 与 y 之间完全正相关。一般来说，只要当 r 接近 1 时，就说明 x 与 y 基本正相关，只有当业务量与成本之间存在完全或基本正相关时，才可以运用线性回归方法。

③ 通过微分极值法，得出回归直线方程中的固定成本 a 和单位变动成本 b 的计算公式：

$$a=\frac{\sum y-b\sum x}{n}$$

$$b=\frac{n\sum xy-\sum x\sum y}{n\sum x^2-\left(\sum x\right)^2}$$

④ 将 a、b 的值代入直线方程 $y=a+bx$ 中，得出成本性态分析模型。

【例 2-8】　见【例 2-7】的资料，说明回归直线法的具体运用。为了方便计算，先对有关资料进行计算，如表 2-5 所示。

表 2-5　业务量与维修费的数据表

月　份	业务量(x)（千机器小时）	维修费(y)（元）	xy	x^2	y^2
7	7	130	910	49	16 900
8	9	135	1 215	81	18 225
9	5	105	525	25	11 025
10	8	125	1 000	64	15 625
11	10	140	1 400	100	19 600
12	6	120	720	36	14 400
$n=6$	$\sum x=45$	$\sum y=755$	$\sum xy=5\,770$	$\sum x^2=355$	$\sum y^2=95\,775$

根据表 2-5 的资料计算如下：

$$r = \frac{6 \times 5\,770 - 45 \times 755}{\sqrt{(6 \times 355 - 45^2)(6 \times 95\,775 - 755^2)}} = 0.93$$

r 接近于 1，xy 具有线性关系。

再次，将加工的资料代入 a、b 的计算公式得：

$$b = \frac{n \sum xy - \sum x \sum y}{n \sum x^2 - \left(\sum x\right)^2}$$

$$= \frac{6 \times 5\,770 - 45 \times 755}{6 \times 355 - 45^2}$$

$$= 6.14(\text{元/千机器小时})$$

$$a = \frac{\sum y - b \sum x}{n}$$

$$= \frac{755 - 6.14 \times 45}{6}$$

$$= 79.78(\text{元})$$

根据上述计算结果，采用回归直线法计算出的设备维修费混合成本的直线方程为：

$$y = 79.78 + 6.14x$$

与高低点法和散布图法相比，回归直线法由于运用了最小二乘法的原理，其计算过程更科学，因而计算结果相对来说也最精确。

（4）账户分析法。

账户分析法也称会计分析法，它根据各个成本明细项目的发生额，结合其与业务量的依存关系，通过经验判断，将那些与变动成本较为接近的划归为变动成本，而将那些与固定成本较为接近的划归为固定成本的一种定性分析法。例如，燃料及动力费，虽然它不与业务量呈严格的正比例关系，但其费用的变化毕竟与业务量的关系较大，故仍可视为变动成本。至于管理费用及制造费用中的间接人工、固定资产折旧费、设备租金、保险费、不动产税等，由于它们基本上与业务量的变动关系不显著，均可视为固定成本。但有些成本费用应考虑不同行业的具体情况，如将制造费用中的外部加工费、物料消耗、运输费、低值易耗品摊销等与业务量关系较密切的明细项目列入变动成本处理。

【例 2-9】 华秦公司生产车间当月生产 10 000 件甲产品的全部成本如表 2-6 所示。

表 2-6　当月生产 10 000 件甲产品的全部成本

账　户	成本费用（元）
原材料	20 000
直接人工	24 000
燃料与动力	8 000
维修费	4 000
间接人工	4 000
折旧费	16 000
行政管理费	4 000
合　计	80 000

要求：采用账户分析法对华秦公司当月的成本费用进行分解。

解：① 对表 2-6 中的各成本项目进行分析。其中，原材料、直接人工属于典型的变动成本；燃料和动力、间接人工、维修费随业务量不成比例的变动，暂将其视为变动成本；行政管理费大多与业务量无关，可视作固定成本。

② 根据对发生的各项费用的分析，将当月生产的全部成本分解为固定成本和变动成本两部分，编制成本分解表，如表 2-7 所示。

表 2-7　成本分解表

账　户　　　　　　项　目	变动成本（元）	固定成本（元）
原材料	20 000	
直接人工	24 000	
燃料与动力	8 000	
间接人工	4 000	
维修费	4 000	
折旧费		16 000
行政管理费		4 000
合　计	60 000	20 000

③ 建立甲产品性态模型 $y = a + bx$，当甲产品产量为 10 000 件时，将表 2-7 的数据代入总成本性态模性，可得：

$$y = 20\ 000 + 6x$$

综上所述，账户分析法具有简便易行的优点，适用于会计基础工作较好的企业。但在对成本项目归类时需要专业人员根据自己的主观判断来决定，不可避免会存在一定的局限性。

三、成本性态分析的程序

（一）同步分析程序

同步分析程序又称单步骤分析程序,在该程序下进行成本性态分析时,不需要按性态分类和混合成本的分解,而是将总成本一次直接分解为固定成本部分和变动成本部分,建立成本模型如图 2-13 所示。

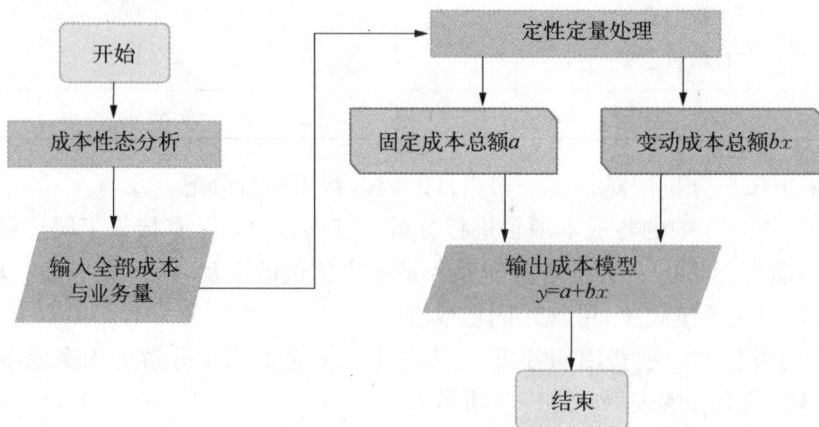

```
开始
  ↓
成本性态分析
  ↓
输入全部成本      →      定性定量处理
与业务量                ↓              ↓
                  固定成本总额a    变动成本总额bx
                        ↓              ↓
                    输出成本模型
                      y=a+bx
                        ↓
                      结束
```

图 2-13 同步分析程序

（二）分步分析程序

分步分析程序,又称多步骤分析程序,是指将总成本按成本性态分解为固定成本、变动成本和混合成本,然后再将混合成本分解为固定部分和变动部分,最终按类别汇总,建立总成本性态模型,如图 2-14 所示。

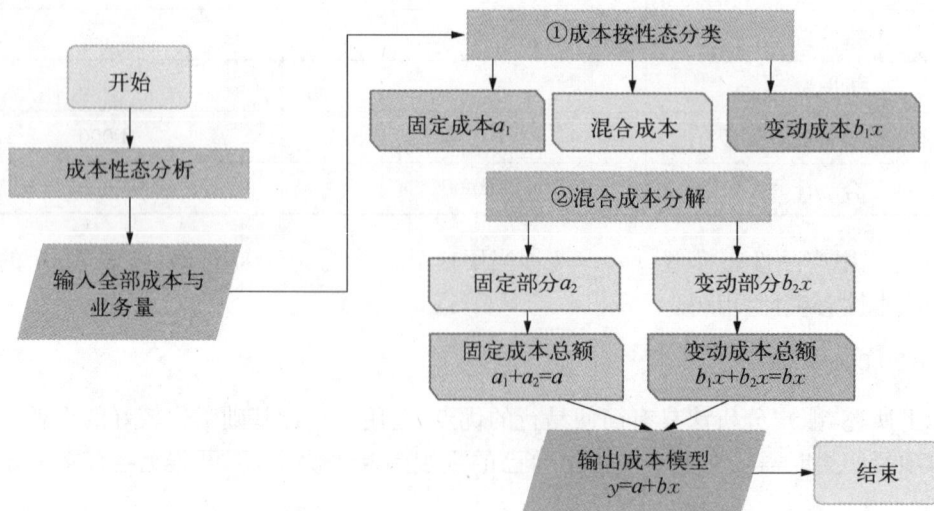

```
开始
  ↓
成本性态分析
  ↓
输入全部成本与    →    ①成本按性态分类
业务量            ↓         ↓         ↓
              固定成本a₁   混合成本   变动成本b₁x
                          ↓
                      ②混合成本分解
                      ↓         ↓
                  固定部分a₂   变动部分b₂x
                      ↓         ↓
                  固定成本总额  变动成本总额
                   a₁+a₂=a    b₁x+b₂x=bx
                      ↓         ↓
                    输出成本模型  →  结束
                      y=a+bx
```

图 2-14 分步分析程序

任务二 变动成本法和完全成本法

一、变动成本法的概念及特点

(一)变动成本法的概念

变动成本法,是指以成本性态分析为前提条件,只将在生产过程中所消耗的直接材料、直接人工和变动制造费用计入产品生产成本和存货成本,而将固定制造费用全部列入利润表内,并用期间成本作为贡献毛益扣除项目的一种成本计算模型。

(二)变动成本法的特点

管理会计采用变动成本法计算产品生产成本和存货成本,而不包括固定制造费用,故又称直接成本法。管理会计理论认为,将产品成本定义为在生产过程中发生的,随产品实体的流动而流动,随产量的变动而变动;将期间成本定义为不随产品实体的流动而流动,而随产品生产经营持续期间的长短而增减,其效益随时间的推移而消逝,不能递延到下期,只能于发生的当期从利润表的销售收入中得到补偿。

按照变动成本法的解释,产品成本只应包括变动生产成本,将固定制造费用作为期间成本来处理。这是因为,固定制造费用是为企业提供一定生产经营条件以使其保持生产能力并处于准备状态而发生的成本,同产品的实际生产没有直接联系,既不会因产量的提高而增加,也不会因产量的下降而减少。它是与某一会计期间相联系而发生的费用,并随时间的消逝而逐渐丧失,其效益不应递延到下一个会计期间,应在费用发生的当期全部列入利润表内,作为本期贡献毛益的减除项目。

二、完全成本法的概念及特点

(一)完全成本法的概念

完全成本法又称全部成本法,属于传统的成本计算方法,是指在计算产品生产成本时,以成本的经济用途为前提条件,将直接材料、直接人工、变动制造费用和固定制造费用等全部生产成本归入产品成本和存货成本,只将非生产成本作为期间成本的一种成本计算模式。

(二)完全成本法的特点

财务会计采用完全成本法计算产品成本和存货成本,以成本的经济用途分类为前提,将全部生产成本作为产品成本的构成内容,而将非生产成本作为期间成本。完全成本法强调成本补偿上的一致性,认为只要是与产品生产有关的耗费,均应从产品销售收入中得到补偿,固定制造费用也不例外。

三、变动成本法与完全成本法的区别

(一) 产生前提条件不同

变动成本法是以成本性态为前提条件,其理论依据认为:产品成本和期间成本是两个不同的概念,产品成本只包括生产过程中发生的随产量变动而变动的成本,故只将直接材料、直接人工和变动制造费用归入产品成本,将与会计期间联系的固定制造费用视同期间成本。

完全成本法是以经济用途为前提条件,其理论依据认为:凡是同产品生产有关的耗费都应计入产品成本。固定制造费用是为保持一定的生产经营条件而发生的,应将其同直接材料、直接人工和变动制造费用一起计入产品成本。

(二) 成本构成内容不同

1. 产品成本构成内容不同

变动成本法和完全成本法在产品成本构成内容上存在显著差别。在变动成本法下,将制造成本按其与产量的关系划分为变动生产成本与固定生产成本两类,只将其中的变动生产成本计入产品成本,并与非生产成本中的变动部分构成变动成本;将固定生产成本和非生产成本中的固定部分作为期间成本,列入当期利润表。在完全成本法下,将全部成本划分为生产成本(包括直接材料、直接人工和制造费用)和非生产成本(包括管理费用和销售费用等)两大类,将生产成本计入产品成本,而将非生产成本作为期间成本。

2. 存货成本构成内容不同

在完全成本法下,存货成本不仅包括变动生产成本,还包括一部分分配来的固定生产成本。在变动成本法下,存货中仅包括变动生产成本,不包括固定生产成本。因此,变动成本法确定的存货成本要低于完全成本法确定的存货成本。

3. 固定成本处理方式不同

在完全成本法下将本期发生的固定生产成本在已销产品与期末存货之间进行分摊;在变动成本法下,将本期的固定生产成本及销售、管理费用中的固定部分全部列入期间成本。

具体而言,两种成本法在成本划分方面的差别如表 2-8 所示。

表 2-8　两种成本法在成本划分方面的差别

区别标志	变动成本法		完全成本法	
成本划分前提	成本性态		经济职能	
成本划分类别	变动成本	变动生产成本 { 直接材料 / 直接人工 / 变动制造费用 } 变动销售费用 变动管理费用	生产成本 { 直接材料 / 直接人工 / 制造费用 }	
	固定成本	固定制造费用 固定销售费用 固定管理费用	非生产成本 { 销售费用 / 管理费用 }	

区别标志	变动成本法		完全成本法	
产品成本构成内容	变动生产成本	直接材料 直接人工 变动制造费用	生产成本	直接材料 直接人工 制造费用
期间成本构成内容	变动非生产成本	变动销售费用 变动管理费用	非生产成本	销售费用 管理费用
	固定成本	固定制造费用 固定销售费用 固定管理费用		

（三）分期损益计算依据不同

采用变动成本法计算损益时，必须考虑贡献毛益的数额，具体公式如下：

$$销售收入总额 - 变动成本总额 = 贡献毛益总额$$
$$贡献毛益总额 - 固定成本总额 = 税前净利$$

式中，变动成本总额包括变动生产成本和非生产成本中的变动部分；固定成本总额包括固定生产成本和非生产成本中的固定部分。

采用完全成本法计算损益时，具体公式如下：

$$销售收入总额 - 销售成本总额 = 销售毛利$$
$$销售毛利 - 期间成本 = 税前净利$$

四、两种成本法下指标的计算

（一）两种成本法下的成本计算

由于变动成本法与完全成本法的理论依据不同，致使两种方法的产品成本构成内容及存货成本水平不同。下面举例说明两种成本法下的成本计算。

【例2-10】 假设中兴公司生产甲产品，2015年度生产2000件，每件直接材料5元、直接人工4元、变动制造费用3元，全年固定制造费用15 000元。

要求： 分别采用变动成本法和完全成本法计算产品成本。

解： 具体计算如表2-9所示。

表2-9　产品成本计算表　　　　　　　　　　　　单位：元

成本项目	变动成本法		完全成本法	
	总成本	单位成本	总成本	单位成本
直接材料	10 000	5	10 000	5
直接人工	8 000	4	8 000	4
变动制造费用	6 000	3	6 000	3

成本项目	变动成本法		完全成本法	
	总成本	单位成本	总成本	单位成本
变动生产成本	24 000	12	24 000	12
固定制造费用			15 000	7.5
全部生产成本	24 000	12	39 000	19.5

表 2-9 表明,该公司如果采用变动成本法,则单位成本为 12 元/件,固定制造费用 15 000 元全额列入利润表,不由产品负担;如果采用完全成本法,则产品单位成本为 19.5 元/件。

【例 2-11】　续【例 2-10】假设该公司期末没有在产品存货,但有产成品存货 400 件。

要求:分别采用变动成本法和完全成本法计算期末产成品存货成本。

解:具体计算如表 2-10 所示。

表 2-10　产成品存货成本计算表

项　目	变动成本法	完全成本法
单位产品成本(元)	12	19.5
存货数量(件)	400	400
存货成本(元)	4 800	7 800

表 2-10 表明,该公司如果采用完全成本法,则产成品期末存货的估价金额为 7 800 元;如果采用变动成本法,则产成品期末存货的估价金额为 4 800 元。采用完全成本法计算的存货金额高于采用变动成本法计算的存货金额,是因为完全成本法下的存货成本包括一部分固定制造费用,而变动成本法下的存货成本不包括。

（二）两种成本法下的损益计算

1. 同年度产销平衡情况下两种方法损益计算

【例 2-12】　华美公司 2019 年度生产和销售 A 产品 2 000 件,无期初期末存货。A 产品单位售价为 30 元/件,单位变动生产成本为 12 元/件,固定制造费用总额为 15 000 元。全部固定销售管理费用为 3 000 元,单位产品变动销售管理费用为 1 元。

要求:分别用两种成本法编制该公司 2019 年度的利润表。

解:根据以上资料按两种成本法编制利润表,如表 2-11 所示。

表 2-11　2019 年度利润表　　　　　　　　　　单位:元

变动成本法(贡献式)		完全成本法(职能式)	
摘　要	金　额	摘　要	金　额
销售收入(2 000×30)	60 000	销售收入(2 000×30)	60 000
变动成本: 　变动生产成本(2 000×12) 　变动销售管理费用(2 000×1)	 24 000 2 000	销售产品生产成本: 　期初存货成本 加:本期生产成本 减:期末存货成本	 0 39 000 0

变动成本法（贡献式）		完全成本法（职能式）	
摘　要	金　额	摘　要	金　额
销售收入（2 000×30）	60 000	销售收入（2 000×30）	60 000
变动成本合计	26 000	销售产品生产成本合计	39 000
贡献毛益总额	34 000	销售毛利	21 000
减：期间成本		减：销售管理费用（3 000+2 000）	5 000
固定制造费用	15 000		
固定销售管理费用	3 000		
期间成本合计	18 000		
税前净利	16 000		16 000

表2-11表明，当本期产销量平衡，也没有期初存货和期末存货成本的情况下，两种成本法计算的税前净利是相等的。

2. 同年度产销不平衡情况下两种方法损益计算

【例2-13】 续【例2-12】若华美公司2019年度的销售量为1 500件或2 400件，其他资料不变。

要求：分别根据两种销售量按两种成本法编制利润表。

解：根据销售量情况按两种成本法编制利润表，如表2-12所示。

表2-12　2019年度利润表

单位：元

变动成本法	产量＞销量 2 000＞1 500 金额	产量＜销量 2 000＜2 400 金额	完全成本法	产量＞销量 2 000＞1 500 金额	产量＜销量 2 000＜2 400 金额
摘　要			摘　要		
销售收入	45 000	72 000	销售收入	45 000	72 000
变动成本：			销售产品生产成本：		
变动生产成本	18 000	28 800	期初存货成本	0	7 800※
变动销售费用	1 500	2 400	加：本期生产成本	39 000	39 000
			减：期末存货成本	9 750	0
贡献毛益	25 500	40 800	销售毛利	15 750	25 200
减：期间成本			减：销售管理费用	4 500	5 400
固定制造费用	15 000	15 000			
固定销售费用	3 000	3 000			
税前净利	7 500	22 800	税前净利	11 250	19 800

注：※表示当本期生产量＜本期销售量时，说明有期初存货。假设期初存货量为400件，期初存货的单位成本与本期生产产品的单位成本相同，即19.5元，则期初存货成本为19.5×400＝7 800元。

表2-12表明：

① 当生产量大于销售量时,按变动成本法确定的本期税前净利小于按完全成本法确定的税前净利,其差额为 3 750 元。原因是:完全成本法下每件期末存货成本中包含了 7.5 元固定制造费用,使得期末 500 件存货共吸收了 3 750 元(=7.5×500)的固定制造费用,这些费用随存货结转到下一年度;而变动成本法下则将固定制造费用全部由本年度负担,无须结转到下一年度。

② 当生产量小于销售量时,按变动成本法确定的本期税前净利大于按完全成本法确定的税前净利,其差额为 3 000 元。原因是:完全成本法下以 19.5 元/件对上一年度 400 件存货进行结转,变动成本法下则按 12 元/件结转,两者相差 7.5 元/件(即单位固定生产成本),因此其差额为 3 000 元(=7.5×400)。

3. 跨年度产销不平衡情况下两种方法损益计算

(1) 产量不变,销量变动。

【例 2-14】 华美公司于三个会计年度连续生产和销售甲产品,年生产量均为 5 000 件,年销售量分别为 5 000 件、4 000 件和 6 000 件。若甲产品售价为 15 元/件,单位变动生产成本为 5 元/件,固定制造费用总额为 25 000 元,全年固定销售管理费用为 15 000 元。

要求:按两种成本法编制华美公司连续三个会计年度的利润表。

解:根据上述资料采用两种成本法编制利润表,如表 2-13 所示。

表 2-13　2017—2019 年度利润表　　单位:元

变动成本法				完全成本法			
摘　要　　金　额	2017 年	2018 年	2019 年	摘　要　　金　额	2017 年	2018 年	2019 年
销售收入	75 000	60 000	90 000	销售收入	75 000	60 000	90 000
变动成本:				销售产品生产成本:			
变动生产成本	25 000	20 000	30 000	期初存货成本	0	0	10 000
变动销售费用	0	0	0	加:本期生产成本	50 000	50 000	50 000
				减:期末存货成本	0	10 000	0
贡献毛益	50 000	40 000	60 000	销售毛利	25 000	20 000	30 000
减:期间成本				减:销售及管理费用	15 000	15 000	15 000
固定制造费用	25 000	25 000	25 000				
固定销售费用	15 000	15 000	15 000				
税前净利	10 000	0	20 000	税前净利	10 000	5 000	15 000
三年税前净利合计		30 000		三年税前净利合计		30 000	

表 2-13 表明:

① 当产销平衡,两种成本法所求第一年的税前净利相同。

② 当生产量大于销售量,采用完全成本法计算的税前净利高于采用变动成本法计算的税前净利。原因是:第二年度该产品的生产量大于销售量,使存货增加 1 000 件,而每件存货的成本按完全成本法计算比按变动成本法计算的结果高出 5 元/件(即单位固定制造费用)。因此,在完全成本法下,1 000 件期末存货中包含的 5 000 元(=5×1 000)固定

制造费用转入下一年度,使本期销售成本减少 5 000 元,进而使税前净利比按变动成本法计算的结果高出 5 000 元。

③ 当生产量大于销售量时,采用完全成本法计算的税前净利低于按变动成本法计算的税前净利。原因是:第三年度该产品的生产量小于销售量,在完全成本法下必须将上期存货所包含的 5 000 元固定制造费用作为当期销售生产成本,故第三年销售的产品不仅要负担本期全部成本 25 000 元,还要负担上期转来的 5 000 元固定制造费用;而在变动成本法下,销售的产品只负担本期的固定制造费用。所以,采用变动成本法计算的税前净利要多出 5 000 元。

④ 就连续三年来看,由于总的产销情况大致相等,故采用两种成本法所计算的税前净利总额是相等的。

(2) 产量变动,销量不变。

【例 2-15】 华美公司横跨三个年度连续生产和销售乙产品,年销售量均为 6 000 件,年生产量分别为 6 000 件、8 000 件和 4 000 件。乙产品的单位售价为 20 元/件,单位变动生产成本为 10 元/件,全年固定制造费用总额为 30 000 元,全年固定销售费用为 10 000 元。

要求:按两种成本法编制华美公司连续三个会计年度的利润表。

解:根据上述资料采用两种成本法编制利润表,如表 2-14 所示。

表 2-14 2017—2019 年度利润表 单位:元

变动成本法				完全成本法			
摘　要　＼　金　额	2017 年	2018 年	2019 年	摘　要　＼　金　额	2017 年	2018 年	2019 年
销售收入	120 000	120 000	120 000	销售收入	120 000	120 000	120 000
变动成本:				销售产品生产成本:			
变动生产成本	60 000	60 000	60 000	期初存货成本	0	0	27 500
变动销售费用	0	0	0	加:本期生产成本	90 000	110 000	70 000
				减:期末存货成本	0	27 500	0
贡献毛益	60 000	60 000	60 000	销售毛利	30 000	37 500	22 500
减:期间成本				减:销售及管理费用	10 000	10 000	10 000
固定制造费用	30 000	30 000	30 000				
固定销售费用	10 000	10 000	10 000				
税前净利	20 000	20 000	20 000	税前净利	20 000	27 500	12 500
三年税前净利合计	60 000			三年税前净利合计	60 000		

表 2-14 表明:由于三个年度的产量不同,则每个年度的单位固定制造费用就有所差异。因此,采用两种成本法计算税前净利,必须注意期初和期末存货金额的变动。

① 第一年度,产销平衡,采用两种成本法计算的税前净利相等。

② 第二年度,期末存货金额增加,故按完全成本法计算的税前净利必然大于按变动成本法计算的税前净利,其差额正好是完全成本法下增加的存货所吸收的固定制造费用,即 7 500 元(=3.75×2 000)。

③ 第三年度,期末存货金额减少,故按完全成本法计算的税前净利必然小于按变动成本法计算的结果,两者的差额正好是完全成本法下的上期转入的存货所吸收的固定制造费用 7 500 元。

④ 在变动成本法下,假定销售单价和单位变动成本不变,那么只要销售量相同,其税前净利就会保持不变,不受每个年度产量变化的影响。

(三)两种成本法税前净利的变化规律

(1)若期末存货中的固定制造费用大于期初存货中的固定制造费用,则完全成本法下扣除的固定成本总额要大于变动成本法下扣除的固定成本总额,按完全成本法计算的税前净利必然大于按变动成本法计算的结果。两者的差额如下:

$$差额 = \frac{期末存货中的}{单位固定制造费用} \times \frac{期末}{存货数量} - \frac{期初存货中的}{单位固定制造费用} \times \frac{期初}{存货数量}$$

(2)若期末存货中的固定制造费用小于期初存货中的固定制造费用,则完全成本法下扣除的固定成本总额要小于变动成本法下扣除的固定成本总额,按完全成本法计算的税前净利必然小于按变动成本法计算的结果。两者的差额如下:

$$差额 = \frac{期初存货中的}{单位固定制造费用} \times \frac{期初}{存货数量} - \frac{期末存货中的}{单位固定制造费用} \times \frac{期末}{存货数量}$$

(3)若期末存货中的固定制造费用等于期初存货中的固定制造费用,则两种方法下扣除的固定成本总额相等,计算出的税前净利必然也相等。

关键术语

两种成本法的优缺点

成本性态 固定成本 变动成本 混合成本 变动成本法 完全成本法

应知考核

一、单选题

1. 下列关于固定成本的说法正确的是( )。
   A. 固定成本是不随产销量变化而变化的那部分成本
   B. 在一定业务量范围内,固定成本总额是一个常数
   C. 单位固定成本不变
   D. 单位固定成本与业务量呈正比例关系

2. 在财务会计中,应当将销售费用归属于( )。
   A. 制造费用　　　B. 加工成本　　　C. 非生产成本　　　D. 固定成本

3. 在历史资料分析法的具体应用方法中,计算结果最为精确的方法是( )。
   A. 高低点法　　　B. 散布图法　　　C. 回归直线法　　　D. 财务分析法

4. 全部成本按其( )分类可分为固定成本、变动成本和混合成本三大类。
   A. 成本的固定性　　　　　　　　　B. 成本的可辨认性

C. 成本的经济用途　　　　　　　　D. 成本的性态

5. 某企业 2019 年 1～6 月的甲产品资料显示：最高成本为 600 元/件,对应的业务量为 100 件;最低成本为 350 元/件,对应的业务量为 80 件;最低业务量为 70 件,对应的成本为 400 元/件;最高业务量为 120 件,对应的成本为 500 元/件。该企业采用高低点法进行成本性态分析,其高点数据是(　　)。

A. 成本为 500 元/件,业务量为 100 件

B. 成本为 600 元/件,业务量为 120 件

C. 成本为 500 元/件,业务量为 120 件

D. 成本为 600 元/件,业务量为 100 件

6. 某企业生产量在 20 000 件以内时,只需监工员 5 名;在此基础上,每增加产量 3 000 件,需增加 1 名监工员。则监工员的薪酬成本属于(　　)。

A. 阶梯式混合成本　　　　　　　　B. 标准式混合成本

C. 低坡式混合成本　　　　　　　　D. 曲线式混合成本

7. 企业根据经营方针,由高层领导确定一定期间的预算额而形成的成本,称之为(　　)。

A. 约束性固定成本　　　　　　　　B. 酌量性固定成本

C. 混合成本　　　　　　　　　　　D. 半固定成本

8. 在应用高低点法进行成本性态分析时,选择高点坐标的依据是(　　)。

A. 最高的业务量　　　　　　　　　B. 最高的成本

C. 最高的业务量或最高的成本　　　D. 最高点的业务量及其成本

9. 在变动成本法下,固定制造费用与非生产成本应(　　)。

A. 计入产品成本　　　　　　　　　B. 作为期间成本处理

C. 递延到下期　　　　　　　　　　D. 在在产品和产成品之间分摊

10. 变动成本法和完全成本法下均计入产品成本的项目是(　　)。

A. 固定制造费用　　　　　　　　　B. 变动制造费用

C. 固定销售与管理费用　　　　　　D. 变动销售与管理费用

二、多选题

1. 生产成本按其经济用途可分为(　　)。

A. 直接材料　　　B. 间接人工　　　C. 直接人工　　　D. 制造费用

E. 间接材料

2. 企业的全部成本按成本习性可划分为(　　)。

A. 半变动成本　　　B. 半固定成本　　　C. 变动成本　　　D. 固定成本

E. 混合成本

3. 固定成本根据其支出数额是否能改变,又可划分为(　　)。

A. 酌量性固定成本　　　　　　　　B. 相关成本

C. 约束性固定成本　　　　　　　　D. 能量成本

E. 经营能力成本

4. 混合成本根据兼有变动与固定两种不同性质的具体情况,可分为(　　)。

A. 半变动成本　　　　　　　　　　B. 半固定成本

管理会计

C. 曲线变动成本　　　　　　D. 延期变动成本

E. 约束性变动成本　　　　　F. 约束性固定成本

5. 混合成本的分解方法最常用的有（　　）。

A. 技术测定法　　　　　　　B. 直接分析法

C. 历史资料分析法　　　　　D. 贡献边际法

6. 完全成本法下的营业净利润与变动成本法下的营业净利润之间的关系是（　　）。

A. 可能小于　　B. 可能大于　　C. 可能等于　　D. 无规律可循

E. 有规律可循

三、判断题

1. 定期支付的广告费属于酌量性固定成本。（　　）
2. 成本性态是成本总额与特定业务量之间的依存关系。（　　）
3. 通常我们所讲的降低固定成本总额就是指降低约束性固定成本。（　　）
4. 成本性态模型 $y=a+bx$ 中的 b，就是指单位变动成本。（　　）
5. 高低点法的优点是计算精度高，缺点是计算过程过于复杂。（　　）
6. 变动成本法认为期间成本中只包括固定成本。（　　）

四、简答题

1. 简述固定成本、变动成本的含义、特点和分类。
2. 简述变动成本法与完全成本法的区别。

应会考核

【业务处理一】

昌化工厂 2019 年 12 个月的维修费历史数据如表 2-15 所示。

表 2-15　维修费历史数据

月　份	业务量（千工时）	维修费（元）
1	90	8 200
2	105	8 500
3	115	8 400
4	130	9 100
5	120	9 000
6	80	7 300
7	70	7 200
8	95	7 500
9	80	7 800
10	110	8 900
11	125	9 500
12	140	9 300

要求：

（1）根据上述资料用高低点法将维修费分解为变动成本和固定成本，并写出成本公式。

（2）根据上述资料用回归直线法将维修费分解为变动成本和固定成本，并写出成本公式。

（3）2020年1月份维修业务量为150千工时，根据高低点法成本公式，计算2020年1月份维修费。

【业务处理二】

某企业本年只产销一种产品，产销量和有关成本费用情况资料如表2-16所示。

表2-16　损益表　　　　　　　　　　　　　　　金额单位：元

完全成本法（职能式）		变动成本法（贡献式）	
项　目	金　额	项　目	金　额
营业收入	①	营业收入	200 000
期初存货成本	0	本期销售产品生产成本	⑤
加：本期生产成本	②	变动性销售费用	8 000
减：期末存货成本	18 000	变动性管理费用	2 000
营业成本	③	贡献边际	⑥
营业毛利	④	固定性制造费用	30 000
减：销售费用	15 000	固定销售费用	⑦
管理费用	15 000	固定管理费用	13 000
营业净利润	8 000	营业净利润	⑨

要求：计算并填写上列损益表中的空格。

【业务处理三】

某企业2017—2019年产销量和有关成本费用情况资料如表2-17所示。

表2-17　三年的生产、销售和成本费用资料表　　　　　金额单位：元

产销资料					成本资料		
期间　项目	数量（台）				单位变动成本	项目	数额（元）
	第一年	第二年	第三年	合计			
期初存货	0	1 000	2 000	0		直接材料	20
本期生产	6 000	6 000	6 000	18 000		直接人工	10
本期销售	5 000	5 000	8 000	18 000		变动性制造费用	8
期末存货	1 000	2 000	0	0		变动性销售管理费用	5
单位售价	60				固定成本总额	固定性制造费用	40 000
						固定销售管理费用	10 000

要求：根据以上资料，分别用完全成本法和变动成本法计算各年税前净利。

项目实训

高考结束后,王辉考入了自己理想的大学。临近大学入学,王辉打算买一部时下流行的5G手机,然而却在通信服务资费的选择上犹豫不决。现在中国移动、中国联通和中国电信都有针对5G业务的套餐,而且各有各的优势。王辉打算选择60元以下的套餐业务,具体资费标准见表2-18至表2-20。

表2-18 中国移动5G套餐

套餐月费（元/月）	套餐内包含内容				套餐外资费	
	国内数据流量	国内主叫（分钟）	被叫	功能	流量	国内主叫
18	100 M	0	全国免费	来电显示	0.02 元/M	0.19 元/分钟
28	100 M	50				
38	300 M	50				
48	500 M	50				
58	500 M	100				
58	250 M	150				

表2-19 中国联通5G套餐

套餐月费（元/月）	套餐内包含内容				套餐外资费	
	国内数据流量	国内主叫（分钟）	被叫	功能	流量	国内主叫
46	100 M	100	全国免费	来电显示	0.15 元/M	0.15 元/分钟
56	500 M	100				
60	1 G	100				

表2-20 中国电信5G套餐

套餐月费（元/月）	套餐内包含内容				套餐外资费	
	国内数据流量	国内主叫（分钟）	被叫	功能	流量	国内主叫
19	300 M	0	全国免费	来电显示	省内 0.08 元/M 国内 0.15 元/M	本地 0.08 元/分钟 国内 0.15 元/分钟
19	0	190			省内 0.08 元/M 国内 0.15 元/M	本地 0.08 元/分钟 国内 0.15 元/分钟
39	20 M	180			国内 0.15 元/M	国内 0.15 元/分钟

要求:究竟哪一种类的套餐更加划算,更适合王辉呢?试用成本性态分析的方法帮助王辉做出科学的决策。

项目三　本—量—利分析

知识目标

- 了解本—量—利分析的概念、基本假设。
- 掌握本—量—利分析的基本模型。
- 掌握保本和保利分析及应用。
- 掌握贡献边际分析和安全边际分析。
- 掌握各因素变动对本量利分析的影响。
- 理解利润的敏感性分析。

技能目标

学会运用本—量—利方法分析实现目标利润的保利分析,能够正确计算出企业不同情况下的保本点和保利点。

知识导图

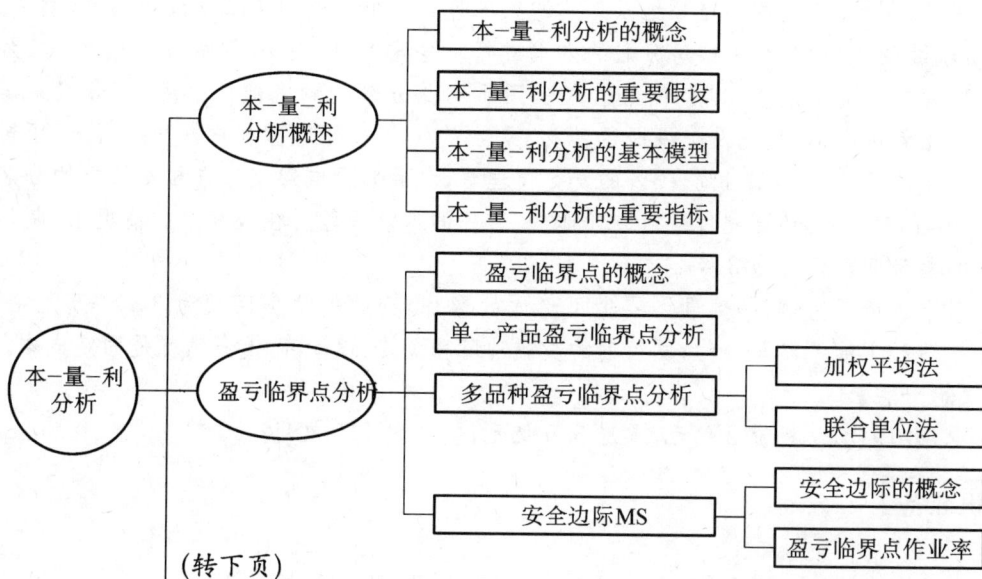

(转下页)

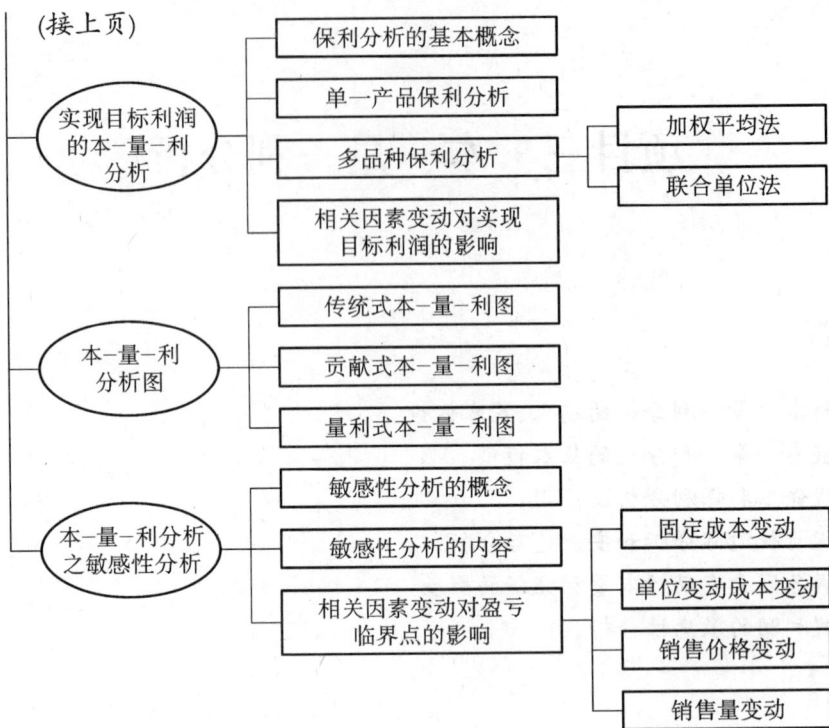

（接上页）

```
实现目标利润          ┌─ 保利分析的基本概念
的本—量—利  ────────┤
分析                 ├─ 单一产品保利分析
                     │
                     ├─ 多品种保利分析 ──┬─ 加权平均法
                     │                   └─ 联合单位法
                     └─ 相关因素变动对实现
                        目标利润的影响

本—量—利          ┌─ 传统式本—量—利图
分析图  ──────────┤
                  ├─ 贡献式本—量—利图
                  └─ 量利式本—量—利图

本—量—利分析      ┌─ 敏感性分析的概念
之敏感性分析 ─────┤
                  ├─ 敏感性分析的内容 ──┬─ 固定成本变动
                  │                     ├─ 单位变动成本变动
                  └─ 相关因素变动对盈亏  ├─ 销售价格变动
                     临界点的影响         └─ 销售量变动
```

引导案例

近年我国的电影市场非常火爆，出现了很多卖座的电影，但是有很多电影票房不错，制片方却说赔钱，这是什么原因呢？

中国影片工业链的利益分红以影院的票房收入为主。利润在工业核心环节（制片方、发行方、放映方）的分配以票房分账的方式进行。分账前要从影院票房收入中扣减 5% 的国家影片专项资金以及 3.3% 的经营税。用于利益分账的剩下部分票房为"分账票房"。在可分账票房中，电影院及院线提留 57%，剩余的 43% 归于电影制片方和发行方，中影数字还要在这 43% 中提留 1%～3% 的发行代理费，之后归于电影制片方和发行方的分账部分为 40%，这 40% 还要支付发行方代理费、影院的返点费等。在最简单的情况下，制片方回收的票房回款率可为 33%。

以上述情况为例，一部最终票房 1 亿元的影片，回收的票房回款为 3 300 万元左右。如果导演和主演不参与分红，发行商的贡献边际率就是 33%，而投资额就是固定成本。

【想一想】

电影《1942》总投资 2 亿元，票房 3.6 亿元，制片方是否盈利？

知识准备

任务一　本—量—利分析概述

成本、业务量和利润是管理会计定量分析最常用的三个指标。本—量—利分析强调了成本、业务量和利润之间的相互关系,是对公司所有财物信息的综合反映。因此,本—量—利分析是财务会计和决策的一个不可或缺的组成部分。

一、本—量—利分析的概念

本—量—利分析的全称为成本—业务量—利润之间的关系分析,是指在成本按性态分类的基础上,运用数学化的模型和图解方式来揭示成本、业务量(销量或产量)、单价和利润等变量之间的内在规律性关系,为会计预测、决策、控制和分析提供财务信息的一种定量分析方法。

二、本—量—利分析的重要假设

(一)成本性态分析假设

成本按性态进行分类可分为变动成本、固定成本和混合成本。本—量—利分析的基本公式为:利润=销售收入-变动成本-固定成本,这一公式就是假设公司已经完成了成本性态分析的工作。例如,盖斯威公司在进行本—量—利分析之前已经将混合成本进行了分解,将全部成本转化为变动成本和固定成本两部分,建立了总成本 $y=a+bx$ 的线性方程。

(二)相关范围假设

通过成本性态分析,知道变动成本随业务量的变化而发生正比例变化,而固定成本则保持不变,这都是有一定的条件的,即必须在一定时间(某一特定区间)和一定空间(某一特定业务量水平内)范围内。这一范围就是前一章中重点强调的相关范围。因此,本—量—利分析并不需要考虑一个公司所有可能的生产和销售范围。

(三)线性模型假设

这一假设是在前两个假设的基础上得到的,具体可以从以下三个方面进行分析。

1. 变动成本线性变动假设

变动成本在相关范围内随业务量的变动呈正比例变化。因此,变动成本在平面直角坐标系上表现为过原点的一条斜线,斜率就是单位变动成本。这一假设是在相关范围内单位变动成本不变的假设基础上得到的。

2. 销售收入线性变动假设

在相关范围内销售收入随着业务量的变动而呈正比例变动。因此,在平面直角坐标系上,销售收入也表现为过原点的一条斜线,斜率就是销售单价。在实际生活中,销售单价并不是永远不变的,只有在一定的时间和空间范围内,才可将销售单价视为不变的常数。因此,这一假设也是在相关范围内销售单价保持不变的假设基础上得到的。

3. 固定成本不变假设

固定成本在相关范围内保持不变。因此,在平面直角坐标图上,固定成本表现为原点上方的一条与横轴平行的直线。例如,盖斯威公司生产的单相电能表的年产能为2 500 000台,无论实际产量是2 000 000 台、2 200 000 台还是2 400 000 台,它的厂房及机器设备的年折旧费用都是固定的。

（四）年销平衡假设

本—量—利分析的基本公式为:利润＝销售收入－变动成本－固定成本。由于固定成本在相关范围内保持不变,因此,发生变动的为销售收入和变动成本。其中,销量的多少影响销售收入的高低,而产量的多少则影响变动成本的高低。可见,公式中,销售收入和变动成本中的业务量其实并不是相同的概念,前者是销售量,而后者是产量。因此,只有假设产销平衡,即销售量等于产量,这时进行本—量—利分析才能只考虑销售量而不考虑产量。这也使得分析更加简便。

（五）营业利润假设

在会计理论与实务中,利润有多种指标,如营业利润、利润总额、净利润等。营业利润与成本、业务量的关系更加密切,因此,本—量—利分析中计算的利润仅仅为营业利润,并未考虑营业外收支业务及所得税的影响。

三、本—量—利分析的基本模型

本—量—利分析的基本模型就是成本、业务量和利润之间的基本数量关系,即:

$$利润＝销售收入－总成本$$
$$＝销售收入－变动成本－固定成本$$
$$＝销售单价×销售量－单位变动成本×销售量－固定成本$$
$$＝销售量×（销售单价－单位变动成本）－固定成本$$

假设销售单价为 p,销售数量为 x,销售收入为 S,变动成本总额为 VC,单位变动成本为 b,固定成本为 F,利润为 TP,则上式可以表达为:

$$TP＝S－VC－F$$
$$＝px－bx－F$$
$$＝(p－b)x－F$$

【例 3-1】 盖斯威公司 2019 年生产并销售 2 000 000 台单相电能表,销售单价为 80元/台,单位变动成本为 52 元/台,固定成本为 4 000 000 元。

要求:计算该公司 2019 年的营业利润。

解:运用本—量—利分析的基本公式,计算过程如下:

利润＝(80－52)×2 000 000－4 000 000＝52 000 000(元)

四、本—量—利分析的重要指标

在本—量—利分析中,常用的指标有贡献边际、盈亏临界点、安全边际和安全边率等,其中贡献边际是非常重要的一个指标,它能说明企业产品的创利能力。贡献边际的重要意义在于它是衡量企业盈利或亏损的重要界限。当贡献边际能够弥补固定成本时,说明企业盈利;如果贡献边际不能弥补固定成本,则说明企业亏损。贡献边际的具体表现形式有绝对数和相对数两种。其绝对数分为贡献边际总额(TCM)和单位贡献边际(CM)两种。其计算公式为:

$$贡献边际总额＝销售收入－变动成本$$

$$TCM＝S－VC$$

$$单位贡献边际＝销售单价－单位变动成本$$

$$CM＝\frac{贡献边际总额}{销售量}$$

$$＝p－b$$

$$＝\frac{TCM}{x}$$

贡献边际的相对数是指贡献边际率(CMR),是计算贡献边际在销售收入中所占的百分比。其计算公式为:

$$贡献边际率＝贡献边际总额÷销售收入×100\%$$

或　　　　$$贡献边际率＝单位贡献边际÷销售单价×100\%$$

$$＝1－单位变动成本÷销售单价$$

$$＝1－变动成本率$$

变动成本率(bR)是变动成本在销售收入中所占的百分比。贡献边际率与变动成本率的关系如下:贡献边际率＋变动成本率＝1。可见,贡献边际率与变动成本率呈现此消彼长的关系,变动成本率高的企业,贡献边际率必然低;反之,贡献边际率必然高。因此,从管理的角度来看,降低变动成本率是十分必要的。

【例3-2】　盖斯威公司生产的单相电能表,销售单价为80元/台,销售数量为2 000 000台,单位变动成本为52元/台。

要求:计算单相电能表的贡献边际总额、单位贡献边际、贡献边际率和变动成本率。

解:贡献边际总额(TCM)＝(80－52)×2 000 000＝56 000 000(元)

单位贡献边际(CM)＝56 000 000÷2 000 000＝28(元/台)

贡献边际率(CMR)＝$\frac{56\,000\,000}{2\,000\,000×80}$×100\%＝35\%

变动成本率(bR)＝1－35\%＝65\%

任务二　盈亏临界点分析

一、盈亏临界的概念

所谓盈亏临界状态,是指企业生产经营达到不盈不亏、利润为零的特殊状态。盈亏临界点分析就是研究当企业恰好处于盈亏临界状态时本—量—利关系的一种定量分析方法。它是确定企业生产经营的安全程度以及进一步进行保利分析的基础,又称为保本点分析、损益平衡点分析、盈亏两平分析等。企业的边际贡献大于零并不一定意味着企业能够保本经营,因为贡献边际只是销售收入扣除了变动成本后的余额,并没有扣除固定成本。只有当销售收入既能弥补变动成本,又能弥补固定成本的时候,企业才能保本甚至盈利。如果贡献边际恰好与固定成本相等,则企业就处于不盈不亏的保本状态。

二、单一产品盈亏临界点分析

盈亏临界点的确定是本—量—利分析的关键。盈亏临界点有两种表达方式:一是盈亏临界点销售量,也称保本点销售量;二是盈亏临界点销售额,也称保本点销售额。假设企业实现的利润为零,根据利润计算公式:

$$利润=(销售单价-单位变动成本)\times销售量-固定成本$$

则盈亏临界点的计算公式如下:

$$0=(销售单价-单位变动成本)\times盈亏临界点销售量-固定成本$$

$$盈亏临界点销售量=\frac{固定成本}{销售单价-单位变动成本}=\frac{固定成本}{单位贡献边际}$$

$$X_0=\frac{F}{p-b}$$

$$盈亏临界点销售额=盈亏临界点销售量\times销售单价$$

$$=\frac{固定成本}{单位贡献边际}\times销售单价$$

$$=\frac{固定成本}{贡献边际率}$$

$$S_0=\frac{F}{CMR}$$

【例3-3】 盖斯威公司单相电能表的销售单价为80元/台,单位变动成本为52元/台,固定成本为4 000 000元。

要求:计算盈亏临界点的销售量和销售额。

解:单位贡献边际=80-52=28(元/台)

$$盈亏临界点销售量=\frac{4\ 000\ 000}{28}\approx142\ 857(台)$$

$$盈亏临界点销售额=\frac{4\ 000\ 000}{28}\times80\approx11\ 428\ 571(元)$$

或

$$贡献边际率=1-变动成本率=1-\frac{52}{80}\times100\%=35\%$$

$$盈亏临界点销售额=\frac{4\ 000\ 000}{35\%}\approx11\ 428\ 571(元)$$

即该产品的销售量达到 142 857 台或者销售额达到 11 428 571 元时,刚好处于保本状态;如果销售量超过 142 857 台,则有盈利。

上述公式仅仅讨论了企业只生产销售单一产品的盈亏临界点的计算问题,在这种情况下,本—量—利分析是相对简单的。但在实际生活中,大多数企业往往不只限于一种产品的生产经营,一般都生产两种或两种以上的产品,因此,有必要研究多品种生产情况下的本—量—利分析方法。

三、多品种盈亏临界的分析

单一产品下,常用的计算方法主要有加权平均法、联合单位法。

(一)加权平均法

加权平均法是指先计算多种产品的综合贡献边际率,再根据盈亏点销售额计算公式来计算多种产品盈亏临界点销售额,从而进行本—量—利分析的一种方法。该方法的关键是正确确定多品种的综合边际贡献率。

加权平均法是先计算每一种产品的贡献边际率,在此基础上,对各种产品的贡献边际率按照各种产品的销售额占全部销售额的比重进行加权平均,从而计算出综合贡献边际率,最后得出综合盈亏临界点销售额和各产品盈亏临界点销售额的方法。

其计算思路如图 3-1 所示。

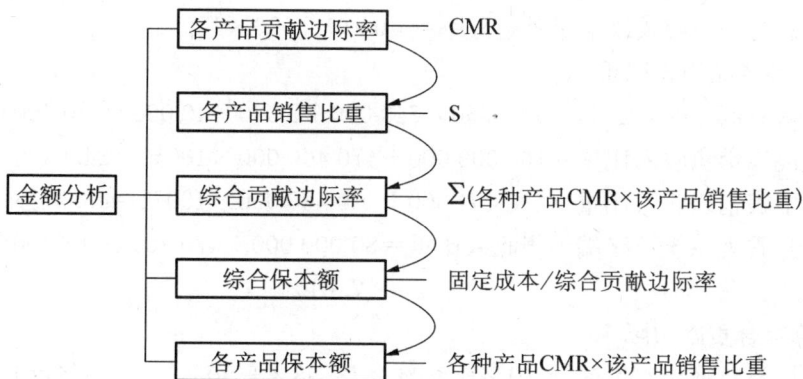

```
                    ┌──────────────┐
                 ┌──│ 各产品贡献边际率 │── CMR
                 │  └──────────────┘
                 │  ┌──────────────┐
                 │  │ 各产品销售比重  │── S
                 │  └──────────────┘
┌──────┐         │  ┌──────────────┐
│ 金额分析 │──────┼──│ 综合贡献边际率  │── ∑(各种产品CMR×该产品销售比重)
└──────┘         │  └──────────────┘
                 │  ┌──────────────┐
                 │  │ 综合保本额    │── 固定成本/综合贡献边际率
                 │  └──────────────┘
                 │  ┌──────────────┐
                 └──│ 各产品保本额   │── 各种产品CMR×该产品销售比重
                    └──────────────┘
```

图 3-1　加权平均法思路图

其计算公式如下:

$$各产品贡献边际率\ CMR_i = \frac{每种产品单位贡献边际}{该产品销售单价} \times 100\%$$

$$各产品的销售比重\ S_i = \frac{每种产品销售收入}{多种产品销售收入总额} \times 100\%$$

$$综合贡献边际率 = \sum (各种产品贡献边际率 \times 该产品的销售比重) \times 100\%$$

$$综合保本额\ S_0 = \frac{固定成本}{综合贡献边际率}$$

$$各产品保本额\ S_i = 综合保本额 \times 该产品的销售比重$$

加权平均法不仅可以算出综合盈亏临界点销售额,而且还可以计算出每一种产品的盈亏临界点销售额,进而计算出每一种产品的盈亏临界点销售量等指标。由此可见,该方法详细具体,能够提供更多有用的信息。

【例 3-4】 盖斯威公司 2019 年销售单相电能表、三相电能表、用电信息管理系统及终端三种产品,全年固定成本总额为 10 000 000 元,三种产品具体资料如表 3-1 所示。

表 3-1 三种产品的具体数据资料

产品名称	销售单价(元/台)	单位变动成本(元/台)	销量(台)
单相电能表	80	52	2 000 000
三相电能表	360	180	640 000
用电信息管理系统及终端	2 000	1 000	40 000

要求:按照加权平均法进行计算。

解:① 计算各产品的贡献边际率。

单相电能表单位贡献边际=80-52=28(元/台)

三相电能表单位贡献边际=360-180=180(元/台)

用电信息管理系统及终端单位贡献边际=2 000-1 000=1 000(元/台)

单相电能表贡献边际率=28÷80×100%=35%

三相电能表贡献边际率=180÷360×100%=50%

用电信息管理系统及终端贡献边际率=1 000÷2 000×100%=50%

② 计算各产品销售比重。

销售收入总额=80×2 000 000+360×640 000+2 000×40 000=470 400 000(元)

单相电能表销售收入比重=160 000 000÷470 400 000×100%=34.01%

三相电能表销售收入比重=230 400 000÷470 400 000×100%=48.98%

用电信息管理系统及终端销售收入比重=80 000 000÷470 400 000×100%
$$=17.01\%$$

③ 计算综合贡献边际率。

综合边际贡献率=35%×34.01%+50%×48.98%+50%×17.01%=44.90%

④ 计算综合盈亏临界点销售额。

综合盈亏临界点销售额=10 000 000÷44.90%=22 271 715(元)

⑤ 计算三种产品的盈亏临界点销售额。

单相电能表盈亏临界点销售额=22 271 715×34.01%=7 574 610.27(元)

三相电能表盈亏临界点销售额=22 271 715×48.98%=10 908 686(元)

用电信息管理系统及终端盈亏临界点销售额=22 271 715×17.01%
$$=3 788 418.72(元)$$

在加权平均法下,每种产品占销售收入的比重会影响到综合贡献边际率水平。因此,品种结构因素是多品种本—量—利分析中的一个重要影响因素。在其他条件不变的情况下,企业应努力提高贡献边际水平较高的产品的销售比重,降低贡献边际水平较低的产品的销售比重,从而提高企业的综合贡献边际率,达到降低企业综合盈亏临界点销售额的目的。

(二)联合单位法

联合单位法是指根据产品结构,将多品种按照各种产品销售量比例组合成一个联合单位,再确定每一联合单位的销售单价和单位变动成本,最后按照单一产品的方法确定联合单位保本量和保本额。

其计算思路如图3-2所示。

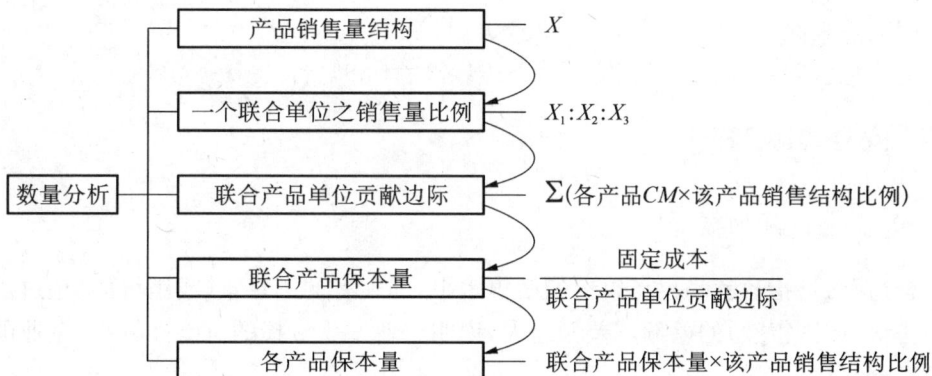

图3-2 联合单位法思路图

其计算公式如下:

$$一个联合产品销售比例 = X_1 : X_2 : X_3$$

$$联合产品单位贡献边际 = \sum (各产品 CM \times 该产品销售比例)$$

$$联合产品保本量 = \frac{固定成本}{联合产品单位贡献边际}$$

$$各产品保本量 = 联合产品保本量 \times 该产品销售比例$$

【例3-5】 沿用【例3-4】的资料,盖斯威公司2019年销售单相电能表、三相电能表、用电信息管理系统及终端三种产品,全年固定成本总额为10 000 000元,三种产品的具体资料如表3-1所示。

要求: 采用联合单位法分析该公司的盈亏情况。

解:① 确定产品的销售量。

盖斯威公司2019年单相电能表、三相电能表、用电信息管理系统及终端三种产品的销售量分别为2 000 000台、640 000台和40 000台。

② 确定一个联合产品销售比例。

一个联合产品销售比例=2 000 000 : 640 000 : 40 000=50 : 16 : 1

即一个联合产品由50台单相电能表、16台三相电能表和1台用电信息管理系统及终端组成。

③ 计算联合产品单位贡献边际。

联合产品单位贡献边际=28×50+180×16+1 000×1=5 280(元)

④ 计算联合产品保本量。

$$联合产品保本量=\frac{固定成本}{联合产品单位贡献边际}$$

$$=\frac{10\ 000\ 000}{5\ 280}$$

$$\approx 1\ 894(台)$$

⑤ 计算各产品的保本量。

单相电能表保本量=1 894×50=94 700(台)

三相电能表保本量=1 894×16=30 304(台)

用电信息管理系统及终端保本量=1 894×1=1 894(台)

四、安全边际 MS

(一)安全边际的概念

安全边际,是指盈亏临界点以上的销售水平,即现有的销售量(或销售额)超过盈亏临界点销售量(或销售额)的差额。差额越大,说明企业发生亏损的可能性越小,企业的生产经营越安全。

安全边际有绝对数和相对数两种表示方法。绝对数的计算公式为:

安全边际量(额)=预计或实际销售量(额)-盈亏临界点的销售量(额)

安全边际的相对数表示为安全边际率(MSR),是安全边际量(额)与预计或实际销售量(额)相除得到的比率。其计算公式如下:

安全边际率=安全边际量(额)÷预计或实际销售量(额)

【例3-6】 沿用【例3-4】的资料,已知盖斯威公司单相电能表的盈亏临界点销售量为142 857台,盈亏临界点销售额为11 428 571元,企业预计的销售量为180 000台,销售单价为80元/台。

要求:计算盖斯威公司生产经营的安全边际。

解:安全边际量=180 000-142 857=37 143(台)

安全边际额=180 000×80-11 428 571=2 971 429(元)

安全边际率=37 143÷180 000×100%=20.64%

或

$$安全边际率=\frac{2\ 971\ 429}{180\ 000\times 80}\times 100\%=20.64\%$$

在实际工作中,企业一般用安全边际率来评价企业生产经营的安全程度。通常将计算结果与企业经营安全程度的标准进行比较。企业经营安全程度标准如表3-2所示。

表3-2 企业经营安全程度标准

安全边际率	40%以上	30%~40%	20%~30%	10%~20%	10%以下
安全程度	很安全	安全	较安全	值得注意	危险

计算得出盖斯威公司的安全边际率为 20.64%，通过比较发现，这一比率处于 20%～30%，因此，企业生产经营是比较安全的。

（二）盈亏临界点作业率

盈亏临界点作业率（dR）又称危险率，是指盈亏临界点销售量（额）与企业正常销售量（额）或应达到的销售量（额）的比率，计算公式如下：

$$盈亏临界点作业率=\frac{盈亏临界点销售量（额）}{正常销售量（额）}\times100\%$$

如果企业的正常生产经营能力与现有或预计销售量（额）相当，则盈亏临界点作业率与安全边际率具有如下关系：

$$安全边际率+盈亏临界点作业率=1$$

由此可见，盈亏临界点作业率越低，安全边际率越高，则企业经营越安全，经营风险越低。

【例 3-7】 沿用【例 3-4】的资料，计算盖斯威公司盈亏临界点作业率并验证公式：安全边际率+盈亏临界点作业率=1。

解：盈亏临界点作业率$=\frac{142\ 857}{180\ 000}\times100\%=79.36\%$

安全边际率$=\frac{180\ 000-142\ 857}{180\ 000}\times100\%=20.64\%$

安全边际率+盈亏临界点作业率$=20.64\%+79.36\%=1$

任务三 实现目标利润的本—量—利分析

一、保利分析的基本概念

盈亏临界点分析主要研究企业在何种销售量或者销售额水平下，刚好处于不盈不亏即利润为零的状态。但在实际生活中，任何企业都不会只满足于保本经营，企业的最终目标仍然是获利。因此，企业通常会设定一个目标利润，然后为实现目标利润而努力。保利分析是在确定企业目标利润的基础上计算实现目标利润需要达到的销售量和销售额。可以这么认为，保本分析是目标利润为零的特殊状态，保利分析是保本分析的延伸。

保利分析中首先要确定企业的目标利润。企业应经过周密和谨慎的调查研究，收集相关数据资料，了解当前同行业的平均利润水平，并经过反复测算、调整和验证，同时还要综合考虑未来期间的实际生产能力、生产技术条件、材料供应情况、交通运输条件以及市场环境等因素来确定合理的利润水平。因此，保利分析有销售量和销售额两种表现形式。

二、单一产品保利分析

利润的基本计算公式为：

$$利润＝(销售单价－单位变动成本)×销售量－固定成本$$

在保利分析中,利润为事先确定的目标利润。因此,保利点销售量的计算公式如下:

$$保利量＝\frac{固定成本＋目标利润}{销售单价－单位变动成本}$$

$$＝\frac{F＋TP}{CM}$$

如果两边同时乘以销售单价,就可以得出保利点销售额的计算公式为:

$$保利额＝\frac{固定成本＋目标利润}{贡献边际率}$$

$$＝\frac{F＋TP}{CMR}$$

【例3-8】 盖斯威公司单相电能表销售单价为80元/台,单位变动成本为52元/台,固定成本为4 000 000元,假设公司确定的目标利润为400 000元。

要求:进行公司的保利分析。

解:单位贡献边际＝80－52＝28(元/台)

$$保利量＝\frac{4\,000\,000＋400\,000}{28}＝157\,143(台)$$

$$保利额＝\frac{4\,000\,000＋400\,000}{35\%}＝12\,571\,429(元)$$

即盖斯威公司单相电能表的销售量达到157 143台或者销售额达到12 571 429元时,能够实现目标利润400 000元。

三、多品种保利分析

在存在多品种的情况下,不能直接使用单一产品保利分析的计算方法。多品种的保利分析也可利用加权平均法和联合单位法,在实现目标利润的基础上,分析销售量或销售额。

(一)加权平均法

【例3-9】 沿用【例3-4】的资料,盖斯威公司2019年销售单相电能表、三相电能表和用电信息管理系统及终端,全年固定成本总额为10 000 000元,三种产品的具体资料如表3-1所示。假设企业确定的目标利润为20 000 000元(未考虑所得税影响)。

要求:采用加权平均法进行多品种的保利分析。

(1)计算综合贡献边际率。

综合边际贡献率＝35%×34.01%＋50%×48.98%＋50%×17.01%＝44.9%

(2)计算综合保利点销售额。

$$综合保利点销售额＝\frac{10\,000\,000＋20\,000\,000}{44.9\%}≈66\,815\,145(元)$$

（3）计算各产品的保利点销售额。

单相电能表保利点销售额＝66 815 145×34.01%≈22 723 830.81(元)

三相电能表保利点销售额＝66 815 145×48.98%≈32 726 058.02(元)

用电信息管理系统及终端保利点销售额＝66 815 145×17.01%

$$≈11\ 365\ 256.16(元)$$

（二）联合产品法

【例3-10】 沿用【例3-4】的资料，盖斯威公司2019年销售单相电能表、三相电能表和用电信息管理系统及终端，全年固定成本总额为10 000 000元，三种产品的具体资料如表3-1所示。假设企业确定的目标利润为20 000 000元（未考虑所得税影响）。

要求： 采用联合产品法进行多品种的保利分析。

解： ① 计算联合产品保利量。

$$联合产品保利量＝\frac{固定成本＋目标利润}{联合产品单位贡献边际}$$

$$＝\frac{10\ 000\ 000＋20\ 000\ 000}{5\ 280}$$

$$≈5\ 682(联合单位)$$

② 计算各产品的保利量。

单相电能表保利量＝5 682×50＝284 100(台)

三相电能表保利量＝5 682×16＝90 912(台)

用电信息管理系统及终端保利量＝5 682×1＝5 682(台)

四、相关因素变动对实现目标利润的影响

实现目标利润的模型是盈亏临界点的扩展与延伸，导致盈亏临界点变化的各个因素都可能对实现目标利润产生影响。

（一）固定成本变动对实现目标利润的影响

从实现目标利润的模型中可以看出，若其他条件既定，固定成本与目标利润之间是此消彼长的关系。固定成本降低，则目标利润增大。

【例3-11】 伊恩公司生产和销售单一产品。该企业计划年度内预计销售产品3 600件，全年固定成本预计为50 000元。该产品单价50元/件，单位变动成本为25元/件。

要求： 计算计划年度的目标利润。

解： 目标利润＝3 600×(50－25)－50 000＝40 000(元)

确定计划年度的目标利润为40 000元，则实现目标利润的销售量为：

$$实现目标利润的销售量＝\frac{40\ 000＋50\ 000}{50－25}＝3\ 600(件)$$

如题中的其他条件不变，只是固定成本减少了10 000元，则目标利润不仅可以实现，还能超过目标10 000元，或者在比预计销售量低的销售量下实现目标利润。

$$实现目标利润的销售量=\frac{40\,000+40\,000}{50-25}=3\,200(件)$$

(二) 单位变动成本变动对实现目标利润的影响

假设【例 3-11】中的其他条件不变,只是单位变动成本由 25 元/件降为 20 元/件,则预计可实现利润为:

预计目标利润=3 600×(50-20)-50 000=58 000(元)

即比原定目标多实现 18 000 元,或者实现目标利润的销售量降为:

$$实现目标利润的销售量=\frac{40\,000+50\,000}{50-20}=3\,000(件)$$

(三) 单价变动对实现目标利润的影响

正如在盈亏临界点分析中所指出的,单价的变动对盈亏临界点的影响最为直接,对实现目标利润的影响也是一样。假设【例 3-11】中的产品单价由 50 元/件下降到 45 元/件,其他条件不变,则可实现利润为:

预计目标利润=3 600×(45-25)-50 000=22 000(元)

即比原定目标少 18 000 元利润,此时实现目标利润的销售量应为:

$$实现目标利润的销售量=\frac{40\,000+50\,000}{45-25}=4\,500(件)$$

如果销售量可以超过预计的 3 600 件而达到 4 500 件,则目标利润尚能实现,否则无法实现。

(四) 多种因素同时变动对实现目标利润的影响

在现实生活中,除了所得税税率这一因素,上述影响利润的诸因素之间是有关联的,只不过有的关联性较强,有的较弱。例如,为了提高产品的产量,往往需要增加生产设备,这就会使折旧费用这项固定成本增加;而为了产品顺利地销售出去,可能又会增加广告费这项固定成本。企业采取诸如降低固定成本、单位变动成本或者提高单价等单项措施,可以使利润提高,但往往更多地采取综合措施以实现目标利润。

【例 3-12】 伊恩公司生产和销售单一产品。当年的有关数据如下:销售产品 3 000 件,产品单价 50 元/件,单位变动成本 25 元/件,固定成本 50 000 元。计划年度的目标利润定为 40 000 元。

要求:如其他条件均可保持不变,计算实现计划年度目标利润的销售量。

解:实现计划年度目标利润的销售量$=\frac{40\,000+50\,000}{50-25}=3\,600(件)$

如果计划年度各个因素的变化较为复杂,则假设企业采取了如下步骤以求实现目标利润。

① 经生产部门分析研究,确认虽然尚有增加产品产量的潜力,但生产能力最高也只能达到 3 500 件。同时销售部门也提出,为确保 3 500 件产品顺利销售出去,销售价格至

少应下降 4%。在上述条件下,因素变动后可实现的目标利润为:

因素变动后可实现的目标利润＝3 500×[50×(1－4%)－25]－50 000＝30 500(元)

当年可实现的目标利润＝3 000×(50－25)－50 000＝25 000(元)

虽然因素变动后可实现利润与计划年度目标利润数相差 9 500 元,但当年利润还是可以增加 5 500 元,方案可取。

② 在分析研究了产销量和销售价格变动的影响后,因素变动后可实现利润与计划年度目标利润仍相差 9 500 元,应考虑成本开支上是否有潜力可挖。在上述产销量和单价已确定的条件下,计划年度实现目标利润的单位变动成本为:

$$实现计划年度目标利润的单位变动成本＝50×(1－4\%)－\frac{40\,000＋50\,000}{3\,500}$$

$$≈22.29(元)$$

即如果单位变动成本能从 25 元降至 22.29 元,则计划年度目标利润就可以实现。

③ 假定生产部门经过分析研究,认为单位变动成本最低只能降至 23 元。那么,在上述条件下,计划年度实现目标利润的固定成本为:

固定成本＝3 500×[50×(1－4%)－23)]－40 000＝47 500(元)

也就是说,在产销量增至 3 500 件、降价 4%和单位变动成本降至 23 元的同时,固定成本尚需压缩 2 500 元(＝50 000－47 500)。如能压缩,则计划年度目标利润就可以实现。

需要强调的是,上述分析过程并不是分析多种因素变动对实现目标利润的影响的唯一视角,当然也不是唯一的顺序。企业应结合自身的情况,从对实现目标利润影响较大的因素开始,由大到小顺序分析。

任务四 本—量—利分析图

本—量—利分析图是将影响企业利润的成本、价格、销量、利润等诸因素集中在直角坐标平面内,以解析几何模型表示本—量—利之间关系的图像,也是直观形象地反映诸因素变动对利润的影响的一种本—量—利分析方法。根据资料的多少和要求的不同,本—量—利分析图有多种表示方式。这些图不仅能反映出固定成本、变动成本、销售量、销售收入和保本点、亏损区和利润区,而且还可以反映贡献边际、安全边际以及相关范围,甚至可以提供单价、单位变动成本和单位贡献边际的水平。引入这种图示法的分析,有助于我们加深对本—量—利关系的了解。

一、传统式本—量—利图

传统式本—量—利图反映了最基本的本—量—利关系,其特点是将固定成本置于变动成本之下,进而能清楚地反映出固定成本不随业务量变动的成本特性,同时还揭示安全边际、保本点、利润三角区与亏损三角区的关系。

（一）传统式本—量—利图的绘制步骤

（1）选定直角坐标系，以横轴表示销售数量，纵轴表示成本和销售收入的金额。

（2）以坐标原点 O(0,0) 为起点，以单价为斜率，绘制销售收入线。

（3）在纵轴上找出固定成本数值，以点(0,固定成本值)为起点，绘制一条与横轴平行的固定成本线。

（4）以点(0,固定成本值)为起点，以单位变动成本为斜率，绘制变动成本线。

传统式本—量—利分析图如图 3-3 所示。

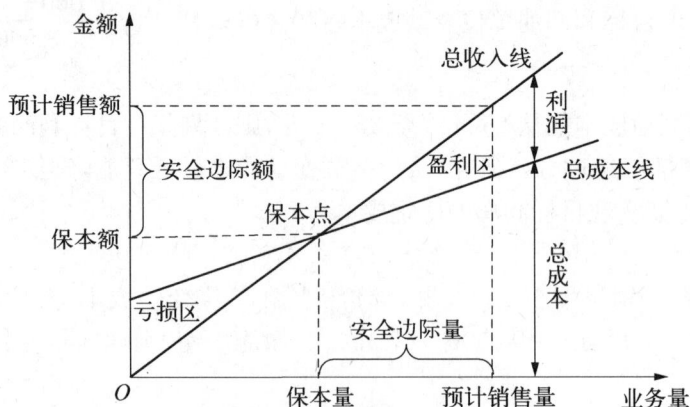

图 3-3　传统式本—量—利图

（二）传统式本—量—利图的特点

（1）固定成本线与横轴之间的距离为固定成本值，其不因业务量增减而变动。

（2）变动成本线与固定成本线之间的距离为变动成本，其随业务量而呈正比例变化。

（3）变动成本线与横轴之间的距离为总成本，是固定成本与变动成本之和。

（4）销售收入线与总成本线的交点是盈亏临界点（保本点）。它在横轴上对应的销售量表明企业在此销售量下总收入与总成本相等，既没有利润，也不发生亏损。在此基础上，增加销售量，销售收入超过总成本，总收入线与总成本线的距离为利润值，形成盈利区；反之，形成亏损区。盈亏临界点的高低决定了盈利区与亏损区面积的大小。

（5）实际（或预计）销售与保本点的差额为安全边际。由图 3-3 可以看出，超过盈亏临界点的销售额才能创造利润，即安全边际越大，利润越多。

（三）传统式本—量—利图得到的规律

（1）在保本点不变的情况下，如果产品销售超过保本点一个单位的业务量，即可获得一个单位贡献边际的盈利，销售量越大，能实现的利润就越多；反之，若产品销售低于盈亏临界点一个单位的业务量，即亏损一个单位贡献边际的盈利，销售量越少，亏损额越大。

（2）在销售量不变的情况下，保本点越低，盈利区的三角形区域面积就会扩大，亏损区就会缩小，它反映了产品的盈利性有所提高，即能实现更多的盈利或减少亏损；

反之,保本点越高,则反映了产品的盈利性有所降低,即能实现的盈利更少或亏损更大。

(3) 在销售收入既定的条件下,保本点的高低取决于固定成本和单位变动成本的多少。固定成本越多,或单位变动成本越多,保本点越高;反之,保本点越低。

(4) 在固定成本总额和单位变动成本既定的情况下,保本点的高低取决于单位售价的高低。单位售价提高,保本点降低;反之,保本点升高。

明确以上规律,根据企业具体的主、客观条件有预见性地采取相应措施,将对企业实现扭亏增盈起到极大的作用。

二、贡献式本—量—利图

贡献式本—量—利分析图能直观地反映出贡献边际的大小,其特点是将固定成本线置于变动成本线之上,总成本线是一条平行于变动成本线的直线,它反映了贡献边际与其他各因素的关系。

(一)贡献式本—量—利图的绘制步骤

(1) 选定直角坐标系,以横轴表示销售数量,纵轴表示成本和销售收入的金额。
(2) 以坐标原点 $O(0,0)$ 为起点,以单价为斜率,绘制销售收入线。
(3) 以坐标系原点 $O(0,0)$ 为起点,以单位变动成本为斜率,绘制变动成本线。
(4) 以点(0,固定成本值)为起点画一条与变动成本线平行的总成本线。

贡献式本—量—利分析图如图 3-4 所示。

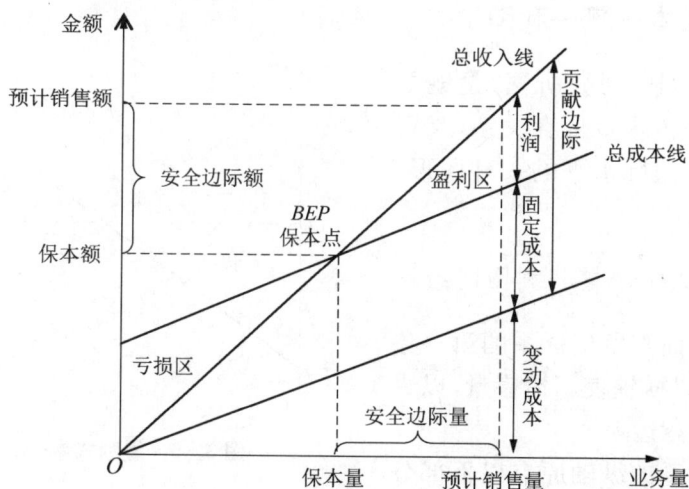

图 3-4 贡献式本—量—利图

(二)贡献式本—量—利图的特点

(1) 这种图形象地反映了贡献边际的形成和作用。企业的销售收入随销售量呈正比例增长,这些销售收入首先用于弥补产品自身的变动成本,剩余的是贡献边际即收入线与

变动成本线及原点 O 围成的区域。贡献边际随销售量增加而扩大,当其达到固定成本值时(到达 BEP 点),企业处于盈亏临界状态;当贡献边际超过固定成本后,企业进入盈利状态。该图也反映了利润计算公式"利润＝贡献边际－固定成本"的含义。

(2)由图 3-4 可以看出,当产品单价上升时,总收入线斜率增大,保本点下降;当产品单价下降时,总收入线斜率减小,保本点上升。

(3)由图 3-4 可以看出,当固定成本总额上升时,总成本线平行上移,保本点上升;当固定成本总额下降时,总成本线平行下移,保本点下降。

(4)由图 3-4 可以看出,当单位变动成本上升时,总成本线斜率增大,保本点上升;当单位变动成本下降时,总成本线斜率减小,保本点下降。

保本点的上升与下降反映了产品盈利能力的变化,贡献式本—量—利图清晰地揭示了影响贡献边际与保本点高低的关系,为企业管理人员进行相关决策提供了信息。

(三)贡献式本—量—利图得到的规律

(1)销售收入线与变动成本线、总成本线相交的两个角相等,夹角的大小反映着贡献边际率的高低,直接影响着利润的增减变化,夹角越大,利润越高;反之,夹角越小,利润越低。

(2)只要单价大于单位变动成本,则必然有贡献边际存在。由于销售收入与变动成本的差额为贡献边际,所以图 3-4 中销售收入线与变动成本线的垂直距离即为贡献边际。总成本线与变动成本线间的垂直距离为固定成本。

(3)贡献边际应当首先补偿固定成本,只有超额的部分才构成企业的利润。

三、量利式本—量—利图

量利式本—量—利分析图,是既能直接反映利润和销售量依存关系,又可以同时反映贡献边际水平的一种图形,如图 3-5 所示。

(一)量利式本—量—利图的绘制步骤

(1)利用平面直角坐标系的第一象限和第四象限,以横轴表示销售量,以纵轴表示利润或贡献边际。

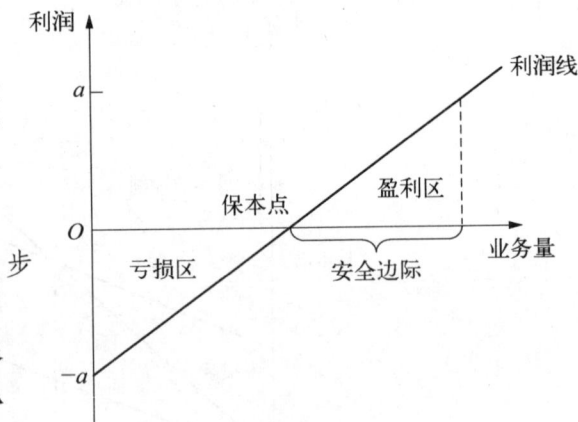

图 3-5 量利式本—量—利图

(2)在坐标系的纵轴原点以下部分找到与固定成本总额相等的点(0,固定成本),此点表示当业务量等于零时,亏损等于固定成本。

(3)利润线的斜率由业务量的选择决定,当业务量为销售量时,利润线的斜率是单位贡献边际;当业务量为销售额时,利润线的斜率是贡献边际率。利润线与坐标系横轴的交点即为保本点。

（二）量利式本—量—利图的特点

（1）该图清晰地揭示了业务量与利润的直接关系，在进行利润预测时，可直接根据预测的业务量得到预测的利润值。当销售量为零时，企业的亏损就等于固定成本；随着销售量的增长，亏损逐渐降低，盈利逐渐增加。

（2）该图反映了产品的贡献边际水平（代表了产品的盈利能力）对保本点高低的影响，也反映了业务量变动对贡献边际和利润的影响。

任务五　本—量—利分析之敏感性分析

在前面的盈亏临界点分析和实现目标利润的本—量—利分析中，都假设销售单价、单位变动成本和固定成本等因素在相关范围内均保持不变。但实际情况并非如此，这些因素都是会发生变化的。这些因素的变化对于盈亏临界点及保利点的确定也会产生重大的影响。因此，对相关因素变动及其带来的影响进行研究分析显得非常重要。

一、敏感性分析的概念

敏感性分析就是探讨相关因素变动对目标指标的影响程度的一种技术分析方法。在进行预测和决策分析的时候，必须依据一定的关键性指标，而这些关键性指标又受多种因素的影响。而且，在一定条件下，关键指标受各种因素影响的程度是不同的。因此，把关键指标受某因素影响而变动的程度称为该因素的敏感程度，即关键指标受某因素影响变动的幅度越大，则关键指标的敏感程度越高；反之，受某因素影响变动的幅度越小，则敏感程度越低。敏感性分析就是要设计出一些指标来反映敏感程度，这些指标叫作敏感系数。

某因素敏感系数的计算公式如下：

$$某因素敏感系数 = \frac{目标值变动百分比}{因素值变动百分比}$$

该指标的值如果为正，说明目标值随因素值同方向变化；如果为负，说明目标值随因素值反方向变化；同时，该指标的绝对值越大，说明某因素变动对目标值变动的影响的幅度越大，也就是说敏感程度越高。

通过敏感系数的计算，企业管理人员可以充分了解哪个因素的敏感程度高，哪个因素的敏感程度低，对敏感性高的因素应重点关注，对敏感性低的因素不必作为分析的重点。因此，敏感系数的计算有利于企业分清主次、及时采取调整措施。

二、敏感性分析的内容

敏感性分析主要包括两部分内容：一是各因素临界值的确定；二是利润对各因素敏感系数的确定。应注意的是，敏感性分析的前提是各个影响因素彼此不相关或相关性很弱。

下面就对这两个方面的内容分别进行详细阐述。

（一）各因素临界值的确定

影响利润的因素主要包括销售单价、单位变动成本、固定成本和销售量。各因素的临界值也就是指在其他因素不变的情况下，为了使企业盈亏平衡或实现预定的目标利润，某因素必须达到的数值。在上述因素中，由于销售单价和销售量与利润同方向变化，因此，需要求得的是保本或保利的销售单价、销售量的最小临界值；而单位变动成本和固定成本与利润反方向变化，因此，需要求得的是保本或保利的单位变动成本和固定成本的最大临界值。

根据利润的基本计算公式：

$$利润＝（销售单价－单位变动成本）×销售量－固定成本$$

可以求得：

(1) 销售单价的最小允许值。

① 盈亏平衡时（即利润为零）：

$$销售单价＝单位变动成本＋\frac{固定成本}{销售量}$$

② 目标利润不为零时：

$$销售单价＝单位变动成本＋\frac{固定成本＋目标利润}{销售量}$$

(2) 销售量的最小允许值。

① 盈亏平衡时（即利润为零）：

$$销售量＝\frac{固定成本}{销售单价－单位变动成本}$$

② 目标利润不为零时：

$$销售量＝\frac{固定成本＋目标利润}{销售单价－单位变动成本}$$

(3) 单位变动成本的最大允许值。

① 盈亏平衡时（即利润为零）：

$$单位变动成本＝销售单价－\frac{固定成本}{销售量}$$

② 目标利润不为零时：

$$单位变动成本＝销售单价－\frac{固定成本＋目标利润}{销售量}$$

(4) 固定成本的最大允许值。

① 盈亏平衡时(即利润为零)：

$$固定成本=(销售单价-单位变动成本)\times 销售量$$

② 目标利润不为零时：

$$固定成本=(销售单价-单位变动成本)\times 销售量-目标利润$$

【例3-13】 盖斯威公司生产的接线盒年度计划的相关数据如下所示:固定成本为20 000元,销售量为5 000件,销售单价为40元/件,单位变动成本为15元/件。

要求:确定各因素的临界值。

解:计算过程如下:

① 当盈亏平衡时:

$$销售量的最小允许值=\frac{20\ 000}{40-15}=800(件)$$

计算结果表明,800件是接线盒销售量的最小允许值,即当接线盒的销售量小于800件时,企业就会发生亏损。

$$销售单价的最小允许值=15+\frac{20\ 000}{5\ 000}=19(元/件)$$

计算结果表明,19元是接线盒销售单价的最小允许值,即当接线盒的销售单价低于19元时,企业就会发生亏损。

$$单位变动成本的最大允许值=40-\frac{20\ 000}{5\ 000}=36(元/件)$$

计算结果表明,36元是接线盒单位变动成本的最大允许值,即当接线盒的单位变动成本大于36元时,企业就会发生亏损。

$$固定成本最大允许值=(40-15)\times 5\ 000=125\ 000(元)$$

计算结果表明,125 000元是接线盒固定成本的最大允许值,即当接线盒的固定成本大于125 000元时,企业就会发生亏损。

② 如果目标利润为80 000元时:

$$销售量的最小允许值=\frac{20\ 000+80\ 000}{40-15}=4\ 000(件)$$

计算结果表明,4 000件是接线盒销售量的最小允许值,即当接线盒的销售量小于4 000件时,企业就无法实现80 000元的利润。

$$销售单价的最小允许值=15+\frac{20\ 000+80\ 000}{5\ 000}=35(元/件)$$

计算结果表明,35元是接线盒销售单价的最小允许值,即当接线盒的销售单价低于35元时,企业就无法实现80 000元的利润。

$$单位变动成本的最大允许值=40-\frac{20\ 000+80\ 000}{5\ 000}=20(元/件)$$

计算结果表明,20元是接线盒单位变动成本的最大允许值,即当接线盒的单位变动成本大于20元时,企业就无法实现80 000元的利润。

固定成本的最大允许值＝(40－15)×5 000－80 000＝45 000(元)

计算结果表明,45 000 元是接线盒固定成本的最大允许值,即当接线盒的固定成本大于 45 000 元,企业就无法实现 80 000 元的利润。

（二）利润对各因素敏感系数的确定

前面已经介绍了敏感系数的计算公式,下面举例说明利润对各因素敏感系数的确定。

【例 3－14】 盖斯威公司生产的无功补偿装置的年度计划的相关数据为:固定成本为 30 000 元,销售量为 5 000 件,销售单价为 30 元/件,单位变动成本为 20 元/件。

要求: 计算说明利润对各因素敏感系数的确定。

解: 计算过程如下:

原目标利润＝(30－20)×5 000－30 000＝20 000(元)

① 销售单价的敏感系数的确定。

当销售单价增加 20% 时,则销售单价＝30×(1＋20%)＝36(元/件)

此时,

新利润＝(36－20)×5 000－30 000＝50 000(元)

$$利润变动百分比＝\frac{50\ 000－20\ 000}{20\ 000}×100\%＝150\%$$

则销售单价敏感系数＝150%÷20%＝7.5

分析: 销售单价敏感系数为正数,说明利润与销售单价呈同方向变化;而且,销售单价变动 1%,利润就会同方向变动 7.5%。

② 销售量的敏感系数的确定。

当销售量增加 20% 时,则销售量为 5 000×(1＋20%)＝6 000(件)

此时,

新利润＝(30－20)×6 000－30 000＝30 000(元)

$$利润变动百分比＝\frac{30\ 000－20\ 000}{20\ 000}×100\%＝50\%$$

则销售量敏感系数＝50%÷20%＝2.5

分析: 销售量敏感系数为正数,说明利润与销售量呈同方向变化;而且,销售量变动 1%,利润就会同方向变动 2.5%。

③ 单位变动成本的敏感系数的确定。

当单位变动成本增加 20% 时,则单位变动成本＝20×(1＋20%)＝24(元/件)

此时,

新利润＝(30－24)×5 000－30 000＝0(元)

$$利润变动百分比＝\frac{0－20\ 000}{20\ 000}×100\%＝－100\%$$

则单位变动成本敏感系数＝－100%÷20%＝－5

分析: 单位变动成本敏感系数为负数,说明利润与单位变动成本呈反方向变化;而且,单位变动成本变动 1%,利润就会反方向变动 5%。

④ 固定成本的敏感系数的确定。

当固定成本增加 20％时,则固定成本＝30 000×(1＋20％)＝36 000(元)

此时,

利润＝(30－20)×5 000－36 000＝14 000(元)

$$利润变动百分比＝\frac{14\ 000－20\ 000}{20\ 000}×100\％＝－30\％$$

则单位变动成本敏感系数＝－30％÷20％＝－1.5

分析:固定成本敏感系数为负数,说明利润与单位变动成本呈反方向变化;而且,固定成本变动 1％,利润就会反方向变动 1.5％。

通过上述计算结果可知,对影响利润的各因素的敏感系数的绝对值按从大到小的顺序进行排列,依次是:销售单价(敏感系数绝对值为 7.5)、单位变动成本(敏感系数绝对值为 5)、销售量(敏感系数绝对值为 2.5)、固定成本(敏感系数绝对值为 1.5)。通过敏感性分析可知,销售单价和单位变动成本是影响利润的最敏感因素。这也是企业管理人员应重点关注的两个环节。同时,也不能忽视销售量的影响,尤其是在销路较好,生产又有保证的情况下,企业可以较大幅度地增加销售量,以使企业的收入得到更大幅度的增长。因此,这也说明,在实际工作中,不要拘泥于敏感系数的高低,而应具体问题具体分析。

三、相关因素变动对盈亏临界点的影响

盈亏临界点就是能使企业达到不盈不亏状态的产品销售量。在计算盈亏临界点时,我们曾假设固定成本、单位变动成本、销售价格以及产品品种结构等因素不变。而事实上,上述因素在企业经营过程中是经常变动的,并由此引起盈亏临界点的升降变动。

(一)固定成本单独变动对盈亏临界点的影响

虽然固定成本不随业务量的变动而变动,但企业经营能力的变化和管理决策都会导致固定成本的升降,特别是酌量性固定成本更容易发生变化。

【例 3－15】　某企业生产和销售单一产品,产品的售价为 60 元/件,单位变动成本为40 元/件,全年固定成本总额为 600 000 元。

要求:计算盈亏临界点的销售量。

解:$保本量＝\dfrac{600\ 000}{60－40}＝30\ 000(件)$

如其他条件不变,只是固定成本由原来的 600 000 元上升到了 700 000 元,则保本量由原来的 30 000 件变为:

$$保本量＝\frac{700\ 000}{60－40}＝35\ 000(件)$$

由“$保本量＝\dfrac{固定成本总额}{单价－单位变动成本}$”“利润＝(单价－单位变动成本)×销售量－固定成本总额”“安全边际量＝现有或预计销售量－保本量”可以看出,固定成本增加会使保本点提高,因而缩小了安全边际和利润区间,使企业向不利方向发展;反之,则相反。当固定

成本升高时,保本点向右上方移动,安全边际量和利润区随固定成本的变动而缩小,如图3-6所示。

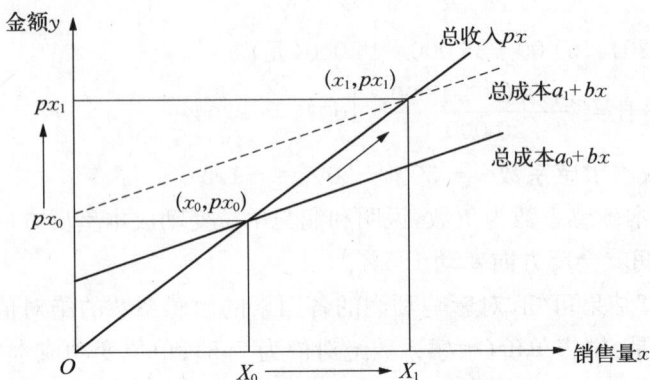

图3-6 固定成本单独变动对盈亏临界点的影响

（二）单位变动成本单独变动对盈亏临界点的影响

【例3-16】 如【例3-15】中的其他条件不变,只是单位变动成本由原来的40元/件上升到45元/件。**要求**:计算盈亏临界点的销售量。

解:保本量由原来的30 000件变为:

$$保本量 = \frac{600\ 000}{60-45} = 40\ 000(件)$$

单位变动成本的变动会引起单位贡献边际或贡献边际率向相反方向变动,因而使保本点同方向变动,从而在销售量既定的条件下,会使安全边际向反方向变动。即当单位变动成本单独上升时,总成本线斜率增大,保本点向右上方移动,缩小了安全边际和利润区域,使企业经营状况向不利的方向发展;反之,则相反,如图3-7所示。

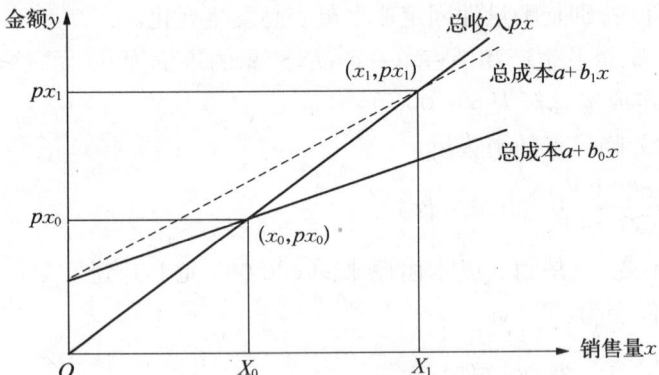

图3-7 单位变动成本单独变动对盈亏临界点的影响

（三）销售价格单独变动对盈亏临界点的影响

单位产品销售价格的变动对盈亏临界点的影响最为直接和明显,如图3-8所示。当单价上涨时,会使单位贡献边际和贡献边际率上升,销售收入线斜率增大,相应会降低保本点。因而在销售量既定的条件下,会使安全边际同方向变动,扩大了安全边际和利润的区域。当单价下降时,情况刚好相反。如【例3－15】中的其他条件不变,而销售价格由原来的 60 元/件提高到 70 元/件,则保本量由原来的 30 000 件变为:

$$保本量 = \frac{600\,000}{70-40} = 20\,000(件)$$

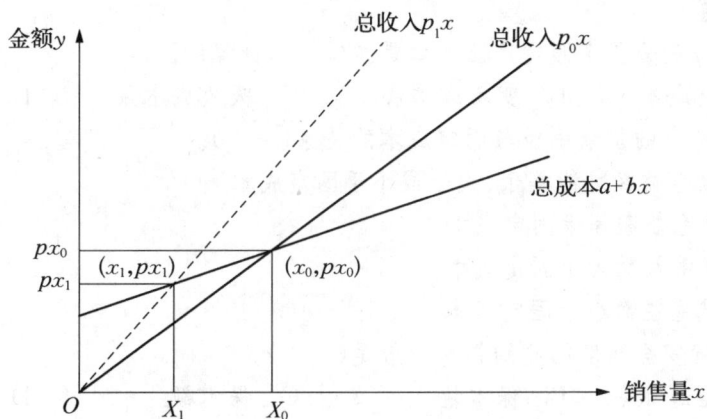

图 3－8　单价单独变动对盈亏临界点的影响

（四）销售量单独变动对盈亏临界点的影响

市场供求关系的变动以及企业促销手段的改变都可能使产品销售量发生变化,如【例3－15】中的其他条件不变,而销售量增加至 35 000 件。由"利润＝（单价－单位变动成本）×销售量－固定成本总额""保本量＝$\frac{固定成本总额}{单价-单位变动成本}$""安全边际量＝现有或预计销售量－保本量",可以看出,销售量的变动会引起安全边际和利润的变动,对保本点没有影响。而且,安全边际和利润会随销售量的变动同方向变动。如图 3－9 所示,当销售量上升时,保本点不变,安全边际和利润区域随销售量变动而扩大;当销售量下降时,情况刚好相反。

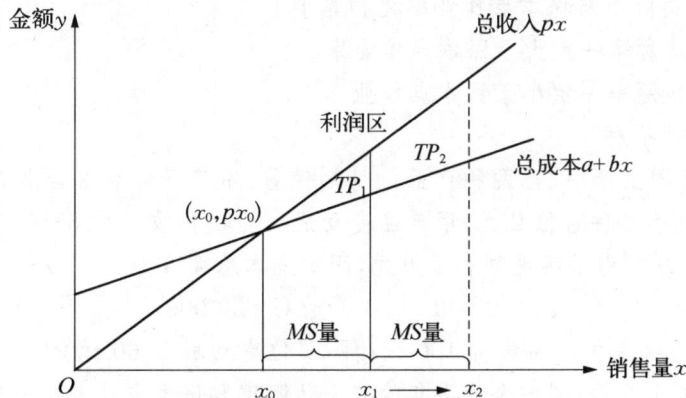

图 3－9　销售量单独变动对盈亏临界点的影响

关键术语

本—量—利分析　贡献边际　保本点　保利点　安全边际　敏感性分析　本—量—利图

应知考核

一、单选题

1. 本—量—利分析中假定产品成本是按(　　)计算的。
   A. 完全成本法　　B. 变动成本法　　C. 吸收成本法　　D. 制造成本法
2. 盈亏分界点的贡献毛益与固定成本的关系(　　)。
   A. 贡献毛益额可能等于、大于或小于固定成本
   B. 贡献毛益额等于固定成本
   C. 贡献毛益额大于固定成本
   D. 贡献毛益额小于固定成本
3. 企业经营安全程度的判别指标一般是(　　)。
   A. 安全边际率　　B. 保本量　　C. 保本额　　D. 安全边际
4. 某企业只生产一种产品,单位变动成本 60 元/件,当期固定成本总额 6 万元,单位产品售价 100 元,要使安全边际率达到 50%,当期销售量应达到(　　)件。
   A. 3 000　　B. 3 820　　C. 3 500　　D. 6 000
5. 在进行保本和盈利分析时,保本量和保利量指标的计算公式的分母均为(　　)。
   A. 贡献边际率　　B. 单位贡献边际　　C. 固定成本　　D. 所得税率
6. 亏损产品销售量变动会引起利润(　　)。
   A. 同方向变动　　　　　　B. 同方向或反方向变动
   C. 反方向变动　　　　　　D. 以上都不对
7. 单价单独变动时,会使安全边际(　　)。
   A. 反方向变动　　B. 同方向变动　　C. 不一定变动　　D. 不变
8. 下列关于安全边际率与保本点作业率关系的表述正确的是(　　)。
   A. 安全边际率与保本点作业率之和等于 1
   B. 安全边际率一定大于保本点作业率
   C. 安全边际率一定小于保本点作业率
   D. 以上都不对
9. 某公司计划生产甲、乙两种产品。计划销售:甲产品销售 2 万件,每件售价 5 元,乙产品销售 3 万件,每件售价 2 元,甲产品变动成本为销售收入的 65%,乙产品变动成本为销售收入的 75%。为了实现利润 2 万元,固定成本总额应为(　　)元。
   A. 30 000　　B. 70 000　　C. 50 000　　D. 60 000
10. 某企业去年单位产品售价 100 元/件,单位变动成本 60 元/件,固定成本总额 20 万元,去年销售量 1 万件,则该企业去年的安全边际率和保本点作业率分别是(　　)。
   A. 50%和 50%　　　　　　B. 55%和 45%

C. 65%和35%　　　　　　　　　　D. 35%和65%

二、多选题

1.(　　)是本—量—利分析的基本假定。

　　A. 假定成本性态分析工作已经完成　　B. 成本函数表现为线性方程

　　C. 产销品种结构稳定　　　　　　　　D. 产销平衡

2. 贡献边际率等于(　　)。

　　A. 贡献边际÷销售收入×100%　　　　B. 1—变动成本率

　　C. 贡献边际÷销售量×100%　　　　　D. 单位贡献边际÷单价×100%

3. 安全边际率等于(　　)。

　　A. 安全边际量÷现有或预计的销售量×100%

　　B. (现有或预计的销售量—保本量)÷现有或预计的销售量×100%

　　C. (现有或预计的销售量—保本量)÷现有或预计的销售额×100%

　　D. 安全边际额÷现有或预计的销售额×100%

4. 保本量等于(　　)。

　　A. 固定成本×安全边际额÷目标利润

　　B. 固定成本×安全边际量÷目标利润

　　C. 固定成本÷单位贡献边际

　　D. 固定成本÷(单价—单位变动成本)

5. 利润等于(　　)。

　　A. 单位售价×销量—单位变动成本×销量—单位贡献边际×盈亏临界点销售量

　　B. 单位贡献边际×(销量—盈亏临界点销售量)

　　C. 边际贡献率×安全边际额

　　D. 单位贡献边际×安全边际销售量

　　E. 单位贡献边际÷单位售价×单位售价×安全边际销售量

　　F. (单位售价—单位变动成本)÷销量—单位贡献边际×盈亏临界点销售量

6. 单位产品售价单独变动会引起(　　)。

　　A. 单位贡献边际上升和贡献边际率上升　B. 降低保本点和保利点

　　C. 安全边际向同方向变动　　　　　　　D. 利润呈正比例的变动

三、判断题

1. 在进行本—量—利分析时,不需要任何假设条件。　　　　　　　　　　(　　)

2. 贡献边际首先用于补偿固定成本,之后若有余额,才能为企业提供利润。　(　　)

3. 本—量—利分析的各种模型既然是建立在多种假设的前提条件下,因而我们在实际应用时,不能忽视它们的局限性。　　　　　　　　　　　　　　　　　(　　)

4. 所谓保本是指企业的贡献边际等于固定成本。　　　　　　　　　　　(　　)

5. 安全边际率和保本作业率是互补的,安全边际率高则保本作业率低,其和为1。
　　　　　　　　　　　　　　　　　　　　　　　　　　　　　　　　　(　　)

6. 保本作业率能够反映保本状态下生产经营能力的利用程度。　　　　　(　　)

7. 若单价与单位变动成本发生同方向同比例变动,则保本量不变。　　　(　　)

8. 超过保本点以上的安全边际所提供的贡献边际就是利润。 （ ）

9. 销售利润率可通过贡献边际乘以安全边际率求得。 （ ）

10. 单价、单位变动成本及固定成本总额变动均会引起保本点、保利点同方向变动。

（ ）

四、简答题

1. 什么是本—量—利分析？它有哪些基本的假设？

2. 什么是盈亏临界点？在单一品种和多品种情况下,盈亏临界点的分析有哪些方法？

3. 什么是安全边际？如何理解它能够表明企业经营的风险？

4. 什么是敏感性分析？各个因素的敏感系数如何计算？它们在本—量—利分析中是如何运用的？

应会考核

【业务处理一】

某企业只生产甲产品,单价为200元/台,单位变动成本为120元/台,固定成本为20万元。2019年生产经营能力为20 000台。

要求:

(1) 计算单位贡献边际、贡献边际总额和贡献边际率。

(2) 计算营业净利润。

(3) 计算变动成本率。

(4) 验证贡献边际率与变动成本率的关系。

(5) 计算保本量和保本额。

(6) 计算安全边际量、安全边际额、安全边际率和保本作业率。

(7) 验证安全边际率和保本作业率的关系。

【业务处理二】

乙公司产销一种产品,其2019年的销售额是1 200 000元,固定成本为400 000元,变动成本为600 000元。

要求:

(1) 公司的保本销售额是多少？

(2) 如果价格不变,而销量增加20%,则利润会增加多少？

(3) 如果固定成本减少10%,利润将增加多少？

(4) 如果变动成本减少15%,利润将增加多少？

【业务处理三】

假设某企业只产销一种产品,2019年销售量为8 000件,单价为240元/件,单位成本为180元/件,其中单位变动成本为150元/件,该企业计划2020年利润比2019年增加10%。

要求:运用本—量—利分析原理进行规划,从哪些方面采取措施,才能实现目标利润。(假定采取某项措施时,其他条件不变)

【业务处理四】

某公司生产甲、乙、丙三种产品,其固定成本总额为 19 800 元,三种产品的有关资料如表 3-3 所示。

表 3-3 该公司甲、乙、丙三种产品相关资料

品　种	销售单价(元)	销售量(件)	单位变动成本(元)
甲	2 000	60	1 600
乙	500	30	300
丙	1 000	65	700

要求:计算该公司的综合保本额及各产品保本量。

【业务处理五】

某公司 2019 预计销售某种产品 50 000 件,若该产品变动成本率为 50%,安全边际率为 20%,单位贡献边际为 15 元/件。

要求:

(1) 预测 2019 年该公司的保本额;

(2) 2019 年该公司可获得多少税前利润。

【业务处理六】

假设某公司只产销一种产品,其相关资料如表 3-4 所示。

表 3-4 该公司该产品相关资料　　　　　　　　　　　　　　单位:元

单位售价	20
单位变动成本:	
直接材料	4
直接人工	7
变动制造费用	3
单位贡献边际	6

要求:

(1) 若每月销售额为 25 000 元时可以保本,计算固定成本总额;

(2) 若直接人工增加 10%,要维持目前的贡献边际率,则单位售价应提高多少?

项目实训

常印冰激凌厂所在乡镇调查的需求量资料:周边 5 个乡镇,每个乡镇大约有人口 8 万,总计约有 40 万人,按现行生活水平和消费观念估算,3、4、5、11、12、1 月为淡季,每日需 40 000 支冰激凌;在 2、6、7、8、9、10 月则日需求量将达到 80 000~90 000 支。经咨询有关部门测算,若考虑乡间距离的远近和其他竞争市场的因素,该加工厂若能保证冰激凌的质量,价位合理,将占有 60%~65% 的市场,即在淡季日需求量将达到 24 000~26 000 支,在旺季日需求量则将达到 48 000~58 500 支。

成本费用资料:为了减少风险,该厂打算去冷饮厂租设备,全套设备年租金需 4.5 万元;租库房和车间每月固定支付租金 2 000 元;工人可到市场随时招聘,按现行劳务报酬计算,每生产 1 000 支冰激凌可支付各种工人(包括熬料、打料、拔模、包装工人)计件工资为 28 元;聘管理人员、采购员各 1 名,月薪分别为 1 500 元,技术员 1 名(包括设备的维护和修理),月薪 2 000 元;每月固定支付卫生费和税金为 1 000 元。在生产冰激凌时,按市价计算所耗各种费用如下(以每锅料为标准,每锅料能生产 1 000 支冰激凌)。

主要材料:		188 元
其中,	优质淀粉:	100 元
	白砂糖:	30 元
	奶粉:	56 元
	食用香精:	2 元
其他材料:		52 元
其中,	水费:	3 元(其中 1 元为冰淇淋耗用)
	电费:	15 元
	煤炭费:	5 元
	氨(制冷用):	4 元
	包装纸棍:	25 元

生产能力:从设备的运转能力看,日生产能力 12 锅;由于考虑机器设备的维修,节假日和天气情况(阴雨天)等原因,预计全年可工作 300 天左右。

定价:按现行同等质量冰淇淋的市场平均价定价,0.35 元/支。

资金来源:依靠个人储蓄(不考虑利息费用)。

要求:

(1) 试用本—量—利分析法分析常印冰激凌厂是否应设立。

(2) 冰激凌厂每年能获利多少?

(3) 该厂若想获利 18 万元,能否实现?

项目四　经营预测

知识目标

- 了解经营预测的基本程序和方法。
- 掌握销售预测、利润预测、成本预测和资金需要量的各种预测方法。
- 理解销售预测与利润预测、成本预测、资金需要量预测的关系。
- 理解销售预测的意义。

技能目标

通过项目学习,能够预测企业的销量和销售额,能够预测企业的成本,能够预测企业的资金需求量。

知识导图

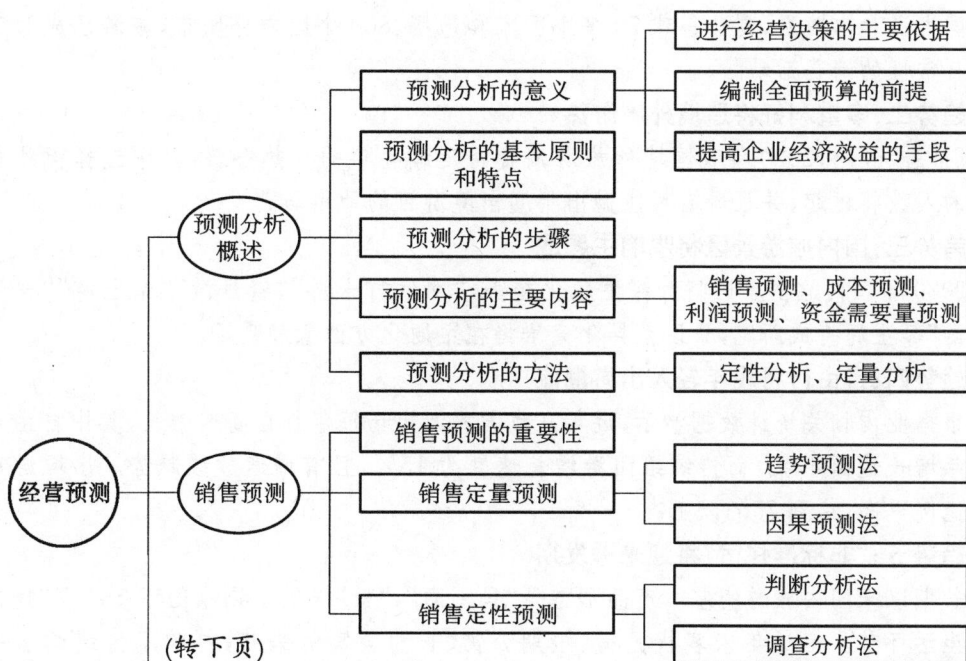

(转下页)

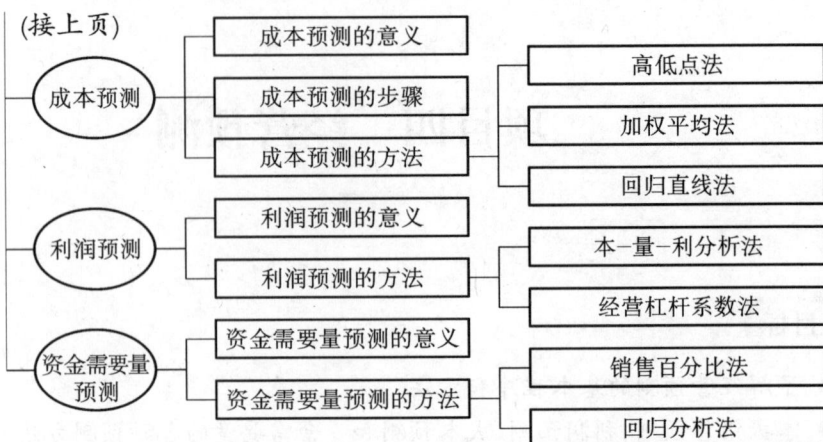

(接上页)

成本预测
- 成本预测的意义
- 成本预测的步骤
- 成本预测的方法
  - 高低点法
  - 加权平均法
  - 回归直线法

利润预测
- 利润预测的意义
- 利润预测的方法
  - 本—量—利分析法
  - 经营杠杆系数法

资金需要量预测
- 资金需要量预测的意义
- 资金需要量预测的方法
  - 销售百分比法
  - 回归分析法

引导案例

预测分析是企业开展经营活动的前提,结合在线旅游网站芒果网发布的《2019年度率市场趋势预测报告》(以下简称《报告》),可以看到预测对于生产经营的指导意义。

趋势一:旅游将成假期生活首选

根据国内相关数据显示,从1985年到2019年,我国国内旅游人次由2.4亿人次增长到55.39亿人次,比上年同期增长10.8%,出境旅游人数14 972万人次,比上年同期增长14.7%;全年实现旅游总收入5.97万亿元,同比增长10.5%。2020年元旦期间国人报名参加国内游和出境游,到达全球70多个国家和地区、800个国内外城市,旅游已成为我国居民日常性的消费活动。

趋势二:多重利好将造境外旅游热

《报告》预测,2020年我国境外旅游消费将延续去年的火热态势,其中选择境外长线出游的人数将雄起,并且最有可能抛出年度出境游目的地黑马。

趋势三:国内旅游景区将唱响主题战

2020年国内旅游景区将加深主题化趋势,"网红打卡游""蜜月游""亲子游""夕阳红团队游"等主题将成新宠,景区差异化竞争将在主题化方面愈加明显。

趋势四:自由行将成年轻人出游潮流

根据业内相关统计数据显示,近年来我国旅游市场每年都在高速增长,其中自由行人数每年增长达到40%,而传统组团游增长速度为15%,且有增速放缓趋势。出境游自由行的比例更高,达到75%以上。

趋势五:"非标准住宿"将迎来爆发期

长期以来国内旅游的基本产品形态是"景+酒","景"提供了异地化环节,"酒"提供了本地生活环节。但近年来客栈民宿、短期公寓、长租公寓的兴起,打破了传统酒店一统"酒"领域的单一格局。

趋势六:休闲度假游将成市场焦点

进入2020年,国内将有更多省份出台带薪休假细则,2.5天休假制度将刺激大众休闲度假游的需求,带动休闲度假游发展。

【想一想】

《报告》采取了什么方式,通过对哪些因素的分析,对旅游市场的发展进行了盘点判断?

知识准备

任务一 预测分析概述

现代经营管理离不开决策,决策正确与否关系到企业的生存与发展,而正确的决策要依据科学的预测。预测分析是决策的前提和基础,是企业计划工作的有机组成部分,是管理会计的重要内容。

一、预测分析的意义

预测分析是指在企业经营活动过程中,根据企业以往的经营业绩和现在的经营情况,运用预测的基本程序和方法,预测企业未来的发展趋势和结果。因此,科学的预测分析必须在正确理论的指导下,以正确的方法对事物未来发展趋势进行分析、预测。

进行预测分析,就是把企业的生产经营活动有意识地引导到提高经济效益的轨道上来,在提高企业经营管理水平和企业经济效益方面有着十分重要的意义。

(一)预测分析是进行经营决策的主要依据

科学的预测是进行正确决策的前提和依据,通过预测分析,企业可以合理安排和使用现有的人力、物力和财力,从而全面协调整个企业的经营活动。

(二)预测分析是编制全面预算的前提

预测分析是企业编制全面预算的前提,保证了企业的生产经营活动有计划地进行,减少了企业经济活动的盲目性和任意性,使企业的全面预算合理、科学,切实可行。

(三)预测分析是提高企业经济效益的手段

通过预测分析,使企业能够及时掌握国内外市场信息、销售趋势和科学技术发展动态,合理组织和使用各种资源,以最少的投入取得最大的经济效益。

二、预测分析的基本原则和特点

(一)预测分析的基本原则

1. 相关性原则
企业的经营活动中的一些经济变量之间存在着相互依存、相互制约的关系。

2. 相似性原则

企业的经营活动中,不同的经济变量有时会出现相似的发展规律和变化趋势。

3. 延续性原则

企业的经营活动中,过去和现在的某种发展规律和条件会延续下去,适用于未来。

4. 规律性原则

企业的经济活动中,某个经济变量的观测结果往往是随机的,但多次观测结果却会出现具有某种规律性的情况。

(二)预测分析的特点

1. 预测的科学性

预测分析采用科学的方法对企业的历史资料进行研究分析,推算未来的发展趋势,并非是毫无根据的臆想,所以基本能够反映企业经营活动的发展趋势。

2. 时间的相对性

预测分析前应先明确预测对象的时间期限,预测可分为长期预测和短期预测、时点预测和时期预测。预测时间越短,预测结果越准确;反之,预测结果越不准确。

3. 结论的可验证性

事物未来的发展具有不确定性,预测中出现误差难以避免。预测分析应考虑可能出现的误差,并对误差进行检验并反馈,调整预测程序及方法,尽量减少误差。

三、预测分析的步骤

(一)确定预测目标

在进行预测之前,必须确定预测目标,即确定预测分析的目的、要求、范围和具体内容。

(二)制订预测计划

根据预测目标,形成具体的预测计划。

(三)收集、分析信息

预测分析的目的和要求能否达到,很大程度上取决于资料占有情况。有组织地、系统地收集相关的信息及原始资料和数据,进行加工、整理、归纳、鉴别,做到去粗取精、去伪存真。

(四)选择预测方法

预测分析的不同方法有不同的特点,正确选择预测方法是保证预测精度的关键因素。单一的预测方法往往不能得到最佳的预测结果,因此,需要将多种不同的预测方法结合起来使用。

(五)实际进行预测

应用选定的预测方法,对问题进行全盘考虑,进行定量或定性预测,提出比较合理的预测结论。

（六）分析预测误差、修正预测结果

任何预测结果与实际结果之间都会存在一定的偏差，分析偏差产生的原因，并利用一定的方法进行修正，完善预测模型，使预测结果更接近实际。

（七）输出预测结果

根据上一步骤的检查、修正和补充，形成文字报告。
预测分析程序如图 4-1 所示。

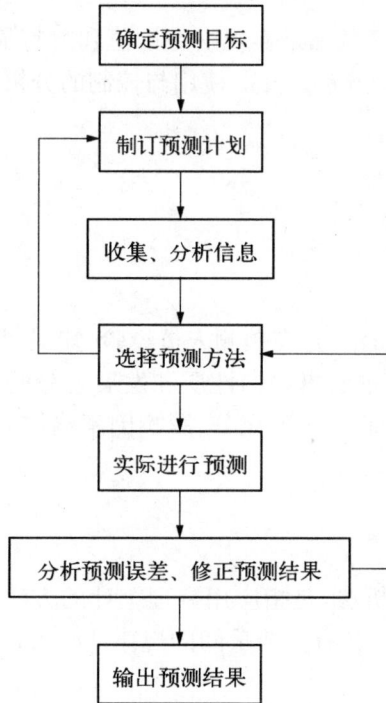

图 4-1 预测分析的一般程序

四、预测分析的主要内容

企业不同的部门、不同的目的，就有不同的预测内容，就管理会计而言，预测分析的基本内容包括以下几个方面。

（一）销售预测

销售是企业的重要经营活动，关系企业目标利润的实现和市场需求的满足。因此，销售预测分析具有极为重要的意义，主要包括市场需求和产品销售量或销售额的预测分析。

（二）成本预测

产品成本是反映企业经营管理水平的综合性指标，降低成本是提高企业经济效益的重要途径。因此,成本预测分析是制定价格、补偿生产消耗的重要依据,是决策、计划和核算经济效果的基础。

(三)利润预测

利润是反映企业生产经营过程中各项工作好坏的依据,是衡量企业生产经营成果的重要指标。因此,利润预测分析是结合企业经营目标,通过分析影响利润变动的价格、成本、产销量等因素,测算未来企业一定时期可达到的利润水平和利润变动趋势。

(四)资金需要量预测

企业进行资本运营的最终目标是实现财产增值和财富最大化,而资本运营的前提是资金需要量预测。通过对资金筹资、分配、使用与控制的分析,合理利用有限的资源,从而达到企业价值最大化。

五、预测分析的方法

(一)定性分析法

定性分析法也称判断分析法,是在预测人员经验、知识、判断和分析能力的基础上,依据其对客观事物的主观判断,推断事物的性质和发展趋势的一种方法。这种方法在数量方面不易精确分析,一般在企业资料不充分、影响因素错综复杂、社会因素较多的情况下采用。

(二)定量分析法

定量分析法也称数学分析法,是指应用数理统计的方法对企业信息进行科学的加工处理,建立预测分析模型,揭示各有关变量间的规律性联系,并做出预测结论。

任务二 销售预测

一、销售预测的重要性

销售预测是指在充分考虑企业未来各种影响因素的基础上,结合销售实绩,通过一定的分析方法对企业未来一定时间内全部产品或特定产品的销售数量与销售金额做出预测的过程。进行销售预测的目的在于了解社会对产品的需求量及其变动趋势,掌握产品的销售状况及市场占有率。

销售预测是企业进行正确经营决策的基本前提,也是其他各项经济预测的基础。在社会主义市场经济中,竞争越来越激烈,企业的产品只有被销售出去,才能实现利润,企业能否生存及发展取决于企业能否生产出满足市场需求的产品。在市场经济以需定销、以销定产的条件下,企业只有做出准确的销售预测,才能据此做出正确的利润预测、成本预测及资金需求预测。因此,销售预测是企业各项经营预测前提,是其他预测工作能否顺利进行的保证。另外,销售预测能为企业生产经营提供可靠的相关信息,使企业能够根据市场需要进行生产,避免因信息不对称而盲目生产,造成产品积压和损失,从而提供企业的竞争力。

二、销售定量预测

（一）趋势预测法

趋势预测法亦称时间序列分析法,是指应用一定的数学方法对预测对象按时间顺序排列的一系列历史数据进行加工、计算,根据事物发展的延续性原则来预测其未来发展的趋势。

1. 算术平均法

算术平均法是以某产品过去若干期的实际销售量或实际销售额进行简单平均计算,以此作为该产品计划期的销售预测值。其计算公式如下:

$$计划期销售预测值 = \frac{各期销售量或销售额之和}{期数}$$

$$X' = \frac{\sum X_i}{n}$$

【例 4-1】 金鑫公司 2019 年下半年销售 A 类产品的六个月的销售额资料如表 4-1 所示。

表 4-1　A 类产品销售资料

月　份	7	8	9	10	11	12
销售额(万元)	18.1	18.3	18.4	18.4	18.5	18.7

要求:预测 2020 年 1 月份 A 类产品的销售额。

解:由算术平均法计算公式,得:

$$2020 年 1 月销售额预测值 = \frac{18.1 + 18.3 + 18.4 + 18.4 + 18.5 + 18.7}{6} = 18.4(万元)$$

这种方法的优点是计算简便、方法易行,缺点是没有考虑近期(如 10、11、12 三个月)的变动趋势。该方法适用于销售量或销售额比较稳定的商品,对于某些没有季节性的商品,如食品、文具、日常用品等,是一种十分有效的预测方法。

2. 加权平均法

加权平均法是指在移动平均法的基础上,以若干期历史时期的实际销售值为观察值,按照各期实际值对预测值的影响程度对其分别赋予不同的权数,以其加权平均值作为预测值的一种方法。一般情况下,由于接近预测期的实际销售情况对预测值的影响较大,故所加权数应大些;反之,离得越远,所加权数就越小。计算公式如下:

$$计划期销售预测值 = \frac{\sum 某期销售值 \times 该期权数}{各期权数之和}$$

$$X' = \frac{\sum X_i \times W_i}{\sum W}$$

或

$$S' = \frac{\sum S_i \times W_i}{\sum W}$$

【例 4-2】 见【例 4-1】中的资料,要求根据 10、11、12 三个月的观测值,按加权平均法预测 2020 年 1 月的销售额。假设权数分别为:$W_1 = 0.2, W_2 = 0.3, W_3 = 0.5$。

要求:计算 2020 年 1 月的销售预测值。

解:2020 年 1 月销售预测值 $= 18.4 \times 0.2 + 18.5 \times 0.3 + 18.7 \times 0.5 = 18.58$(万元)

这种方法的优点是可以利用其全部的历史数据,同时考虑远近期间对预测值的影响,消除了差异的平均化,使预测值更接近现实。缺点是没有统一的方法确定各期的权数值。

3. 指数平滑法

指数平滑法是加权平均法的一种方法,是指在综合考虑有关前期预测销售值和实际销售值信息的基础上,按照事先确定的平滑指数来预测未来销售值的一种方法。计算公式如下:

计划期预测销售值 = 平滑指数 × 前期实际销售值 + (1-平滑指数) × 前期预测销售值

$$X' = \alpha X_{t-1} + (1-\alpha) X'_{t-1}$$

或

$$S' = \alpha S_{t-1} + (1-\alpha) S'_{t-1}$$

平滑指数 α 通常由预测者根据过去销售实际数与预测值之间差异的大小来确定,是一个经验数据,确定平滑指数带有一定的主观因素,取值范围一般在 0.3~0.7 之间。平滑指数越大,则近期实际数对预测结果的影响越大;反之,平滑指数越小,则近期实际数对预测结果的影响越小。因此,为使预测值能反映观测值的长期变动趋势,可选用较小的平滑指数;若为使预测值能反映观测值的近期变动趋势,则应选用较大的平滑指数。

【例 4-3】 DEF 公司是一家彩电生产企业,2019 年第一季度彩电销售情况如表 4-2 所示。假设 $\alpha = 0.4$,1 月份销售量预测值为 1 100 台。

表 4-2 DEF 公司 2019 年第一季度彩电销售情况

月　份	1	2	3
实际销售量	1 050	1 150	1 120

要求:用平滑指数法预测企业 2 月~4 月的销售量。

解:2019 年 2 月份销售预测值 $= 0.4 \times 1\,050 + (1-0.4) \times 1\,100 = 1\,080$(台)

2019 年 3 月份销售预测值 $= 0.4 \times 1\,150 + (1-0.4) \times 1\,080 = 1\,108$(台)

2019 年 4 月份销售预测值 $= 0.4 \times 1\,120 + (1-0.4) \times 1\,108 = 1\,113$(台)

这种方法比较灵活,适用范围较广,在不同程度上考虑了以往各期的观察值,比较全面;采用一个平滑指数,可以结合考虑某些可能出现的偶然因素的影响,使预测值更符合实际。缺点是在选择平滑指数时,具有一定的随意性。

(二)因果预测法

因果预测法又称相关预测分析法,是利用事物发展的因果关系来推测事物发展趋势的方法。它是根据已掌握的历史资料,找出预测对象的变量与其相关事物的变量之间的依存关系,建立相应的因果预测模型,据以预测计划期的销售量或销售额。

因果预测采用的具体方法较多,最常用而且比较简单的是最小平方法,亦称回归分析法。其具体做法是:根据企业过去若干期的销售资料,以 x 表示预测对象的相关因素变量,以 y 表示预测对象的销售量或销售额,按照数学中的最小二乘法原理确定一条反映销售量变化趋势的直线,进而预测产品一定时期内的销售值。其计算公式如下:

$$y = a + bx$$

$$a = \frac{\sum y - b \sum x}{n}$$

$$b = \frac{n \sum xy - \sum x \sum y}{n \sum x^2 - \left(\sum x\right)^2}$$

应用最小平方法,还应进行相关程度测定,即通过计算相关系数来检验预测变量与相关因素变量的相关性,以判断预测结果的可靠性。相关系数 r 的计算公式如下:

$$r = \frac{n \sum xy - \sum x \sum y}{\sqrt{\left[n \sum x^2 - \left(\sum x\right)^2\right]\left[n \sum y^2 - \left(\sum y\right)^2\right]}}$$

相关系数 r 的取值范围 $-1 \leqslant r \leqslant 1$。$|r|$ 越接近 1,相关关系越密切。一般可按如下标准加以判断:

$0.7 \leqslant |r| \leqslant 1$,为较高程度相关;

$0.3 \leqslant |r| < 0.7$,为中等程度相关;

$0 < |r| < 0.3$,为较低程度相关。

【例 4-4】 某公司经调查发现,其产品的销售额与当地居民的人均月收入有关,该地区 2015 年到 2019 年相关资料如表 4-3 所示。

表 4-3 产品销售额与居民月收入资料

年 份	2015	2016	2017	2018	2019
居民人均月收入(元)	1 500	1 800	2 000	2 100	2 300
产品销售额(万元)	1 000	1 200	1 300	1 400	1 500

要求:假设 2020 年居民人均月收入为 2 500 元,用因果预测法预测企业 2020 年产品

的销售额。

解:① 在 $y=a+bx$ 公式中,设产品销售额为 y,居民人均月收入为 x。

② 根据所给资料编制表 4-4。

表 4-4　回归预测计算表

年　份	居民人均月收入 x(元)	销售额 y(万元)	xy	x^2	y^2
2015	1 500	1 000	1 500 000	2 250 000	1 000 000
2016	1 800	1 200	2 160 000	3 240 000	1 440 000
2017	2 000	1 300	2 600 000	4 000 000	1 690 000
2018	2 100	1 400	2 940 000	4 410 000	1 960 000
2019	2 300	1 500	3 450 000	5 290 000	2 250 000
$n=5$	$\sum x=9\ 700$	$\sum y=6\ 400$	$\sum xy=12\ 650\ 000$	$\sum x^2=19\ 190\ 000$	$\sum y^2=8\ 340\ 000$

③ 进行相关性验证,再计算 a、b 值。

$$r=\frac{n\sum xy-\sum x\sum y}{\sqrt{\left[n\sum x^2-\left(\sum x\right)^2\right]\left[n\sum y^2-\left(\sum y\right)^2\right]}}\approx 0.997\ 3$$

$$b=\frac{n\sum xy-\sum x\sum y}{n\sum x^2-\left(\sum x\right)^2}=\frac{5\times 12\ 650\ 000-9\ 700\times 6\ 400}{5\times 19\ 190\ 000-(9\ 700)^2}=\frac{1\ 170\ 000}{1\ 860\ 000}\approx 0.63$$

$$a=\frac{\sum y-b\sum x}{n}=\frac{6\ 400-0.63\times 9\ 700}{5}=57.8$$

相关系数 $r=0.997\ 3$,说明居民人均月收入 x 与销售额 y 有较高程度关系,故建立模型为:

$$y=a+bx=57.8+0.63x$$

④ 预测公司 2020 年产品销售额。

$$y=57.8+0.63\times 2\ 500=1\ 632.8(万元)$$

三、销售定性预测

(一)判断分析法

判断分析法就是聘请具有丰富实践经验的经济专家、教授、推销商或本企业的经理人员、推销人员等,对计划期商品的销售情况进行分析研究,并做出推测和判断的方法。一般适用于不具备完整可靠的历史资料、无法进行定量分析的情况,如对新产品的销售预测。判断分析法具体可以分为专家意见判断法、推销员意见判断法和经理意见判断法三种。

1. 专家意见判断法

专家意见判断法是指聘请见识广博、学有专长的经济专家,根据他们的实践经验、知识和判断能力做销售预测。吸收专家意见的方式主要有以下两种:

(1) 个人意见综合判断法。先向各位专家征求意见,要求他们对本企业产品销售的当前状况和未来趋势做个人判断,然后把各种不同意见加以综合归纳,形成一个销售预测。

(2) 特尔斐法。通过询函方式向若干经济专家分别征求意见,各专家在互不通气的情况下,根据自己的观点和方法进行预测,然后企业将各专家的判断汇集一起,采用不记名的方式反馈给各位专家,请他们参考别人意见修正本人原来的判断,如此反复数次,最终确定预测的结果。

【例4-5】　某公司准备开发一种新产品,由于该新产品没有销售记录,公司特聘请7位专家采用特尔斐法预测其一定时期内的销售量。经过这些专家连续三次预测,对该产品最乐观、最悲观和最有可能三种情况的销售量水平做出估计。所取得的预测结果如表4-5所示。

表4-5　专家意见汇总表　　　　　　　　　　　单位:件

专家编号	第一次判断值			第二次判断值			第三次判断值		
	最高	最可能	最低	最高	最可能	最低	最高	最可能	最低
1	2 300	2 000	1 500	2 300	2 000	1 700	2 300	2 000	1 600
2	1 500	1 400	900	1 800	1 500	1 100	1 800	1 500	1 300
3	2 100	1 700	1 300	2 100	1 900	1 500	2 100	1 900	1 500
4	3 500	2 300	2 000	3 500	2 000	1 700	3 000	1 700	1 500
5	1 200	900	700	1 500	1 300	900	1 700	1 500	1 100
6	2 000	1 500	1 100	2 000	1 500	1 100	2 000	1 700	1 100
7	1 300	1 100	1 000	1 500	1 300	1 000	1 700	1 500	1 300
平均值	1 986	1 557	1 214	2 100	1 643	1 286	2 086	1 686	1 343

要求:根据表4-5第三次判断值,分别采用算术平均法、加权平均法和中位数法做出销售预测。

解:① 算术平均法,按第三次判断的平均值计算:

新产品预测的销售量＝(2 086＋1 686＋1 343)÷3＝1 705(件)

② 加权平均法,假设最高值权数0.3、最可能值权数0.5、最低值权数0.2,按第三次判断的平均值加权计算:

新产品预测的销售量＝2 086×0.3＋1 686×0.5＋1 343×0.2＝1 737.4(件)

③ 中位数法,根据第三次判断值,按数值从高到低排列成中位数计算表,如表4-6所示。

表4-6 中位数计算表

销售量	预测值从低到高	中位数
最高	1 700,1 800,2 000,2 100,2 300,3 000	第三、四项平均数:2 050
最可能	1 500,1 700,1 900,2 000	第二、三项平均数:1 800
最低	1 100,1 300,1 500,1 600	第二、三项平均数:1 400

新产品预测的销售量=2 050×0.3+1 800×0.5+1 400×0.2=1 795(件)

2. 推销员意见判断法

推销员意见判断法是征求本企业推销人员和商业部门人员的意见,然后综合汇总做出销售预测。因为公司推销人员比较熟悉顾客需求特点和市场供求状况,用此法得出的预测数比较接近实际,但应注意防止某些主观因素的影响。为了提高预测的准确性,应采取如下一些措施:

(1) 把本企业过去的销售预测与实际销售的资料分发给推销人员,供他们参考。

(2) 把公司领导对本企业的规划和预测资料,以及有关社会经济发展趋势的信息提供给所有推销人员作为导向。

(3) 要求各地区的销售经理讨论他们的销售预测,并分析有关预测的异常因素。

在综合预测结果时,可采取算术平均法或加权平均法。

3. 经理意见判断法

经理意见判断法是由企业经理人员根据实践经验和主观判断能力,集思广益进行销售预测。这种方法的优点是快捷、实用,缺点是主观因素较多,所做出的估计和判断易受人们乐观或悲观心理状态相互感染的影响。因此,预测人员应掌握近期政治、经济形势和市场情况的资料并组织座谈讨论,最后将各种意见综合平衡,做出预测。

(二)调查分析法

调查分析法是指通过实地面谈、提问调查等方式,有计划、系统地收集和了解产品在市场上的供求状况和市场占有率的详细资料数据,并加以分析,以了解变化趋势,并据此对该产品在未来一定时期内的销售量做出预测的一种方法。

调查分析法又可以分为全面调查法、重点调查法和随机抽样调查法。全面调查是指对涉及同一产品的所有销售单位进行逐个了解,综合整理取得的资料,推测该产品销售量在未来一定时期的变化趋势。重点调查法是指对有关产品的重点销售单位进行调查,综合整理取得的相关资料,从而预测该产品销售量在未来一定时期的变化趋势。随机抽样调查法是指按照随机原则从产品的所有销售单位抽取部分销售单位进行调查,综合分析取得的相关资料,测试产品在未来一定时期的变化趋势。

在进行调查时,问题必须简明,不含糊,便于调查者理解;在分析数据时,一定要选择科学的分析方法。只有这样得到的分析结果,才可能准确地预测未来。

任务三　成本预测

一、成本预测的意义

成本是决定企业经营成果及竞争力的重要因素,是衡量企业经济效益的重要指标。在市场竞争环境下,产品的价格更多地取决于市场,想要在竞争中立于不败之地并取得理想的经营成果,企业必须加强成本的规划,而进行成本规划的前提就是成本预测。

(一)成本预测有利于制定经营决策

通过成本预测,可以恰当地确定有关产品的品种结构、产量界限和材料、人工的合理消费水平,制定正确的经营决策。

(二)成本预测有利于加强事前成本管理

通过成本预测,可以确定企业成本的变动趋势和未来的成本水平,把握成本控制的方向和途径,正确评价各种方案可能产生的经济效果,将成本管理纳入事前管理的轨道。

二、成本预测的步骤

(一)提出目标成本草案

目标成本是一定时期产品成本应达到的标准,一般是以产品的某一先进的成本水平作为目标成本。

(二)收集相关资料

收集资料是一项重要的工作,成本预测的目的和要求能否达到,很大程度上取决于企业从过去到现在的成本数据资料和其他信息资料的占有情况。必须随时注意资料的收集和积累。

(三)选择合适的预测方法

成本预测方法有很多,使用单一的预测方法往往不能得到最佳的预测结果。因此,需要从不同的角度进行预测,将多种不同的预测方法结合起来,综合预测结果,得出最合适的预测结论。

(四)检验修正拟订的可行性方案

对预测结果产生的偏差,需要利用一定的方法进行检验和修正,进而得出更加合乎实际情况的预测结论。

（五）制定正式的目标成本

根据修正的预测结果,制定正式的目标成本,为最优的成本决策提供依据。

三、成本预测的方法

（一）高低点法

高低点法是指将成本费用的发展趋势用 $y=a+bx$ 表示,选用一定时期历史资料中的最高业务量与最低业务量的两点来确定 a 和 b 的值,进一步确定成本模型,从而根据计划期的业务量来预测计划期成本的一种方法。

【例4-6】 某模具厂只产销甲模具,最近6年的产量及成本数据如表4-7所示。

表4-7　甲模具近6年的产量及成本资料

年　度	产量 x（台）	单位变动成本 b（元）	固定成本总额 a（元）
1	20	600	4 000
2	75	300	5 200
3	60	450	5 400
4	45	550	4 800
5	65	420	5 000
6	100	400	6 000

要求: 若计划年度第7年产量为120台,采用高低点法预测计划期的产品总成本和单位成本。

解: ① 从表4-7中找出业务量最高点与最低点,即最高产量为100台,对应的成本为 $y=6\,000+400\times100=46\,000$（元）;最低产量为20台,对应的成本为 $y=4\,000+600\times20=16\,000$（元）。则:

$$b=\frac{\Delta y}{\Delta x}=\frac{46\,000-16\,000}{100-20}=375（元/台）$$

将 b 值代入高点成本公式,可得到 a 的值:

$$a=y_{高}-bx_{高}=46\,000-375\times100=8\,500（元）$$

② 将 a、b 值代入成本预测模型,可得: $y=8\,500+375x$

将计划期预计产量代入成本模型,可以得到:

计划年度甲模具总成本预测值 $=8\,500+375\times120=53\,500$（元）

计划年度甲模具单位成本预测值 $=53\,500\div120=445.83$（元）

（二）加权平均法

加权平均法是指根据若干期固定成本总额和单位变动成本的历史资料,按照距离计划期远近分别赋予一定的权数来计算计划期的产品成本。其计算公式如下:

$$y = \frac{\sum a_i w_i}{\sum w_i} + \frac{\sum b_i w_i}{\sum w_i} \times x$$

其中,对于权数的选择应当注意:

距离计划期越近,对计划期的影响越大,相应的权数应越大;距离计划期越远,对计划期的影响越小,相应的权数应越小。

【例 4-7】 续【例 4-7】资料,用加权平均法预测计划年度(第 7 年)甲模具 120 台的总成本和单位成本。

解: ① 计算 a 与 b 的值,假设 w_i 依次为 0.03、0.07、0.15、0.2、0.25、0.3,则:

$$a = \sum a_i w_i = 4\,000 \times 0.03 + 5\,200 \times 0.07 + 5\,400 \times 0.15 + 4\,800 \times 0.2 +$$
$$5\,000 \times 0.25 + 6\,000 \times 0.3 = 5\,304(元)$$

$$b = \sum b_i w_i = 600 \times 0.03 + 300 \times 0.07 + 450 \times 0.15 + 550 \times 0.2 + 420 \times 0.25 +$$
$$400 \times 0.3 = 441.5(元／台)$$

② 确定成本模型并进行预测。将 a 与 b 的值代入成本模型可得:

$$y = 5\,304 + 441.5x$$

将计划期预计产量代入成本模型,可以得到:

计划年度甲模具总成本预测值 = 5 304 + 441.5 × 120 = 58 284(元)

计划年度甲模具单位成本预测值 = 58 284 ÷ 120 = 485.7(元)

(三) 回归直线法

回归直线法是指应用最小平方法原理来确定 a 和 b 的值,并进一步确定成本模型的方法。如前所述,假设总成本模型为 $y = a + bx$,则:

$$b = \frac{n\sum xy - \sum x \sum y}{n\sum x^2 - \left(\sum x\right)^2}$$

$$a = \frac{\sum y - b\sum x}{n}$$

【例 4-8】 续【例 4-7】的资料,用回归分析法预测计划年度(第 7 年)的产品总成本与单位成本。

解: ① 编制回归分析计算表,如表 4-8 所示。

表 4-8　回归分析计算表

年　度	产量 x(台)	总成本 y(元)	xy	x^2	y^2
1	20	4 000+600×20=16 000	320 000	400	256×10⁶
2	75	5 200+300×75=27 700	2 077 500	5 625	76 729×10⁴
3	60	5 400+450×60=32 400	1 944 000	3 600	104 976×10⁴

年　度	产量 x（台）	总成本 y（元）	xy	x^2	y^2
4	45	$4\,800+550\times45=29\,550$	1 329 750	2 025	873 202 500
5	65	$5\,000+420\times65=32\,300$	2 099 500	4 225	$104\,329\times10^4$
6	100	$6\,000+400\times100=46\,000$	4 600 000	10 000	$2\,116\times10^6$
$n=6$	$\sum x=365$	$\sum y=183\,950$	$\sum xy=$ 12 370 750	$\sum x^2=$ 25 875	$\sum y^2=$ $61\,055\,425\times10^2$

根据表 5-8 中的数据，可求得：

$$r=\frac{n\sum xy-\sum x\sum y}{\sqrt{\left[n\sum x^2-\left(\sum x\right)^2\right]\left[n\sum y^2-\left(\sum y\right)^2\right]}}\approx0.996$$

$$b=\frac{n\sum xy-\sum x\sum y}{n\sum x^2-\left(\sum x\right)^2}=\frac{6\times12\,370\,750-365\times183\,950}{6\times25\,875-365^2}\approx321.58（元/台）$$

$$a=\frac{\sum y-b\sum x}{n}=\frac{183\,950-321.58\times365}{6}=11\,095.55（元）$$

② 确定成本模型并进行成本预测。将 a 与 b 的值代入成本模型，可得：

$$y=11\,095.55+321.58x$$

将计划期预计产量代入成本模型，可以得到：

计划期甲模具总成本预测值 $=11\,095.55+321.58\times120=49\,685.15（元）$

计划期甲模具单位成本预测值 $=49\,685.15\div120=414.04（元）$

任务四　利润预测

一、利润预测的意义

利润是衡量企业生产经营成果的重要指标，是考核企业经济效益和经营业绩的依据。利润预测是按照企业经营目标要求，对公司未来某一时期可实现的利润进行预计和测算。它对影响公司利润变动的成本、销售量和价格等各种因素进行综合分析，预测公司将来所能达到的利润水平及其变化趋势。利润预测是编制全面预算的基础，为企业的资金需要量预测提供信息，为企业的生产经营管理提供明确的目标。

二、利润预测的方法

（一）本—量—利分析法

本—量—利分析法是指根据销售价格、销售成本、销售数量和利润之间的变化关系，

分析某一因素的变化对其他因素的影响,从而做出预测决策的一种方法。本一量一利分析法的计算公式如下:

预计利润＝预计销售收入－预计销售成本

  ＝预计销售数量×预计销售单价－预计变动成本总额－预计固定成本总额

  ＝预计销售数量×(预计销售单价－预计单位变动成本)－预计固定成本总额

  ＝预计销售数量×预计单位产品贡献边际－预计固定成本总额

  因此,只要知道了企业有关产品的销售数量、销售单价、变动成本和固定成本,就可以通过公式预测企业在未来一定时期内的利润。

(二)经营杠杆系数法

  经营杠杆又称营业杠杆,是指在企业生产经营中由于存在固定成本而导致息税前利润变动率大于其销售变动率的规律。一般而言,当产品在一定产销量范围内,产销量的增加不会影响其固定成本总额,但会降低单位固定成本,从而提高单位产品利润,使利润增长率大于产销量增长率;反之,产销量减少,会提高单位固定成本,从而降低单位产品利润,使利润下降率大于产销量的下降率。因此,人们将经营杠杆系数作为衡量企业经营杠杆力度的指标。经营杠杆系数为息税前利润变动率相当于产销量变动率的倍数。

  经营杠杆系数的计算公式为:

$$经营杠杆系数＝\frac{息税前利润变动率}{产品销售变动率}$$

$$＝\frac{(单价－单位变动成本)×销售量}{(单价－单位变动成本)×销售量－固定成本}$$

【例4-9】 某企业2019年实现销售额400万元,息税前利润为250万元,预计2020年产品销售额将增加至450万元。已知该企业的经营杠杆系数为1.5。

要求: 预测企业2020年的利润。

解: 息税前利润变动率＝产品销售量(额)变动率×经营杠杆系数

$$＝\frac{450－400}{400}×1.5×100\%$$

$$＝18.75\%$$

预计息税前利润＝基期实际利润×(1＋息税前利润变动率)

  ＝250×(1＋18.75％)

  ＝296.875(万元)

任务五　资金需要量预测

一、资金需要量预测的意义

  资金是企业生产经营中各种资产的货币表现,资金预测是预测分析的一项重要内容。

拥有必要数量的资金是企业进行生产经营活动的必要条件,而保证资金供应、合理组织资金运用、提高资金利用效率,既是企业正常运营的前提,又是企业的奋斗目标之一。

资金需要量预测的目的,就是要有意识地把生产经营活动引导到以最少的资金占用取得最佳的经济效益的轨道上来。科学地进行资金预测,不仅能为企业生产经营活动的正常开展测定相应的资金需要量,而且能为经营决策、节约资金耗费、提高资金利用效果创造有利条件。

二、资金需要量预测的方法

这里所提的资金需要量预测是指包括营运资金和固定资金在内的资金需要总量的预测,也是预测企业未来的融资需求。

销售百分比法就是根据资金各个项目与销售收入总额之间的依存关系,按照计划期销售额的增长情况来预测需要相应追加多少资金的方法。销售百分比法一般有以下五个步骤:

(1) 基期资产负债表各个项目与销售收入总额之间的依存关系。

① 资产类项目。周转中的货币资金、正常的应收账款和存货等流动资产项目,一般都会因销售额的增长而相应增加。而固定资产是否增加,则需视基期的固定资产是否已被充分利用而定。如尚未充分利用,通过进一步挖掘其利用潜力,即可产销更多的产品;如基期对固定资产的利用已达饱和状态,则增加销售额就需要扩充固定资产。至于长期投资和无形资产等项目,一般不随销售额的增长而增加。

② 负债与权益类项目。应付账款、应付票据、应付税款和其他应付款等流动负债项目,通常会因销售额的增长而自动增加。至于长期负债和股东权益等项目,则不随销售额的增长而增加。

此外,计划期所提取的折旧准备(应减除计划期用于更新改造的金额)和留存收益两个项目,通常作为计划期内需要追加资金的内部资金来源。

(2) 用销售百分比形式计算基期的资产负债表各项目。

根据各敏感项目的数额和销售收入计算其销售百分比,计算公式如下:

$$某敏感项目销售百分比 = \frac{基期该项目金额}{基期年销售额}$$

(3) 根据敏感项目的销售百分比计算预计资产和预计负债。

$$预计资产 = \sum(预计销售收入 \times 各敏感资产销售百分比)$$

$$预计负债 = \sum(预计销售收入 \times 各敏感负债销售百分比)$$

(4) 计算计划期应增加的资金总需求。

$$资金总需求 = (预计资产 - 基期资产) - (预计负债 - 基期负债)$$

(5) 按公式计算计划期预计需要从外部追加的资金数额。

计划期预计需要追加的资金的公式如下:

$$外部筹资需要量 = 资金总需求 - 留存收益增加$$

增加的留存收益＝预计销售收入×销售净利率×（1－股利支付率）

综合来说，企业需从外部筹集的资金公式如下：

企业需从外部筹集的资金＝Δ资产－Δ负债－Δ所有者权益

$$\Delta F = \left(\frac{A}{S_0} - \frac{L}{S_0}\right)(S_1 - S_0) - D - R + M$$

$$R = S_1 \times R_0 \times (1 - d)$$

式中，ΔF——预计未来需要追加的资金数额；S_1——计划期销售收入总额；S_0——基期销售收入总额；A——随销售额变动的资产项目基期金额；L——随销售额变动的负债项目基期金额；D——计划期提取的折旧减去用于固定资产更新改造后的余额；R——按计划期销售收入及基期销售净利率计算的净利润与预计发放股利之差额；M——计划期新增的另行资金开支数额；R_0——基期的税后销售利润率；d——计划期的股利发放率。

【例 4 - 10】 某公司在基期（2019 年）的实际销售总额为 500 000 元，税后利润 20 000 元，发放普通股股利 10 000 元。假定基期固定资产利用率已达到饱和状态。该公司基期期末简略资产负债表如表 4 - 9 所示。

表 4 - 9 2019 年 12 月 31 日资产负债表　　　　　　　　　　　　单位:元

资　产		权　益	
货币资金	12 000	应付账款	52 000
应收账款	85 000	应交税费	25 000
存货	115 000	长期负债	120 000
厂房设备（净额）	150 000	普通股股本	200 000
无形资产	48 000	留存收益	13 000
资产总计	410 000	权益总计	410 000

若该公司在计划期（2020 年）销售收入总额将增至 750 000 元，并仍按基期股利发放率支付股利；折旧准备提取数为 20 000 元，其中 70％用于改造现有的厂房设备；计划期零星资金需要量为 15 000 元。

要求：预测计划期现有追加资金的数量。

解：① 根据基期期末资产负债表，分析各项资金与当年销售收入总额的依存关系，并编制基期用销售百分比形式反映的资产负债表，如表 4 - 10 所示。

表 4 - 10 2019 年 12 月 31 日资产负债表（销售百分比形式）

资产（％）		权益（％）	
货币资金	2.4	应付账款	10.4
应收账款	17	应交税费	5
存货	23	长期负债	（不适用）
厂房设备（净额）	30	普通股股本	（不适用）
无形资产	（不适用）	留存收益	（不适用）
资产总计	72.4	权益总计	15.4

在表 4 - 10 中，$\dfrac{A}{S_0}-\dfrac{L}{S_0}=72.4\%-15.4\%=57\%$，即表示该公司每增加 100 元的销售收入，需要增加资金 57 元。

② 将以上各项有关数据代入公式，计算计划期需要追加资金的数额。

$$D=20\,000-14\,000=6\,000(元)$$

$$R=750\,000\times\frac{20\,000}{500\,000}\times\left(1-\frac{10\,000}{20\,000}\right)=15\,000(元)$$

$$\Delta F=(72.4\%-15.4\%)\times(750\,000-500\,000)-6\,000-15\,000+15\,000$$
$$=136\,500(元)$$

关键术语

经营预测　销售预测　成本预测　利润预测　资金需求量预测

资金需求量预测

应知考核

一、单选题

1. 预测分析的内容不包括（　　）。

　　A. 销售预测　　　　　　　　　　　B. 利润预测

　　C. 资金需要量预测　　　　　　　　D. 所得税预测

2. 预测分析方法按其性质可分为定量分析法和（　　）。

　　A. 算术平均法　　　　　　　　　　B. 定性分析法

　　C. 回归分析法　　　　　　　　　　D. 指数平滑法

3. 某企业计划期预计销售产品 5 000 件，单位产品销售成本为 20 元，销售成本利润率为 5%，则计划期产品销售利润额为（　　）元。

　　A. 8 000　　　　　B. 4 500　　　　　C. 10 000　　　　　D. 5 000

4. 如果某种产品的专属固定成本增加，而单位变动成本和售价不变，那么贡献毛益和保本销售量将发生（　　）。

　　A. 贡献毛益增加　　保本销售量减少　　B. 贡献毛益减少　　保本销售量增加

　　C. 贡献毛益不变　　保本销售量增加　　D. 贡献毛益不变　　保本销售量不变

5. 已知某企业上年利润 100 000 元，下一年的经营杠杆系数为 1.4，销售量变动率为 15%，则下一年的利润预测为（　　）元。

　　A. 140 000　　　　B. 150 000　　　　C. 121 000　　　　D. 125 000

二、多选题

1. 定性销售预测方法有（　　）。

　　A. 全面调查法　　　　　　　　　　B. 专家集合意见法

　　C. 推销员判断法　　　　　　　　　D. 典型调查法

2. 定量销售预测法有（　　）。

　　A. 移动平均法　　　　　　　　　　B. 加权移动平均法

　　C. 趋势平均法　　　　　　　　　　D. 趋势外推预测法

3. 属于预测分析的特点有（　　）。

A. 预见性 B. 明确性 C. 相对性 D. 可检验性

E. 灵活性 F. 客观性

4. 预测分析按预测的内容分类有（　　）。

A. 销售预测 B. 利润预测 C. 成本预测 D. 资金预测

5. 预测分析应掌握的基本原则有（　　）。

A. 掌握丰富可靠的信息资料

B. 根据预测的经济过程与现象来选择预测方法

C. 预测分析的时间不宜太长

D. 预测分析应充分估计预测的可能误差

三、判断题

1. 预测分析的起点是利润预测。　　　　　　　　　　　　　　　　　　　（　　）

2. 德尔菲法是有若干个专家组成几个预测小组进行综合论证的一种方法。（　　）

3. 定性分析法与定量分析法在实际应用中是相互排斥的。　　　　　　　（　　）

4. 成本预测是其他各项预测的前提。　　　　　　　　　　　　　　　　（　　）

5. 预测分析应考虑到可能发生的误差，并能通过对误差的检验进行反馈，以尽量减少误差。　　　　　　　　　　　　　　　　　　　　　　　　　　　　　　（　　）

四、简答题

1. 经营预测的程序是什么？

2. 试述销售预测的意义。

3. 销售预测的方法有哪些？

4. 试述利润预测的方法有哪些？

5. 如何运用销售百分比法预测资金需要量？

应会考核

【业务处理一】

已知某企业连续3年的有关资料如表4-11所示。

表4-11 三年相关资料表 金额单位：元

项目\时期	2017年	2018年	2019年
单位贡献边际	100	110	105
销售量	20 000	22 000	23 000
固定成本	1 500 000	1 400 000	1 300 000

要求：

(1) 计算2018年和2019年的经营杠杆系数。

(2) 预测2020年的经营杠杆系数。

(3) 若2020年销售量变动率为25%，计算2020年利润变动率和利润预测额。

(4) 若2020年目标利润变动率为30%，计算2020年销售量变动率。

【业务处理二】

某企业生产一种产品,2019 年 1~12 月份销量资料如表 4-12 所示。

表 4-12 销售资料   单位:吨

月 份	1	2	3	4	5	6	7	8	9	10	11	12
销量(Q_t)	100	105	108	108	110	110	112	113	112	115	115	116

要求:

(1) 按移动平均法预测 2020 年 1 月份的销售量(假定 $m=5$)。

(2) 采用加权移动平均法预测 2020 年 1 月份的销售量。

(3) 采用趋势平均法预测 2020 年 1 月份的销售量。

【业务处理三】

某企业只经营一种产品,单价 250 元/件,单位变动成本 180 元/件,固定成本 60 万元,2019 年实现销售 20 000 件,利润 800 000 元。

要求:

(1) 据此计算各因素灵敏度指标,并分析敏感指标。

(2) 2020 年,假定企业的单价和固定成本分别上升了 4%。计算这两个因素单独变动后分别对利润所带来的影响程度。

(3) 2020 年,假定企业的单价上升了 6%,单位变动成本降低了 5%,销售量上升了 2%,固定成本上升了 1%。计算这四个因素同时变动后对利润带来的影响程度。

【业务处理四】

某公司 2019 年固定资产利用率为 60%,实现销售收入 200 万元,获净利润 30 万元,并发放股利 18 万元。若 2020 年预计销售收入达 250 万元,并且仍按 2019 年的股利发放率发放股利,其他因素保持不变。已知 2020 计划提取折旧 15 万元,更新旧设备支出 10 万元,预计 2020 年零星资金需要量为 6 万元。2019 年末资产负债表如表4-13 所示。

资产负债表

表 4-13   2019 年 12 月 31 日   单位:元

资 产	金 额	负债及所有者权益	金 额
库存现金	100 000	应付账款	250 000
应收账款	485 000	应付票据	25 000
存货	500 000	长期负债	685 000
固定资产	900 000	股本	975 000
无形资产	150 000	留存收益	200 000
资产合计	2 135 000	负债及所有者权益合计	2 135 000

要求: 采用销售百分比法预测 2020 年追加资金的需要量。

项目实训

塞维亚家具股份有限公司是一家以生产和销售床垫为主的企业,公司主营业务包括民用家具业务和酒店家具业务两大类。塞维亚家具自1998年成立以来,一直遵循以"打造人类健康舒适睡眠"为使命,生产和销售健康、舒适和高品质的家具产品,其公司床垫产品产销量均居全国同行业的领先地位。塞维亚家具2019年的财务资料如表4-14所示。

表4-14　2019年资产负债表　　　　　　　　　　单位:万元

资　产	金　额	负债及所有者权益	金　额
货币金额	3 000	应付账款	15 000
应收账款	27 000	应付票据	6 000
存货	50 000	短期借款	15 000
固定资产	40 000	应付债券	20 000
		实收资本	50 000
		留存收益	14 000
合　计	120 000	合　计	120 000

塞维亚家具公司2019年的销售收入为240 000万元,销售净利率为10%,利润留存率为30%。塞维亚家具公司主要产品——床垫,由于其技术含量较高,价格也相对高,价格波动不大,平均销售单价为600元/张。塞维亚家具公司2015年到2019年各年的销售量如表4-15所示。

表4-15　2015—2019年床垫销售量资料　　　　　　　单位:万张

年　份	2015	2016	2017	2018	2019
销　量	200	240	300	330	400

塞维亚家具公司床垫商品2015年到2019年各年的成本相关资料如表4-16所示。

表4-16　2015—2019年床垫产量和成本资料

年　份	产量(万张)	总成本(万元)
2015	220	59 400
2016	250	80 000
2017	320	105 600
2018	350	119 000
2019	420	155 400

要求:

(1) 假定2015年到2019年各年的权重分别为0.05、0.1、0.15、0.3、0.4,试采用加权平均法对塞维亚家具公司的床垫商品2020年的销售情况进行预测。

（2）试分别利用高低点法和回归分析法预测塞维亚家具公司 2020 年产量为 500 万张时床垫产品的总成本和单位成本。

（3）如果 2020 年的销售收入增长率为 10%，假定销售净利率是 10%，利润留存率为 30%，流动资产项目与流动负债项目（短期借款除外）随销售收入同比例增减。另外，2020 年长期投资要增加 3 000 万元，试采用销售百分比法估算 2020 年的总资金需要量和外部资金需要量。

项目五 经营决策

知识目标

- 理解决策的概念和分类、决策分析中的各种成本概念。
- 掌握短期经营决策的各种方法。
- 掌握不同条件下的决策分析。
- 理解定价决策的方法。

技能目标

通过项目学习,能够运用短期经营决策的分析方法进行生产决策分析,能够运用定价决策分析方法进行定价决策。

知识导图

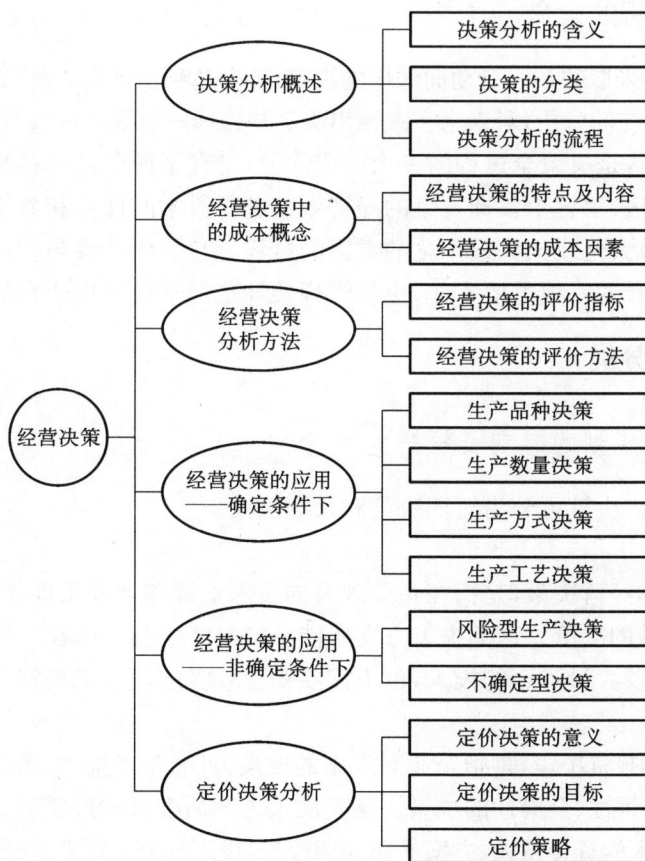

经营决策

- 决策分析概述
  - 决策分析的含义
  - 决策的分类
  - 决策分析的流程
- 经营决策中的成本概念
  - 经营决策的特点及内容
  - 经营决策的成本因素
- 经营决策分析方法
  - 经营决策的评价指标
  - 经营决策的评价方法
- 经营决策的应用——确定条件下
  - 生产品种决策
  - 生产数量决策
  - 生产方式决策
  - 生产工艺决策
- 经营决策的应用——非确定条件下
  - 风险型生产决策
  - 不确定型决策
- 定价决策分析
  - 定价决策的意义
  - 定价决策的目标
  - 定价策略

引导案例

湖滨体育用品公司以专门生产向国外销售的高质量的排球闻名于世,原设计生产能力为 10 000 只球,最大生产能力可达 15 000 只。因此,急需开拓市场。

该公司产品每只排球的生产资料为:直接材料 120 元,直接人工 150 元,变动制造费用 40 元,固定制造费用 50 元,共计 360 元。市场销售价格为每只球 450 元。某月销售科长接到一个特殊订单,买方希望购买该产品 5 000 只,但出价仅为每只球 350 元,且追加订单有特殊要求,需企业增加固定投入 4 000 元。他来到财务科问完排球的成本资料后,自语道:"一只球亏 10 元,5 000 只亏 50 000 元,再加固定投入 4 000 元,共亏 54 000 元,这笔订单坚决不能接。"财务科长看后却说:"这笔订单我们赚了,必须接!"

【想一想】

这是为什么?

知识准备

任务一　决策分析概述

一、决策分析的含义

决策是对所要采取的某一行动而做出的决定,即为达到预期的目标,在可供选择的方案中,依据对过去、现在的分析,对未来实践做出决定并选择一个最优或最有效方案的过程。

所谓决策分析,是决策全过程的一个组成部分,是在掌握会计资料和相关信息的基础上,利用专门的方法,对各个备选方案的经济效益进行科学的计量和分析,权衡轻重,最终选择使企业效益最大化或损失最小化的方案的过程。它是会计参与企业经营管理的主要形式,是企业管理者的一项重要工作,也是管理会计这门学科着重研究的一个重要领域。

二、决策的分类

(一)按决策规划的时期长短分类

按此标志分类,决策可分为短期决策和长期决策。

1. **短期决策**

短期决策也称经营决策,是指在企业现有的技术资源和经营条件基础上,如何有效地开展经营活动所做的决策。这类决策方案所涉及的经济效益一般在一年以内或一个营业周期内,一般不涉及大量资金的投入,也不需要购置较多的设备或增加较多的生产能力。

2. **长期决策**

长期决策也称投资决策,是指企业对未来的发展方向、生产能力、资源配置等重大投资活动进行的具有长远性、全局性的决策。这类决策方案所涉及的经济效益一般在一年以上或未来若干年,投入的资金量大,方案的影响期较长,投入的资金需要较长时间才能收回。

（二）按决策的重要程度分类

按决策的重要程度分类，决策可分为战略性决策和战术性决策。

1. 战略性决策

它是指对企业未来发展方向、生产能力和资源配置等全局性和长远性问题所进行的决策，这类决策取决于企业的长远发展规划，它的正确与否，对企业运营的成败具有决定性意义。

2. 战术性决策

它是指企业为了实现战略性目标，对其日常经营管理活动所进行的具体决策，这类决策重点在于如何合理充分利用有限的资源，获得企业经济效益最大化。

（三）按决策条件的确定性程度分类

按决策条件的确定性程度分类，决策可分为确定型决策、风险型决策和不确定型决策。

1. 确定型决策

影响决策选择的相关条件的未来状况是已知的，并且决策选择的结果也是确定的，这类决策比较容易选择，管理会计中的决策大多属于确定型决策。

例如，某种材料可以向甲、乙两家公司购买，型号规格相同，质量相同。甲公司给出的材料价格为1 000元，乙公司给出的材料价格为990元，付款条件相同。通过比较，很容易判断乙公司的产量报价较低，向乙公司采购材料是最优方案。

2. 风险型决策

影响决策选择的相关条件的未来状况是已知的，而决策选择的结果是不确定的，并且可能存在着多种不同的结果，但是每一种结果的客观概率是已知且确定的。由于结果的不唯一性，以概率为依据来做决策，无论选择哪个决策，均存在一定的风险。

例如，企业拟生产某种新产品，由于销售量和售价受市场变化的影响，决策人无法控制，因而盈利和亏本这两种可能性均存在，到底生产或不生产，就比较难做决策。如果决策人根据历史资料和经验，对市场情况的好、中、差以及售价的高、低、平出现的概率（可能性）可以大体上估计出来，那就可以对各个方案进行分析比较，从中选出最优方案。以概率为依据来选择方案，无论选取哪一个方案，均带有一定的风险。

3. 不确定型决策

影响决策选择的相关条件的未来状况是未知的，而决策选择的结果也是未知的，也无法估计各种情况出现的客观概率，只能以决策者的主观经验判断。

（四）按决策方案之间的关系分类

按决策方案之间的关系分类，决策可分为接受或拒绝方案决策、互斥方案决策和组合方案决策。

1. 接受或拒绝方案决策

它也称独立方案决策或单一方案决策，该方案独立存在，不受其他任何方案影响，只需对方案本身的可行性做出接受或拒绝的判断。

2. 互斥方案决策

这类决策存在两个或两个以上的可行方案,各方案之间互相排斥,即一旦选取某个方案,就必须放弃其他备选方案,属于多方案决策。

3. 组合方案决策

这类决策存在两个或多个备选方案,在资源有限的条件下,将多个可行性方案进行优化组合,使其综合经济效益最优化,属于多方案决策。

三、决策分析的流程

决策是一个完整的过程,它不是简单地从几个备选方案中选定一个最优方案的孤立行动,而是由一系列行动组成的,其中包括决策分析、选择方案、执行方案三大部分。具体来说,决策分析的流程由以下六个部分组成。

（一）确定决策目标

确定决策的目标是科学决策的首要步骤,要明确决策究竟要解决什么问题。一般来说,企业的经营决策主要是解决如何使现有生产能力得到充分利用,并合理安排、使用有限资源,争取最佳经济效益的问题。

（二）收集有关资料

针对决策目标,广泛收集尽可能多的、对决策目标有影响的各种可计量因素与不可计量因素的资料,并对这些有关数据进行分类、加工、登记,以便形成决策分析所使用的数据资料。应该注意,这项资料收集工作,实际上要反复进行,穿插在各流程之间。

（三）提出备选方案

针对决策目标拟订技术上适当、经济上合理的若干备选方案,每个备选方案都要实事求是、扬长避短,使企业现有的人力、物力和财力资源都得到最合理、最充分的利用。

（四）通过定量分析对备选方案做出初步评价

选择适当的方法,通过计算各备选方案的预期收入和预期成本,确定其预期经济效益的大小,对备选方案做出初步的判断和评价。当然,评价备选方案优劣的标准,既有技术指标,也有经济指标,归根结底,经济效益指标才是最终评价企业经营决策方案优劣的标准。

（五）考虑非计量因素的影响,分析决策方案可能产生的后果,确定最优方案

根据上一步骤定量分析的初步评价,进一步考虑计划期各种非计量因素的影响。例如,国际、国内政治经济形势的变动,国家有关经济法规对决策方案所产生的影响,以及人们心理习惯、风俗等因素的特点。

（六）执行方案,并对决策执行情况进行评估和信息反馈

根据最后选定的方案,编制计划或预算,落实具体执行的方法。在实施后,隔一定期

间还应对决策的执行情况进行评估,借以发现过去决策中存在的问题,通过信息反馈,纠正偏差,以保证决策目标的实现。

任务二 经营决策中的成本概念

一、经营决策的特点及内容

（一）经营决策的特点

经营决策的决策范围只涉及企业一年或一个营业周期的经营管理活动,其重点在于有效组织企业的生产经营活动,合理利用现有资源,达到资源使用效益最大化;决策涉及的投资额较小、经营周期短;决策过程中一般不考虑货币时间价值和投资风险价值。

经营决策的特点决定了其目标是企业经济效益的最大化,在其他相关条件不变的情况下,判断某决策方案是否可行的标志就是看该方案能否使企业在一年内获得最多的利润。

（二）经营决策的内容

经营决策包括的内容较多,概括来说主要包括生产决策和定价决策两大类。

1. 生产决策

生产决策是指近期(一年内或一个经营周期),在企业生产管理方面,针对是否生产、生产品种、生产数量及如何生产等问题展开的决策,如新产品开发的决策、亏损产品的决策、特殊订单的决策、是否继续加工的决策、生产方式的决策、非确定条件下的生产决策等。

2. 定价决策

定价决策是指近期(一年内或一个经营周期),在企业销售管理方面,针对如何确定产品的销售价格而展开的决策。关于这种决策,采用的方法有以利润为导向的定价方法、以成本为导向的定价方法、以特殊需求为导向的定价方法等。

二、经营决策的成本因素

如上所述,经营决策不考虑货币的时间价值和投资的风险价值,那么影响决策选择取舍的重要因素就是成本。

（一）相关成本

相关成本是指与特定决策方案相联系,影响决策方案选择和取舍、在经营决策中必须予以考虑的各类成本。这类成本属于尚未发生或支付的未来成本,它们因决策的产生而产生,随决策的改变而改变,其成本发生额完全取决于所要解决问题的特定内容。相关成本包括差别成本、机会成本、边际成本、重置成本、专属成本、可避免成本、可延缓成本等。

1. 差别成本

差别成本也称差量成本,有广义和狭义的划分。广义的差别成本,是指两个备选方案预期成本的差额。例如,某厂甲零件可自制也可外购。自制方案的预期成本为 5 000 元,外购方案的预期成本为 4 000 元,则自制与外购方案的差别成本为 1 000 元。

狭义的差别成本又称增量成本,是指某一决策方案中,由于生产能力利用程度不同而产生的成本差异,即不同产量水平下成本的差额。

2. 机会成本

所谓机会成本,是指决策时需要从几个备选方案中选择某一方案,一旦选定某个备选方案,就会放弃其他方案,进而放弃次优方案所丧失的潜在的收益就是选择该方案所产生的代价,即由于放弃某一机会而失去的利益。例如,某企业有一块土地,如果出售可获得收入 300 000 元。那么,这 3 000 000 元就是该企业拥有这块土地的机会成本。

机会成本是某种非现实支出的成本,与资源的稀缺性和多用性相联系。企业拥有的某些资源均有多种使用机会,但在一定时空条件下,资源总是相对有限的,将其用在某一方面就不能同时用于另一方面。因此,从多种可供选择的方案中权衡利害得失,选取最优方案,必然会放弃其他次优方案,有所"得"就有所"失",放弃的次优方案的"失",就是选择最优方案所要付出的代价,这种代价可从所选用的最优方案的"得"中获得补偿,即选取最优方案产生的机会成本。以次优方案的可能收益作为中选最佳方案的成本,可以全面评价决策方案收益与成本的关系,这也是判别方案是否最优的一个必要条件。

3. 边际成本

所谓边际成本,是指产量无限小的变化所引起的成本变化额。由于实际生产中,产量无限小的变化,最小只能小到一个经济单位(如一件、一个等)。因此,边际成本就是业务量变化一个经济单位引起的成本变动额。在相关范围内,边际成本实质上就是单位变动成本。例如,某企业生产甲产品,当产量为 100 件时,总成本为 20 000 元。当产量为 101 件时,总成本为 20 100 元。由此可以看出,因产量增加 1 件而导致总成本增加 100 元,甲产品的边际成本为 100 元。

4. 重置成本

重置成本也称现行成本,是指某项现有的资产在市场上出售的现时价值,也就是该项资产在市场上的重新评估价值。在经营决策中,对企业的某项资产,不应考虑其原始价值,而要把该资产的现行市价即重置成本作为相关成本予以考虑。

5. 专属成本

专属成本是指明确属于某项特定决策方案的成本,凡是属于某一方案新增加的固定成本都可以确认为专属成本。它往往是为了弥补生产能力不足的缺陷,增加有关设备而发生的。专属成本的确认与取得有关设备的方式有关。若购买设备,则购买支出就是该方案的专属成本;若租入设备,则设备的租金就是该方案的专属成本。

6. 可避免成本

可避免成本是指决策者的决策结果可以改变其数额或避免其发生的成本,如员工培训费、广告费、差旅费等。可避免成本与某一具体的决策方案相联系,成本是否发生、发生多少,完全取决于该方案是否被采纳。

7. 可延缓成本

可延缓成本是指延缓其成本开支,不会对企业未来的生产经营活动产生重大影响的那部分成本。例如,某企业原计划建造一幢办公大楼,但由于资金紧张,决定暂缓执行,该方案的推迟并不影响企业的经营活动。那么,建办公大楼的建材、人工等成本就都属于可延缓成本。

(二)无关成本

无关成本是指与特定决策方案不相关,不影响决策方案选择和取舍、在经营决策中无须考虑的各类成本。它们已经发生或不管方案是否采用都注定要发生的成本,不受决策方案的影响,不因决策的产生而产生,也不随决策的改变而改变,如沉没成本、共同成本、不可避免成本、不可延缓成本等。

1. 沉没成本

沉没成本是指已经实际支付过款项的成本,与未来决策方案没有关系,是未来决策无法改变的成本,即过去发生的成本支出,又称历史成本。由于沉没成本已实际发生,且决策无法改变,因此,该成本是决策的无关成本。例如,企业有一批积压存货,原价 200 000 元。现有两种处理方案:一是直接出售,二是加工后再出售。在企业决定选择何种方案时,存货的原价 200 000 元就是沉没成本,因为现在的决策无法改变这一已经发生的事实。

2. 共同成本

共同成本是指应由几种产品或几个部门共同承担的成本,其发生额不受某一产品停产的影响,也不会因某一产品产量的变化而改变,因此,共同成本是对决策选择无影响的成本。例如,在一条生产线上生产甲、乙、丙三种产品,则该生产线的折旧额就是甲、乙、丙三种产品的共同成本。

3. 不可避免成本

不可避免成本与可避免成本相对应,是指与决策方案没有直接联系,且决策方案不能避免其发生或改变其数额的成本。无论决策者使用何种方案,其成本照样发生,而且数量固定。

4. 不可延缓成本

不可延缓成本与可延缓成本相对应,是指延缓其成本开支,会对企业未来的生产经营活动产生重大影响的那部分成本。由于不可延缓成本有较强的刚性,必须保证它的发生,没有选择的余地。

任务三　经营决策分析方法

一、经营决策的评价指标

经营决策的目标是经济效益最大化,因此进行方案评价时采用的指标主要有以下三种：

（1）相关损益（或差别利润）。

相关损益即总收入减去总成本。在经营决策中，我们可以只考虑相关收入和相关成本，计算损益指标的基本公式如下：

$$相关损益＝相关收入－相关成本$$

（2）贡献边际。

当多个互斥方案均不改变现有生产能力、固定成本稳定不变时或固定成本为无关成本时，则采用贡献边际为评价指标。

如果决策方案中发生专属固定成本，则应从贡献边际总额中减去专属固定成本，称其为剩余贡献边际。

（3）成本。

当多个互斥方案中不存在相关收入或相关收入相同时，则以成本为评价指标。

二、经营决策的评价方法

在经营决策中，决策的内容不同，运用的具体分析方法也不同。总地来说，是围绕相关损益、贡献边际和成本三个指标进行计算和评价。具体来说，经营决策常用的方法包括以下四种。

（一）相关损益法

相关损益法是指在多个备选方案中，分别计算各方案的相关损益，根据各方案指标的大小来确定最优方案。对于独立方案，就该方案的相关损益进行计算，以确定是否采纳，这是相关损益分析法的特殊情况。

（二）差别分析法

差别分析法，也称差量分析法或差额分析法，是管理会计中最常用的决策分析方法。即在计算两个备选方案的预期收入与预期成本的基础上，通过比较方案的差别利润，选择最优方案的方法。

所谓差别，是指两个不同备选方案之间的差额。差别分析法一般包括差别收入、差别成本和差别利润三个因素。差别收入是两个备选方案预期收入之间的差额；差别成本是两个备选方案预期成本之间的差额；差别利润则是差别收入与差别成本之间的差额。其基本公式为：

$$差别利润＝差别收入－差别成本$$

如以甲方案减乙方案之差作比较，若差别利润为正数，说明甲方案较优；反之，如差别利润为负数，说明乙方案较优。

差别分析法与相关损益分析法本质相同，计算结果也相同，只是分析的侧重点不同。在经营决策中，原有的收入是无关收入，原有的成本是无关成本，在分析时不必计算此部分收入和成本,只需要对两个方案新增的收入差额和成本差额进行计算得到利润差别,据此就可以做出正确判断。

【例5-1】 锦华公司现有剩余生产能力既可生产甲产品又可生产乙产品。若生产甲产品,最大生产数量为5 000件;若生产乙产品,最大生产数量4 000件。预计甲、乙两种产品生产的相关数据如表5-1所示。

要求:做出该公司生产何种产品的决策。

表5-1 产品生产资料 单位:元

项 目	甲产品	乙产品
生产量/件	5 000	4 000
销售单价	80	140
单位变动成本	65	120
固定成本	2 000	

解:由于利用剩余生产能力进行生产,其固定成本不论在哪种方案下都是相同的,属于无关成本,决策分析时可不予考虑。根据表5-1的资料计算分析如下:

差别收入(甲—乙)=5 000×80—4 000×140=—160 000(元)

差别成本(甲—乙)=5 000×65—4 000×120=—155 000(元)

差别利润=—160 000—(—155 000)=—5 000(元)

根据计算结果,差别收入小于差别成本,差别利润为—5 000元。所以,生产乙产品比生产甲产品可多获收益5 000元,生产乙产品方案较优。

差别分析法也可通过编制差别损益表(见表5-2)来完成。

表5-2 差别损益表 单位:元

项 目	生产甲产品	生产乙产品	差异值
差别收入	5 000×80=400 000	4 000×140=560 000	—160 000
差别成本	5 000×65=325 000	4 000×120=480 000	—155 000
差别利润	—5 000		

需要注意的是,计算差别收入的顺序与计算差别成本的顺序必须保持一致;否则,差别收入和差别成本之间就失去了可比性,无法根据计算的差额进行判断。

(三)贡献边际分析法

在不同备选方案中,能够提供贡献边际最多或单位时间提供的贡献边际最多的为最优方案。经营决策一般是在原有生产能力范围内进行的,可将固定成本视为无关成本,在各方案固定成本均相同的前提下,贡献边际最大的方案实质上就是利润最多的方案。

需要注意的是,在不同方案之间比较分析时,不能以单位贡献边际作为评价指标,而应以贡献边际总额作为方案取舍的依据。因为,在生产能力一定的前提下,不同方案单位产品耗费的生产能力可能有所不同,生产的产品总量也不同,因此,单位贡献边际最大的方案不一定是贡献边际总额最大的方案。

如果决策方案中有专属固定成本,则应从贡献边际中扣除专属成本,扣除后的余额称为剩余贡献边际。它既不是原有的贡献边际,也不是最终的利润,如果要计算利润,还要扣除分摊的原有固定成本。

【例5-2】 某企业拟利用现有剩余生产能力生产甲产品或乙产品。甲产品单价20元/台,单位变动成本10元/台;乙产品单价10元/台,单位变动成本4元/台。该企业现有剩余生产能力1 000台时,生产一件甲产品需耗8台时,生产一件乙产品需耗4台时。

要求:分析说明企业应选择生产哪种产品。

解:首先,比较两个方案的优劣。

从表5-3中可以看到,甲产品的单位贡献边际10元大于乙产品的单位贡献边际6元,如果我们把单位贡献边际作为评价指标,则应选择生产甲产品。

表5-3 单位贡献边际表 单位:元

项 目	甲产品	乙产品
单价	20	10
单位变动成本	10	4
单位贡献边际	10	6

下面我们再根据表5-4来比较各方案的优劣。

表5-4 贡献边际总额 单位:元

项 目	甲产品	乙产品
剩余生产能力(台时)	1 000	1 000
单位产品耗时(台时)	8	4
生产量(件)	125	250
单位贡献边际	10	6
贡献边际总额	1 250	1 500

从表5-4中可以看出,尽管甲产品单位贡献边际较大,但贡献边际总额却小于乙产品,应选择生产乙产品。所以,在采用贡献边际分析法时,不能以单位贡献边际作为评价指标。

(四)成本平衡点分析法

成本平衡点分析法,也称成本无差别点分析法,在备选方案业务量不能事先确定的情况下,特别是各备选方案的预期收入相等的条件下,可通过"成本平衡点"将业务量进行区间段的划分,在不同业务量范围内选择最优方案。

所谓"成本平衡点",就是两个或多个备选方案预期成本相等时的特殊业务量,通过"成本平衡点"业务量来确定在什么业务量范围内哪个方案最优。

成本平衡点业务量的计算公式如下：

$$成本平衡点业务量 = \frac{两个方案固定成本的差额}{两个方案单位变动成本的差额}$$

如果预计未来业务量在成本平衡点之下时，应选择固定成本较低的方案，此时该方案的总成本较低。如果预计未来业务量在成本平衡点之上时，则应选择固定成本较高的方案，此时该方案的总成本较低。

【例5-3】 某企业只生产甲产品，现有两种设备可供选择：一种是采用传统的机械化设备，每年的专属固定成本20 000元，单位变动成本12元/件；另一种是采用先进的自动化设备，每年专属固定成本30 000元/台，单位变动成本7元/件。

要求： 对甲产品做出是机械化或自动化生产的决策分析。

解： 我们采用成本无差别点分析方法，假设全年生产 x 件甲产品为机械化设备方案和自动化设备方案的"成本平衡点"业务量。

机械化方案的预期成本：$y_1 = a_1 + b_1 x = 20\,000 + 12x$

自动化方案的预期成本：$y_2 = a_2 + b_2 x = 30\,000 + 7x$

当机械化方案与自动化方案成本相等时，即：

$$y_1 = y_2$$
$$20\,000 + 12x = 30\,000 + 7x$$
$$x = \frac{30\,000 - 20\,000}{12 - 7} = 2\,000（件）$$

然后，根据两方案的数据作图，如图5-1所示。

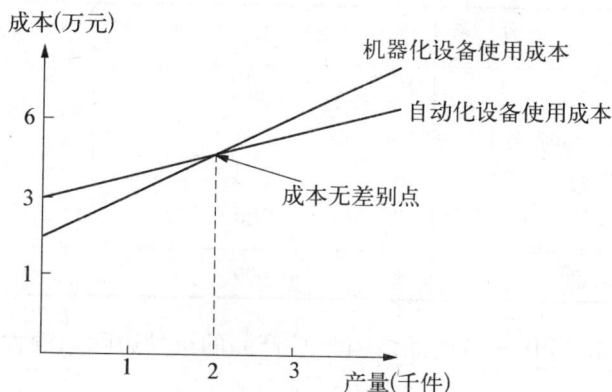

图5-1 方案对比图

从图5-1中可以看出：

若 $x > 2\,000$ 件，机械化生产的总成本线在自动化生产的总成本线之上，即 $y_1 > y_2$，自动化方案固定成本较高，采用自动化设备生产的总成本较低，自动化方案为优；

若 $x = 2\,000$ 件，则 $y_1 = y_2$，两个方案成本相等，均可行；

若 $x < 2\,000$ 件，机械化生产的总成本线在自动化生产的总成本线之下，即 $y_1 < y_2$，机械化方案固定成本较低，采用机械化设备生产的总成本较低，机械化方案为优。

任务四　经营决策的应用——确定条件下

一、生产品种决策

（一）新产品决策分析

1. 不追加专属成本，不影响原有产品正常生产的决策分析

企业新产品的投入既不需要追加专属成本，也不影响原有产品的生产，仅仅利用企业现有的剩余生产能力即可实施开发新产品。这种情况下，采用差别分析法或贡献边际法判断开发哪种新产品。

【例5-4】　永光公司的年生产能力为 20 000 小时，目前只生产 A 产品，生产能力尚有 20% 的剩余。该企业计划利用剩余生产能力开发一种新产品，现有 B 和 C 两种新产品可供选择，两种新产品的相关资料如下：B 产品单位售价 120 元/件，单位变动成本 100 元/件，单位产品定额工时 5 小时；C 产品单位售价 70 元/件，单位变动成本 58 元/件，单位产品定额工时 2 小时。无论开发哪种新产品，都不需要压缩原有产品的产量，也不需要追加专属成本。

要求：采用贡献边际分析法做出开发何种新产品的决策。

解：根据已知条件，编制贡献边际分析表，如表 5-5 所示。

表 5-5　贡献边际总额分析表　　　　　　　　单位：元

项　目　　　　　　　方　案	投产 B 产品	投产 C 产品
剩余生产能力（小时）	4 000	4 000
单位产品定额工时（小时/件）	5	2
预计产量（件）	800	2 000
单位贡献边际	20	12
贡献边际总额	16 000	24 000

根据计算结果，应当开发 C 产品。因为 C 产品的贡献边际总额大于 B 产品的贡献边际总额。

【例5-5】　见【例5-4】资料，采用单位产品贡献边际分析开发何种新产品。

$$单位产品贡献边际 = \frac{单位产品贡献边际}{单位产品定额工时}$$

单位产品贡献边际是正指标，哪个方案的指标大，哪个方案就是最优方案。

解：根据已知条件，编制单位产品贡献边际分析表，如表 5-6 所示。

表 5 - 6　单位产品贡献边际分析表　　　　　　　　　　　　　　单位:元

项　目	投产 B 产品	投产 C 产品
单位贡献边际	20	12
单位产品定额工时(小时)	5	2
单位产品贡献边际	4	6

根据计算结果,C 产品的单位产品贡献边际大于 B 产品的单位产品贡献边际,所以应当开发 C 产品。

2. 追加专属成本,减少原有产品生产时的决策分析

若企业利用现有或剩余生产能力开发新产品时,既需要追加专属成本,又需要减少原有产品的生产。在这种情况下,开发哪种新产品的决策可采用差别分析法或相关损益法。

【例 5 - 6】　某企业现有剩余生产能力 30 000 机器台时,拟开发一种新产品,现有甲、乙两种新产品可供选择。甲、乙产品相关资料如表 5 - 7 所示。开发甲产品需要安装专用模具 4 000 元,开发乙产品需要安装专用模具 35 000 元。若生产甲产品,需减少原有产品25% 产量;若生产乙产品,需减少原有产品 50% 产量。原有产品产销量 8 000 件,单位售价 60 元,单位变动成本 40 元。

要求:分析企业应选择开发哪种新产品。

表 5 - 7　甲、乙产品相关资料　　　　　　　　　　　　　　单位:元

项　目	甲产品	乙产品
单位售价	100	50
单位变动成本	75	32
单位产品定额工时(台时/件)	5	3

解:根据资料,编制差别损益分析表,如表 5 - 8 所示。

表 5 - 8　差别损益表　　　　　　　　　　　　　　单位:元

方案 项目	甲产品	乙产品	差量值
生产量(件)	30 000÷5＝6 000	30 000÷3＝10 000	
相关收入	600 000	500 000	100 000
相关成本	494 000	435 000	59 000
其中:变动成本	450 000	320 000	
专属成本	4 000	35 000	
机会成本	(60—40)×8 000×25%＝40 000	(60—40)×8 000×50%＝80 000	
差别利润			41 000

由表 5 - 8 可见,差别利润为 41 000 元,为正数,说明开发甲产品比开发乙产品多获利润 41 000 元,应选择开发甲产品。

(二)亏损产品决策分析

在企业生产的产品中,有一种产品出现亏损。按照财务会计的理论,亏损产品继续生

产只能产生负效益,扩大亏损额。但是,按照管理会计成本性态分析的原理,对于亏损产品的问题并非如此简单。因为亏损产品的成本中包含一部分固定成本,这部分固定成本不会随着亏损产品的停产而减少,只会转嫁到其他产品身上,从而加重其他产品的负担。因此,盲目停止亏损产品的生产,有时反而给企业带来更大的损失。

亏损产品的决策分析,是指针对该亏损产品是继续生产,还是停止生产、转产其他产品或将该生产能力用作其他用途等问题进行的决策。

1. 生产能力无法转移,亏损产品是否停产的决策分析

所谓生产能力无法转移,是指该亏损产品停产后其生产能力就闲置下来,无法被用于其他方面,既不能转产,也不能将有关设备对外出租。在这种情况下,只要亏损产品提供的贡献边际总额大于零,就不应该停产,而应该继续生产。

为什么亏损产品的贡献边际总额大于零就应继续生产呢? 这是因为停产亏损产品,只能减少亏损产品的变动成本,并不能减少其固定成本。如果继续生产亏损产品,其提供的贡献边际就可以补偿一部分固定成本,而停产亏损产品不但不会减少亏损,反而会扩大亏损。

【例 5-7】 华东公司产销 A、B、C 三种产品,固定成本总额为 36 000 元,三种产品 2019 年税前利润计算表,如表 5-9 所示。

表 5-9 税前利润表   单位:元

项　　目	A 产品	B 产品	C 产品	合　　计
销售单价	60	180	75	—
单位变动成本	36	150	55	—
销售量(件)	1 000	500	400	—
销售收入总额	60 000	90 000	30 000	180 000
贡献边际总额	24 000	15 000	8 000	47 000
按收入分摊固定成本	12 000	18 000	6 000	36 000
税前利润	12 000	−3 000	2 000	11 000

解:根据已知条件,我们可以看出,B 产品已经处于亏损状态,但能提供 15 000 元的贡献边际。从整个企业的角度来看,B 产品按销售比例分摊了 18 000 元的固定成本,虽然只补偿了 15 000 元,尚有 3 000 元得不到补偿。但如果停产 B 产品,其分摊的 18 000 元固定成本则全部转嫁给 A、C 两种产品负担。所以,只要 B 产品的贡献边际总额大于零,就应该继续生产。

若停产 B 产品,企业税前利润变动情况如表 5-10 所示。

表 5-10 停产 B 产品后税前利润表   单位:元

项　　目	A 产品	C 产品	合　　计
销售单价	60	75	—
单位变动成本	36	55	—
销售量(件)	1 000	400	—
销售收入总额	60 000	30 000	90 000

项　　目	A 产品	C 产品	合　　计
贡献边际总额	24 000	8 000	32 000
按收入分摊固定成本	24 000	12 000	36 000
税前利润	0	−4 000	−4 000

根据计算结果,如果停产 B 产品,会使企业由原来盈利 11 000 元变为亏损 4 000 元,所以不应停产 B 产品。

2. 生产能力可以转移,亏损产品是否停产的决策分析

生产能力可以转移,是指该亏损产品停产后其闲置的生产能力可以用于生产其他产品获取收益,或将设备对外出租获取租金收入。在这种情况下,就必须考虑继续生产亏损产品的机会成本,对备选方案进行对比分析后再决策。

(1) 亏损产品提供的贡献边际大于原生产能力转移的相关机会成本,且企业再无其他剩余生产能力时,不应当停产;否则,应转移原生产能力并停产。

(2) 当企业利用剩余生产能力或追加专属成本增产亏损产品,那么,通过将增产亏损产品与停产亏损产品方案进行比较,采用相关损益分析法或差别分析法做出最终决策。

【例 5-8】　联信公司产销多种产品。2019 年 A 产品亏损 9 000 元,该年度 A 产品的成本 24 000 元,变动成本率 80%。假设 2020 年生产条件不变,如果停止生产 A 产品,其闲置的生产设备可用于对外出租,每年可获租金收入 3 300 元。该企业没有增产 A 产品剩余生产能力。

要求:做出 2020 年是否继续生产 A 产品的决策。

解:根据已知条件,计算下列指标:

A 产品的销售收入 = 24 000 + (−9 000) = 15 000(元)

A 产品的变动成本 = 15 000 × 80% = 12 000(元)

A 产品的贡献边际 = 15 000 − 12 000 = 3 000(元)

A 产品生产能力转移的机会成本 = 3 300(元)

根据计算结果可知,由于 A 产品的贡献边际 3 000 元小于停产后获得的租金收入 3 300 元。因此,应停止生产 A 产品,并将闲置的设备对外出租,可使企业多获利 300 元。

【例 5-9】　见【例 5-8】资料。假设企业 2020 年尚有增产 A 产品 30% 的剩余生产能力,但需增加 350 元的专属成本。

要求:采用差别分析法对增产 A 产品和停产 A 产品方案做出决策。

解:根据已知条件,编制差别损益表,如表 5-11 所示。

表 5-11　差别损益表
单位:元

项　　目	增产 A 产品	停产 A 产品	差量值
相关收入	19 500	3 300	16 200
相关成本	15 950	0	15 950
其中:变动成本	15 600		
专属成本	350		
差别利润			+250

根据计算结果,2020 年企业增产 A 产品,可使企业多获利 250 元。

【例 5 - 10】 见【例 5 - 7】资料。华东公司剩余生产能力可以增产 B 产品 25％,但需增加专属成本 1 500 元,这部分的剩余生产能力如不增产 B 产品也无法转移。

要求:做出是否增产 B 产品的决策。

解:根据已知条件,编制增产 25％B 产品的税前利润表,如表 5 - 12 所示。

表 5 - 12 增产 25％B 产品税前利润表　　　　　单位:元

项 目	A 产品	B 产品	C 产品	合 计
销售单价	60	180	75	—
单位变动成本	36	150	55	—
销售量(件)	1 000	625	400	—
销售收入总额	60 000	112 500	30 000	202 500
贡献边际总额	24 000	18 750	8 000	50 750
按收入分摊固定成本	10 666.67	20 000	5 333.33	36 000
增产 B 产品专属成本		1 500		1 500
税前利润	13 333.33	−2 750	2 666.67	13 250

根据计算结果,企业增产 B 产品创造的贡献边际 3 750 元大于其专属成本 1 500 元,增产方案可使企业的盈利由原来的 11 000 元增加到 13 250 元,即多获得 2 250 元的利润。因此,应增产 B 产品。

(三)特殊价格追加订货的决策分析

所谓"特殊价格",是指客户在订货时的价格,低于正常价格甚至低于单位产品成本。在企业尚有部分剩余生产能力可以利用的情况下,如果客户要求以较低的价格追加订货,企业是否可以接受这种追加订货呢? 应针对不同情况区别对待,一般可以运用相关损益法进行分析。

(1)当追加订货量小于或等于剩余生产量,即企业利用剩余生产能力接受追加订货而不减少正常的生产量。若追加订货不追加专属成本,剩余生产能力又无法转移时,只要接受订货的相关收入大于接受订货的相关成本,即特殊订货的单价大于该产品的单位变动成本,就可以接受该追加订货。

(2)当追加订货量大于剩余生产量,即企业接受追加订货而减少正常订货的完成。在决策分析时,将因接受追加订货而减少的正常收入作为追加订货方案的机会成本;当剩余生产能力能够转移时,转产带来的收益作为追加订货方案的机会成本;当追加订货需增加专属固定成本,则应将其作为追加订货方案的相关成本。

【例 5 - 11】 某企业原来生产甲产品,年生产能力 10 000 件,每年有 35％的剩余生产能力。正常销售单价 68 元,有关成本资料如表 5 - 13 所示。

要求:就以下各不相关情况做出应否接受特殊价格追加订货的决策分析。

表 5‐13　甲产品成本资料　　　　　　　　　　　单位:元

项　　目	金　额
直接材料费	20
直接人工费	16
制造费用	
其中:变动制造费用	8
固定制造费用	12
单位产品成本	56

① 现有客户提出订货 3 000 件,每件定价 45 元,剩余生产能力无法转移,追加订货不需要追加专属成本。

② 现有客户提出订货 3 500 件,每件定价 46 元,但该订货有特殊要求,需购置一台专用设备,年增加固定成本 2 000 元。

③ 现有客户提出订货 4 000 件,每件定价 45 元,剩余生产能力无法转移。

④ 现有客户提出订货 5 000 件,每件定价 56 元,接受订货需追加专属成本 3 800 元;若不接受订货可将设备出租,可获租金 1 300 元。

解:针对上述 4 种情况,具体分析如下:

① 当企业利用剩余生产能力接受追加订货而不减少原有产品产量时,若追加订货的收入定价超过单位变动成本,则可接受追加。

企业现有 35% 的剩余生产能力,即每年有 3 500 件的剩余生产量,客户提出的追加订货量只有 3 000 件,小于剩余生产量,剩余生产能力无法转移,也不需要追加专属成本。在这种情况下,只要订单价大于该产品的单位变动成本就可以接受订货。因为订单价 45 元/件大于该产品的单位变动成本 44 元/件(=20+16+8),所以可以接受追加订货。

② 当企业利用剩余生产能力接受追加订货,需要追加专用设备时,则要将追加设备所增加的专属成本作为相关成本考虑。

在此种情况下,可对是否接受订货采用相关损益法,具体计算分析如表 5‐14 所示。

表 5‐14　损益分析表　　　　　　　　　　　单位:元

项　　目	接受追加订货
相关收入	3 500×46=161 000
相关成本	156 000
其中:变动成本	3 500×44=154 000
专属成本	2 000
相关损益	5 000

从表 5‐14 可以看出,接受订货比拒绝多获利润 5 000 元,所以应该接受订货。

③ 当企业利用剩余生产能力,接受追加会影响原有产品的正常产量时,应将因接受订货而减少的正常收益作为追加订货产生的机会成本。

订货 4 000 件,即追加订货量超过剩余生产量(3 500 件),如果接受订货,将减少原有产品的正常生产量500件,此500件产品的销售收入应作为接受订货方案的机会成本。具体计算分析如表5-15所示。

表5-15　损益分析表　　　　　　　　　　　　单位:元

项　目	接受追加订货
相关收入	4 000×45＝180 000
相关成本	188 000
其中:变动成本	3 500×44＝154 000
机会成本	500×68＝34 000
相关损益	－8 000

相关损益为－8 000元,意味着接受追加订货将使利润减少8 000元,所以,应拒绝接受订货。

④ 当企业剩余生产能力可以转移时,转产所能产生的收益应作为追加订货方案的机会成本。

订货5 000件,超过了剩余生产能力(3 500件)。如果接受订货,将减少原有产品的正常生产量1 500件,此1 500件的正常销售收入应作为接受订货方案的机会成本,设备出租的租金也应作为接受订货方案的机会成本。具体计算如表5-16所示。

表5-16　损益分析表　　　　　　　　　　　　单位:元

项　目	接受追加订货
相关收入	5 000×56＝280 000
相关成本	261 100
其中:变动成本	3 500×44＝154 000
专属成本	3 800
机会成本	1 500×68＋1 300＝103 300
相关损益	18 900

从表6-16可以看出,接受订货使企业利润将增加18 900元,故应接受追加订货。

(四)是否继续加工决策分析

制造企业生产的产品还可按不同的加工程度组织经营,某些产品是立即出售还是继续加工后再出售。例如,棉纺厂既可以将棉纱(半成品)直接出售,也可以将棉纱深加工成胚布(完工产品)后再出售。因此,这类企业就面临着把半成品、联产品是直接出售还是深加工后再出售的决策问题。

值得注意的是:产品继续加工前所发生的成本(无论是固定成本还是变动成本)都属于沉没成本,决策分析时不必考虑,只考虑与深加工直接有关的成本。这类决策一般采用差别分析法,通过计算我们可以分析深加工的相关收入是否超过深加工追加的相关成本,如果前者大于后者,则深加工方案为优;反之,直接出售方案为优。

【例5-12】　振海公司对同一种原料进行加工,生产出甲、乙两种产品。其中,甲产品 800 吨，不能深加工，分离后立即销售；乙产品 1 000 吨，分离后销售单价为 2 000 元/吨，深加工后成为丙产品，销售单价为 2 800 元/吨。在深加工过程中，每吨乙产品需追加单位变动成本 400 元/吨，发生专属成本 200 000 元。乙产品与丙产品的投入产出比例为 1：0.9。

要求：为该企业做出乙产品是否深加工的决策。

解：根据已知条件，乙产品与丙产品投入产出比不是 1：1，因此要特别注意相关业务量。利用相关损益法进行决策分析，具体过程如表 5-17 所示。

表 5-17 乙产品损益分析表 单位：元

项 目　 方 案	立即出售（乙产品）	深加工后再出售（丙产品）
相关业务量（吨） 相关收入 相关成本	1 000 2 000×1 000＝2 000 000 0	1 000×0.9＝900 2 800×900＝2 520 000 1 000×400＋200 000＝600 000
相关损益	2 000 000	1 920 000

表 5-17 的结果表明，乙产品分离后立即出售比深加工成丙产品再出售可多获 80 000 元（＝2 000 000－1 920 000）的收益，所以乙产品应直接出售。

【例 5-13】 志高工厂生产 A 产品 1 000 件，在完成第一步骤的加工后可对外销售，每件售价 50 元，单位变动成本 35 元/件，固定成本总额 60 000 元。该半成品也可以继续深加工后再出售，每件售价 60 元，需追加单位变动成本 7 元。

要求：按下列各不相关情况，采用差别分析法分别做出将半成品是否进一步加工的决策分析。

① 企业已具备进一步加工 1 000 件 A 产品的生产能力，不需追加专属成本。若不进一步加工 A 产品，生产能力无法转移。

② 企业已具备进一步加工 1 000 件 A 产品的生产能力，但需追加专属成本 5 000 元，生产能力无法转移。

③ 企业只具备进一步加工 500 件 A 产品的生产能力，该生产能力也可用于对外承揽加工业务，预期获得贡献边际 4 000 元。

解：① 依据第一种情况，编制差别损益表，如表 5-18 所示。

表 5-18 差别损益表 单位：元

项 目	深加工	直接出售	差量值
相关收入 相关成本 其中：加工成本	60 000 7 000 7 000	50 000 0	10 000 7 000
差别利润			3 000

② 依据第二种情况，编制差别损益表，如表 5-19 所示。

表 5 – 19　差别损益表　　　　　　　　　　　　　　　单位:元

项　目	深加工	直接出售	差量值
相关收入	60 000	50 000	10 000
相关成本	12 000	0	12 000
其中:加工成本	7 000		
专属成本	5 000		
差别利润			－2 000

③ 依据第三种情况,编制差别损益表,如表 5 – 20 所示。

表 5 – 20　差别损益表　　　　　　　　　　　　　　　单位:元

项　目	深加工	直接出售	差量值
相关收入	30 000	25 000	5 000
相关成本	7 500	0	7 500
其中:加工成本	3 500		
机会成本	4 000		
差别利润			－2 500

根据计算结果,对三种情况分析如下:

① 第一种情况下,深加工后再出售可使企业多获利 3 000 元,故选深加工后再出售方案。

② 第二种情况下,直接出售可使企业多获利 2 000 元,故直接出售半成品为最佳方案。

③ 第三种情况下,直接出售可使企业多获利 2 500 元,故直接出售半成品为最佳方案。

二、生产数量决策

任何企业所得控制的资源总是有限的,如果企业的多种产品受生产能力、材料供应、市场销售、资金等资源的限制,则应使该资源的单耗取得最大的收益。这样,在生产决策中就会有遇到如何使资源效用最大化,即各种产品生产多少才能使利润最大化的问题。

由于确定产品组合时。一般不改变现有生产能力,固定成本为无关成本,因此,贡献边际最大的产品组合,其利润必然最大。所以,最优组合决策采用的分析方法是最优分析法,通常以贡献边际的大小作为评价方案的优劣,具体分析中采用的是线性规划法。具体步骤如下:

(1) 确定目标函数。目标函数就是使企业贡献边际最大的函数。

(2) 确定约束条件。约束条件可以是企业的资源限制、质量限制或数量限制。

(3) 将上述代数表达式绘制在直角坐标图上,并在图上确定可行域。

(4) 在可行域中确定满足企业目标函数的组合,即最优解。

【例 5 – 14】　华信公司同时生产甲、乙两种产品,企业最大生产能力为 54 000 机器工时,其他有关数据如表 5 - 21 所示。

表 5 - 21　有关资料　　　　　　　　　　　　　　单位:元

项　　目	甲产品	乙产品
单位产品售价	30	20
单位变动成本	20	12
单位产品机器工时(小时)	17	10
订货量(件)	2 500	2 000

要求:应如何安排甲、乙两种产品的生产,才能使企业获得最佳效益?

解:设甲产品产量为 x ,乙产品产量为 y 。

① 确定目标函数。

Max $Tcm = 10x + 8y$

② 确定约束条件。

$17x + 10y \leqslant 54\ 000$

$x \leqslant 2\ 500$

$y \leqslant 2\ 000$

$x, y \geqslant 0$

③ 确定可行解。将各约束条件描绘在坐标图上,如图 5 - 2 所示。

上述 L_1、L_2、L_3 与坐标轴 x,y 所围成的凸多边形 $OABCD$(图中阴影部分),即为可行域。可行域内任一点所对应的 x,y 值,均为能满足约束条件的产品组合。

④ 确定最优解。即确定产品生产的最优组合,可用两种方法求得:

a. 等利润线原理。将目标函数

$Tcm = 10x + 8y$

变换为:

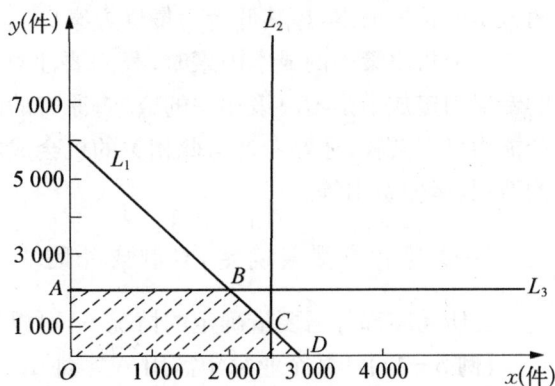

图 5 - 2　确定可行解

$$y = \frac{Tcm}{8} - \frac{10}{8}x$$

由此可知,目标函数所代表的直线斜率为 $-\dfrac{10}{8}$ 。据此,在图 5 - 2 上做一组平行线(虚线表示),这些平行线称为等利润线。这些等利润线的截距为 $\dfrac{Tcm}{8}$,显然截距越大,函数值越大。因此,只要在多边形 $OABCD$ 范围内寻找一点,使通过该点的等利润线的纵截距最大。由图 5 - 2 可见,等利润线在 B 点正是满足这样条件的点,故 B 点所对应的 x,y

值,即甲产品产量 2 000 件、乙产品产量 2 000 件为产品最优组合,在这一点企业的贡献边际最大:

$$Tcm = 2\,000 \times 10 + 2\,000 \times 8 = 36\,000(元)$$

b. 顶点原理。从数学上可以证明,最满意解必定在凸多边形 $OABCD$ 的顶点上。分别求出多边形 $OABCD$ 各角点 O、A、B、C、D 所对应的 x,y 值:$O(0,0)$,$A(0,2\,000)$,$B(2\,000,2\,000)$,$C(2\,500,1\,150)$,$D(3\,176,0)$。

将上述求得的各角点的坐标值带入目标函数,便可求出各点的贡献边际,其中贡献边际最大的点所对应的 x,y 值,即为产品最佳组合,计算如下:

O 点:$Tcm = 10 \times 0 + 8 \times 0 = 0(元)$

A 点:$Tcm = 10 \times 0 + 8 \times 2\,000 = 16\,000(元)$

B 点:$Tcm = 10 \times 2\,000 + 8 \times 2\,000 = 36\,000(元)$

C 点:$Tcm = 10 \times 2\,500 + 8 \times 1\,150 = 34\,200(元)$

D 点:$Tcm = 10 \times 3\,176 + 8 \times 0 = 31\,760(元)$

上述计算结果可知,在 B 点贡献边际值最大,故该公司应安排生产甲产品 2 000 件、乙产品 2 000 件,这时企业获得贡献边际总额最大,为 36 000 元。

三、生产方式决策

零部件应自制还是外购是企业生产经营中经常面临的选择。自制或外购零部件,其生产产品后所获得的预期收入是相同的,在决策分析时属于无关收入无须考虑,只需考虑两方案的预期成本,择其低者为最优方案。

在分析决策中的成本因素时,我们要注意:如果自制需要追加专属固定成本,则追加的专属固定成本是与决策相关的成本,原有的固定成本则属于无关成本;如果自制所用生产能力可以转移,还要考虑与此相关的机会成本。外购方案的相关成本一般包括卖价、采购费用、运输费用等。

(一)零件需要量确定,自制或外购决策分析

在所需零部件需要量确定的情况下,可以采用相关损益分析法。

【例 5-15】 某企业每年需用 A 零件 10 000 个,该零件可以自制也可以外购。若外购,每个 A 零件买价 20 元、运费 1 元,外购一次的采购经费 2 000 元,每年采购 2 次。若自制,则单位产品成本 22 元/个,其中:直接材料 8 元,直接人工 6 元,变动制造费用 3 元,固定制造费用 5 元。每月还需增加专属固定成本 3 000 元。如果外购,生产 A 零件的设备可以对外出租,每年可获租金 10 000 元。

要求:对 A 零件做出自制或外购的决策分析。

解:无论是自制还是外购零部件,其生产产品后所获得的预期收入是相同的,在决策分析时属于无关收入无须考虑。

自制方案中,直接材料、直接人工、变动制造费用、每月增加的专属固定成本均属于相关成本,而分摊的固定制造费用为无关成本,出租设备的租金是自制方案的机会成本。外购方

案中,买价、运费是变动成本,采购经费是固定成本,三项费用均属于与决策相关的成本。

具体决策分析如表 5－22 所示。

表 5－22　相关损益分析表　　　　　　　　　　单位:元

方案 ＼ 项目	自　制	外　购
相关成本 变动成本 专属成本 机会成本	10 000×(8+6+3)=170 000 3 000×12=36 000 10 000	10 000×(20+1)=210 000 2 000×2=4 000
相关损益	216 000	214 000

外购方案比自制方案成本低 2 000 元(＝216 000－214 000),故选择外购 A 零件。

(二) 零件需要量不确定,自制或外购决策分析

当零部件需要量不确定时,自制或外购的决策分析可采用成本平衡点分析法。

【例 5－16】　某企业生产需用 A 零件,过去该零件一直外购,每个零件外购单价为 24 元。现企业尚有部分剩余生产能力可以生产 A 零件,根据生产部门预测,每个 A 零件的直接材料、直接人工及变动制造费用为 18 元,但每年需增加专属固定成本 18 000 元。

要求: 分析 A 零件在什么条件下应自制,在什么条件下应外购。

解: 设全年需要 x 个 A 零件为自制方案和外购方案的"成本平衡点"。

外购方案的预期成本: $y_1=a_1+b_1x=24x$

自制方案的预期成本: $y_2=a_2+b_2x=18\,000+18x$

当外购方案与自制方案成本相等时,即 $y_1=y_2$

$24x=18\,000+18x$

$x=\dfrac{18\,000}{24-18}=3\,000(个)$

从图 5－3 可以看出:

若 $x>3\,000$ 个,则 $y_1>y_2$,自制方案固定成本较高,总成本较低,应选择自制方案;

若 $x=3\,000$ 个,则 $y_1=y_2$,两个方案成本相等,自制和外购均可行;

若 $x<3\,000$ 个,则 $y_1<y_2$,外购方案固定成本较低,总成本较低,应选择外购方案。

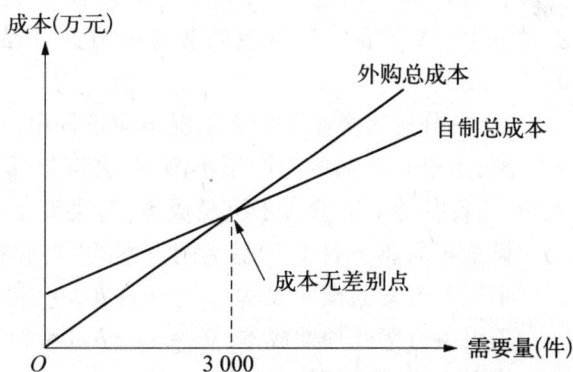

图 5－3　两方案成本对比图

四、生产工艺决策

企业对同一种产品或零部件,可以采用不同的工艺技术进行生产加工,如人工生产、

半机械化、机械化或自动化生产。一般来说,生产工艺或设备越先进,其固定成本就越高,产品的单位变动成本就越低;反之,由于生产工艺或技术落后,生产效率低,则其固定成本较低,但产品的单位变动成本就较高。

在进行生产工艺技术方案的决策分析时,可以根据生产规模的大小来选择方案。一般来说,当生产规模较小时,可选择生产效率相对较低、固定成本较低的工艺技术方案;当生产规模较大时,则应选择生产效率较高、固定成本较高的工艺技术方案。

在进行决策时,如果生产产品的数量确定,可采用相关损益分析法;如果生产产品的数量不确定,则应采用成本平衡点分析法。

【例 5-17】 某企业每年生产 A 产品 700 件,现有甲、乙、丙三种设备可供使用,有关资料如表 5-23 所示。

要求:做出选择何种设备生产 A 产品的决策分析。

表 5-23　成本资料

单位:元

项　目 ＼ 设　备	甲设备	乙设备	丙设备
年专属固定成本	40 000	28 000	32 000
单位变动成本	120	190	165

解:生产 B 产品的年产量确定,所以可采用相关损益分析法进行决策分析。计算如下:

甲设备的年相关损益 $=40\,000+700\times120=124\,000$(元)

乙设备的年相关损益 $=28\,000+700\times190=161\,000$(元)

丙设备的年相关损益 $=32\,000+700\times165=147\,500$(元)

使用甲设备生产的总成本最低,所以应选择甲设备生产 B 产品。

【例 5-18】 现企业有两套闲置设备,准备生产 C 产品。用甲设备生产 C 产品一次性改装费 30 000 元,产品的单位变动成本 47 元/件,该设备每年的折旧费 18 000 元。用乙设备生产 C 产品一次性改装费 21 000 元,产品的单位变动成本 65 元,该设备每年的折旧费 14 000 元。

要求:分析该企业在什么情况下应选择甲设备,什么情况下选择乙设备。

解:由于 C 产品的生产量不确定,决策分析只能采用成本平衡点分析法。值得注意的是甲、乙设备的折旧费属于沉没成本,与决策无关,在决策分析时不予考虑。

设全年需要 x 件 C 产品为两方案的"成本平衡点"业务量。

甲设备方案的预期成本:$y_1=a_1+b_1x=30\,000+47x$

乙设备方案的预期成本:$y_2=a_2+b_2x=21\,000+65x$

当两方案成本相等时,即 $y_1=y_2$

$$x=\frac{30\,000-21\,000}{65-47}=500\text{(件)}$$

当 C 产品的产量在 500 件以上时,应选择甲设备生产(因甲设备固定成本较高);

当 C 产品产量在 500 件时,甲、乙两种设备的使用成本相等;

当 C 产品的产量在 500 件以下时,应选择乙设备生产(因乙设备固定成本较低)。

任务五　经营决策的应用——非确定条件下

在竞争激烈的市场经济环境下,企业未来的发展状况往往充满着不确定的因素,企业的很多生产决策都是在对变量估计的基础上做出的。由于决策结果的不确定性,非确定条件的决策类型包括风险型生产决策和不确定型生产决策。

一、风险型生产决策

风险型决策分析的问题是指决策过程中存在两种以上无法确定未来状况的因素,但各种状况可能发生的概率大致可以判断。这类决策的分析方法主要采用概率分析法,先预测备选方案各种自然状态及出现的概率,然后计算期望收益(或期望成本),进行比较择优。

所谓概率分析法,是指以概率论和数理统计的方法对企业的风险进行度量,通过计算各项目的期望收益值来确定各项目报酬率的分散程度(即方差和标准差),最后根据变异系数来判断风险大小。运用概率分析法进行决策一般要经过以下程序:

(1) 确定与决策结果有关的随机变量并估计其变化范围。

(2) 确定每个随机变量的概率,概率值要符合两个基本要求:一是各随机变量的取值范围为$[0,1]$,即$0 \leqslant P_i \leqslant 1$;二是全部概率之和等于1,即$\sum P_i = 1$。

(3) 估计各随机变量及其估计概率,计算其数学期望值。具体公式如下:

$$期望值 E = \sum (随机变量 \times 概率) = \sum x_i P_i$$

(4) 根据期望值最大化原则确定最优方案,即在各备选方案中选择预期收益最大或预期成本最小的方案。

【例 5 - 19】　泰安公司现有设备可以安排生产 A、B 产品,其预计收益情况与市场销量有关。固定成本总额为 600 000 元,A 产品的销售单价为 800 元/件,单位变动成本为 640 元/件;B 产品的销售单价为 720 元/件,单位变动成本为 560 元/件。两种产品的销量及其概率和期望值如表 5 - 24 所示。

表 5 - 24　两种产品的销量及其概率和期望值

销售量 x_i	A产品		B产品	
	概率 P_i	期望值 $x_i P_i$	概率 P_i	期望值 $x_i P_i$
2 500	—	—	0.1	250
3 000	0.1	300	0.1	300
3 500	0.2	700	0.1	350
5 000	0.4	2 000	0.2	1 000
7 500	0.2	1 500	0.4	3 000
9 000	0.1	900	0.1	900

要求:用概率分析法对该公司生产何种产品进行决策分析。

解:根据题中资料,通过比较两个产品贡献边际总额的大小进行择优。具体分析如下:

A 产品销售量的期望值

$$E = \sum x_i P_i$$

$$= 3\,000 \times 0.1 + 3\,500 \times 0.2 + 5\,000 \times 0.4 + 7\,500 \times 0.2 + 9\,000 \times 0.1$$

$$= 5\,400(件)$$

A 产品收益的期望值 $= (800 - 640) \times 5\,400 = 864\,000(元)$

B 产品销售量的期望值

$$E = 2\,500 \times 0.1 + 3\,000 \times 0.1 + 3\,500 \times 0.1 + 5\,000 \times 0.2 + 7\,500 \times 0.4 + 9\,000 \times 0.1$$

$$= 5\,800(件)$$

B 产品收益的期望值 $= (720 - 560) \times 5\,800 = 928\,000(元)$

由以上结果可知,当两种产品的销售量均达到期望值时,生产 B 产品比生产 A 产品多获得 64\,000 元($= 928\,000 - 864\,000$)的贡献边际。

究竟选择哪个方案,还要利用标准离差和标准离差率对决策方案的风险进行分析。在备选方案期望值相同的情况下,标准离差越大风险越大,标准离差越小风险越小。在备选方案期望值不同的情况下,标准离差率越大风险越大,标准离差率越小风险越小。一般情况下,对于单个方案,决策者可先根据其标准离差(率)的大小判断风险大小,再将其同设定的可接受的此项指标最高限值对比做出取舍;对于多个方案,决策者应选择低风险高收益的方案,即选择标准离差(率)最低、期望收益值最高的方案。

标准离差是反映概率分布中各种可能结果对期望值的偏离程度的一个数值,通常以符号 σ 表示,计算公式如下:

$$\sigma = \sqrt{\sum (X_i - E)^2 \times P_i}$$

在【例 5 - 19】中,A、B 产品的标准离差分别为:

$$\sigma_A = \sqrt{(-2\,400)^2 \times 0.1 + (-1\,900)^2 \times 0.2 + (-400)^2 \times 0.4 + 2\,100^2 \times 0.2 + 3\,600^2 \times 0.1}$$

$$= 1\,881.49$$

$$\sigma_B = 2\,170.25$$

标准离差率是标准离差与期望值之比,通常用符号 Q 表示,其计算公式如下:

$$Q = \sigma / E$$

在【例 5 - 19】中,A、B 产品方案的标准离差率分别为:

$$Q_A = 1\,881.49 \div 5\,400 = 0.348\,4$$

$$Q_B = 2\,170.25 \div 5\,800 = 0.374\,2$$

由上述结果可以看出,B产品产量的标准离差和标准离差率均高于A产品,所以生产B产品的期望收益较高,同时其风险也较大。

二、不确定型决策

不确定型决策是指决策方案的各项条件虽然为已知,但每一方案的结果无法确定,也无法确定各种结果的可能性,只能以其经验判断进行决策分析。由于每一方案的结果无法确定,因而决策者在分析时通常只考虑每一方案可能的三种典型结果,即最好结果、最有可能结果和最坏结果。这类决策的分析方法主要采用小中取大法、最大后悔值最小化法和折中决策法三大类。

(一)小中取大法

小中取大法是从各种决策方案的收益值出发,选择最不利的市场需求情况下具有最大收益值的方案作为最优方案的一种决策方法。其特点是着眼于收益利润,对前途持谨慎态度,从不利情况出发,找出最坏可能中的最好方案,也称为悲观准则。这里的"收益值"通常是指"贡献边际"或"营业利润"。

【例5-20】　百花公司计划年度可生产A、B、C三种产品。根据销售、生产等部门的预测,在销路好坏不同的情况下,三种产品预计可获得的贡献边际如表5-25所示。

表5-25　各种产品的贡献边际　　　　　　　　　　　　单位:元

产　品	收益值		
	销路好	销路一般	销路不好
A	55 000	40 000	28 000
B	60 000	42 000	30 000
C	65 000	30 000	15 000

要求:根据预测资料,做出生产哪种产品的决策。

解:根据已知条件编制决策分析(见表5-26)。

表5-26　各种产品的决策分析表　　　　　　　　　　单位:元

产　品	收益值			
	销路好	销路一般	销路不好	最小收益值
A	55 000	40 000	28 000	28 000
B	60 000	42 000	30 000	30 000
C	65 000	30 000	15 000	15 000
小中取大				30 000
最优决策方案				生产B产品

从表5-26中可见,各方案最小收益值都集中在"销路不好"栏,而最小收益值中

最大的是生产 B 产品可获得贡献边际 30 000 元。因此,生产 B 产品的方案为最优方案。

(二) 最大后悔值最小化法

最大后悔值最小化法是找出同一状态下最大收益值方案与所选方案收益值的后悔值,然后从各方案在各状态下的最大后悔值中选择最小后悔值的方案作为最优决策方案。这里的"后悔值"是指当出现某种随机事件时,各种情况下的最大收益值超过本方案收益值的差额,该方法又称遗憾准则。

【例 5-21】 文昌汽车集团在计划年度决定开发新型汽车 A,其销售部门根据市场调查结果提出三种产量方案,即 50 000 辆、55 000 辆和 60 000 辆。在不同的市场销售情况下,三种产量方案可能获得的贡献边际总额如表 5-27 所示。

表 5-27 三种产量方案可能获得的贡献边际总额

产量方案(辆)	预计贡献边际总额(元)		
	畅销	一般	滞销
50 000	1 000 000	800 000	450 000
55 000	1 100 000	600 000	490 000
60 000	1 200 000	750 000	400 000

要求:采用最大后悔值最小化法为该汽车集团做出最优产量的决策。

解:根据已知条件,三种不同情况分别确定其最大收益值:畅销情况的最大收益值为 1 200 000 元,一般情况下的最大收益值为 800 000 元,滞销情况的最大收益值为 490 000元。

计算不同市场销售情况下的后悔值:

① 畅销情况的后悔值:

50 000 辆产量的最大后悔值＝1 200 000－1 000 000＝200 000(元)

55 000 辆产量的最大后悔值＝1 200 000－1 100 000＝100 000(元)

60 000 辆产量的最大后悔值＝1 200 000－1 200 000＝0(元)

② 一般情况下的后悔值:

50 000 辆产量的最大后悔值＝800 000－800 000＝0(元)

55 000 辆产量的最大后悔值＝800 000－600 000＝200 000(元)

60 000 辆产量的最大后悔值＝800 000－750 000＝50 000(元)

③ 滞销情况的后悔值:

50 000 辆产量的最大后悔值＝490 000－450 000＝40 000(元)

55 000 辆产量的最大后悔值＝490 000－490 000＝0(元)

60 000 辆产量的最大后悔值＝490 000－400 000＝90 000(元)

将不同情况下三种产量方案的后悔值列表,如表 5-28 所示。

表 5 - 28　不同销售情况下产量方案的后悔值

产量方案（辆）	后悔值（元）			最大后悔值（元）
	畅销	一般	滞销	
50 000	200 000	0	40 000	200 000
55 000	100 000	200 000	0	200 000
60 000	0	50 000	90 000	90 000

从表 5 - 28 中的数据可以看出，最大后悔值一栏中最小的是 90 000 元，则与之相对应的产量方案（60 000 辆）就是该企业集团的最优产量方案。

（三）折中决策法

折中决策法是决策者对未来前途既不过于乐观，也不过于悲观而采取一种现实主义折中标准进行决策的方法。具体做法如下：

（1）根据实际情况和实践经验确定一个乐观系数 β，且 $0 \leqslant \beta \leqslant 1$。如果 β 值接近 1，表示比较乐观；如果 β 值接近 0，表示比较悲观。

需要注意的是，β 值应根据不同的决策对象和具体情况来确定，它是个经验数据。

（2）计算每个方案的期望值：

$$各方案的期望值 = 最高收益值 \times \beta + 最低收益值 \times (1 - \beta)$$

（3）从各备选方案中选择期望值最大的作为最优方案。

【例 5 - 22】　见【例 5 - 21】资料，若该汽车集团对开发新产品 A 比较乐观，并将 β 值定为 0.7。

要求： 采用折中决策法为该汽车集团做出最优产量的决策。

解： 根据已知条件，分别计算三个方案的期望值：

方案 50 000 辆的期望值 = 1 000 000 × 0.7 + 450 000 × (1 − 0.7) = 835 000（元）

方案 55 000 辆的期望值 = 1 100 000 × 0.7 + 490 000 × (1 − 0.7) = 917 000（元）

方案 60 000 辆的期望值 = 1 200 000 × 0.7 + 400 000 × (1 − 0.7) = 960 000（元）

根据折中决策法，应以产量 60 000 辆方案作为最优产量方案。

任务六　定价决策分析

一、定价决策的意义

在市场经济中，价格机制是市场机制的核心和主要表现形式。售价定得太高，影响产品的销路，使销量减少、生产规模缩小，单位产品成本随产量的下降而提高，最终导致利润下降。相反，售价定得太低，难以补偿各项成本的开支，也就无法保证企业目标利润的实现。因此，定价是否合理，将影响企业的生产规模、产品组合及获利能力。对产品制定一个合理的价格,是企业生产经营的一项重要决策,是企业实现长远利益和最佳经济效益的重要保证。

二、定价决策的目标

定价目标,就是每一种产品的价格实施后应达到的目标,是企业制定产品价格的重要前提。企业的定价目标一般有以下几种。

(一)利润最大化

大多数企业设立的经济目的是生存、增长及获利,追求利润最大化就成了企业定价的基本目标,也是最终目标。利润最大化有两方面的含义:一是长期利润和短期利润最大化;二是企业整体利润和单一产品利润最大化。在制定价格时,企业应该兼顾长期利润和短期利润,协调整体利润和单一产品利润,根据不同情况为不同产品选择不同的定价标准。

(二)提高市场占有率

市场占有率也称市场份额,是指企业产品销量在同类产品的销售总量中所占的比重,是反映企业经营状况好坏和产品竞争能力强弱的一项重要指标。能否保持和提高市场占有率,直接影响到企业能否长期稳定地收益。企业以市场占有率为定价目标,可以在同一市场上击败竞争对手,也可以阻止新的竞争对手进入同一市场,有利于企业保持或扩大市场份额。

(三)适应和避免竞争

在市场经济条件下,价格竞争在企业间的竞争中表现得尤为激烈。为了提高自身的核心竞争力,企业更加广泛地收集竞争者产品在价格、质量、服务、售后等方面的各种信息,紧跟竞争对手来定价。为了适应或避免竞争,当竞争者改变价格时,企业也会做出相应的调整。

在实践中,企业的定价目标多种多样,并受多种因素的影响,往往会综合运用多种目标形式制定具有竞争优势的价格。

三、定价策略

在市场竞争中,企业的产品为了能够适应市场需求,扩大销售,获得最佳经济效益,除了运用科学的定价方法外,还要根据市场行情变化、产品的特点及消费者心理等因素,灵活地制定定价策略。

(一)新产品定价策略

由于新产品的定价具有不确定性特征,当企业向市场推出某种新产品时,必须根据市场需求、产品竞争情况、消费者喜好等重要信息制定出最能适应企业长远目标或企业价值最大化的价格。在对新产品进行定价时,一般可选择以下两种策略。

1. 撇油性定价

撇油性定价是指新产品上市初期制定较高售价,同时花费巨额广告费用和销售费用打开市场。随着市场扩大、竞争加剧,产品的销售趋于平稳阶段再逐渐降低价格。这样,在不同时期产品利润的"油脂"被逐步撇掉,直到以低价维持销售。这种策略保证了产品销售初期获得较高利润,补偿了新产品在研发方面耗费的大量资金以及产销方面无法预知的成本。但试销初期高额的利润会迅速引来竞争者,使高价无法持久。因此,这是一种着眼于短期利益的定价策略,一般适用于初期没有竞争对手,且容易开辟市场的新产品。

2. 渗透性定价

渗透性定价是指为了开拓新产品市场,在销售初期以低价吸引消费者,提高市场占有率;待产品建立信誉、赢得竞争优势后再逐步提价。这种定价策略尽管在销售初期获利不多,但它能有效地排除其他产品的竞争,便于在市场上建立长期的领先地位,持久地获得日益增长的经济效益,是一种着眼于长期利益的定价策略。

(二)差异定价策略

差异定价是指企业对同一种商品根据消费者不同的需求而制定不同的价格。这种价格差异主要反映需求的不同,而不反映成本费用的差异。产品实行差异定价,有利于企业在不同的消费市场上获得最大的利润,也能满足不同层次的消费者需求。差异定价策略主要有以下三种:

(1)依据消费对象的差异定价。即针对不同的消费人群,对同一种商品分别制定不同的销售价格。由于消费者的收入水平、需求层次不同,对同一商品的需求状况也不同。为了满足不同消费层次的需要,对同一商品实行差别定价。例如,铁路客运对学生实行半价,对军人实行优惠价。

(2)依据位置的差异定价。根据同一商品所处地理位置的不同分别制定不同的销售价格,其成本费用没有任何差异。例如,演唱会的门票,其成本费用都一样,但按位置远近和偏斜程度制定不同的票价。

(3)依据时间的差异定价。对不同季节、不同日期甚至不同钟点的同一商品分别制定不同的销售价格。例如,动物园门票在旅游旺季收全价,而在旅游淡季收半价。

(三)以成本为导向的定价策略

以成本为导向的定价最常用的方法是成本加成定价法,其理论基础是产品的价格必须首先补偿成本,然后再考虑为企业提供合理的利润。由于成本计算有完全成本法与变动成本法之分,按两种不同的成本计算法所求得的单位产品成本内涵各不相同。因此,成本加成定价法又可分为完全成本加成定价法和变动成本加成定价法。

1. 完全成本加成定价法

这是一种只考虑企业完全成本的传统定价方法,是在完全成本法计算的单位产品成本基础上,加上一定的目标利润所确定的单位产品售价。单位产品售价的计算公式如下:

$$单位产品售价＝单位产品完全成本＋单位目标利润$$
$$＝单位产品完全成本×(1＋目标利润率)$$

【例 5-23】 联合公司拟采用完全成本定价法制定 B 产品的销售价格,B 产品单位成本的资料如表 5-29 所示。该企业希望获得的 B 产品目标利润率为 25%。

要求:计算 B 产品的销售价格。

表 5-29　B 产品单位成本数据表 单位:元

项　目	金　额
直接材料	40
直接人工	30
变动制造费用	10
固定制造费用	15
变动销售及管理费用	12
固定销售及管理费用	13
单位产品成本合计	120

解:B 产品销售价格 $=120×(1+25\%)=150(元)$

根据计算,B 产品的价格确定为 150 元。

2. 变动成本加成定价法

变动成本加成定价法在定价时只考虑产品的变动成本,而不计算固定成本,在变动成本的基础上按照事先拟订的加成率确定产品价格。其计算公式如下:

$$单位产品售价=单位产品变动成本×(1+目标利润率)$$

按照管理会计理论,只要单位产品售价大于单位变动成本就能创造贡献边际,就可以为弥补企业的固定成本做出贡献。所以,该定价方法的实质就是把单位变动成本作为定价下限的基础,加上一定数额的贡献边际来确定产品售价。其计算公式还可以表示如下:

$$单位产品售价=单位变动成本+单位贡献边际$$

$$=\frac{单位变动成本}{1-贡献边际率}$$

【例 5-24】 诚历公司生产 A 产品 1 000 件,预计贡献边际率 30%,产品成本计算表如表 5-30 所示。

要求:采用变动成本定价法计算 A 产品的售价。

表 5-30　A 产品成本计算表 单位:元

项　目	总成本	单位成本
直接材料	20 000	20
直接人工	15 000	15
变动制造费用	10 000	10
固定制造费用	18 000	18
合　计	63 000	63

解:根据已知条件,A产品的单位售价如下:

$$单位产品售价 = \frac{单位变动成本}{1-贡献边际率} = \frac{45}{1-30\%} = 64.3(元)$$

根据计算结果,该公司应把A产品售价定为64.3元。

【例5-25】 永寿公司生产的B产品在市场上已严重饱和,B产品原来在市场上的售价为1 500元,该产品的同类产品纷纷降价30%。永寿公司希望能保住原有市场份额,制定了每件产品若能提供120元的贡献边际即可出售的新营销策略,B产品成本计算表如表5-31所示。

要求:采用变动成本定价法制定B产品售价。

表5-31 B产品成本计算表   单位:元

项　目	单位成本
直接材料	600
直接人工	200
变动制造费用	150
固定制造费用	200
变动销售及管理费用	90
固定销售及管理费用	130
合　计	1 370

解:根据已知条件,B产品单位售价计算如下:

B产品的单位变动成本=600+200+150+90=1 040(元)

B产品的单位售价=1 040+120=1 160(元)

根据计算,为保住市场占有份额,把B产品价格降低为1 160元,可保证每件产品有120元的贡献边际。

(四)以利润为导向的定价策略(利润最大化定价法)

当销售价格下降时,销售量会随之增加。我们把价格下降后增加的销售量所增加的收入称为边际收入,相应增加的成本称为边际成本。按照微分极值原理,当边际收入等于边际成本时,就意味着收入的增加不再使利润增加,此时利润达到极大值,这时的价格就是最优价格。

【例5-26】 东风公司只生产和销售一种产品。根据对价格与销售量及成本与销售量之间的关系预测,确定该产品的价格方程和销售成本方程如下:

$$p = 800 - 40x$$
$$TC = 1\,000 + 40x^2$$

要求:计算产品的最优销售价格和最优销售量。

解:p表示单价,x表示销售量,TR表示销售收入,TC代表销售总成本,MR表示边际收入,MC表示边际成本,MP表示边际利润。

由于销售收入等于销售价格乘以销售量,则销售收入的方程为:

$$TR = px = (800 - 40x)x = 800x - 40x^2$$

边际收入方程是销售收入方程(TR)对产量 x 的一阶导数;边际成本方程是销售成本方程(TC)对产量 x 的一阶导数,即:

$$MR = \frac{\mathrm{d}TR}{\mathrm{d}x} = 800 - 80x$$

$$MC = \frac{\mathrm{d}TC}{\mathrm{d}x} = 80x$$

当边际收入等于边际成本、边际利润为零时,企业的总利润达到最大,即:

$$800 - 80x = 80x$$

由此,可得到最优销售量 $x = 5$(单位)

把 $x = 5$ 带入价格方程,可得到产品的最优销售价格:

$$p = 800 - 40 \times 5 = 600(元)$$

即当产品销售价格定为每单位 600 元,可使销售量达到 5 个单位,企业可获得最大利润。

$$\begin{aligned}
最大利润 &= (800x - 40x^2) - (1\,000 + 40x^2) \\
&= (800 \times 5 - 40 \times 5^2) - (1\,000 + 40 \times 5^2) \\
&= 1\,000(元)
\end{aligned}$$

有关边际收入、边际成本及销售价格之间的关系如图 5-4 所示。

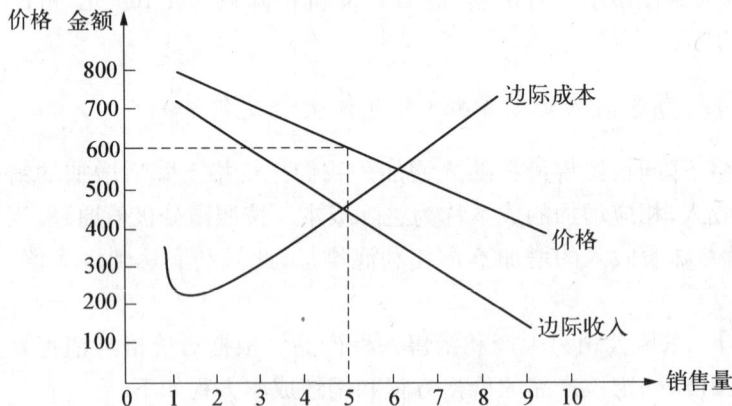

图 5-4 边际收入、边际成本及销售价格的关系图

以市场为导向的定价策略

关键术语

相关成本　非相关成本　生产决策　定价决策

应知考核

一、单选题

1. 现代管理学认为,管理的重心在( )。
   A. 决策 B. 预测 C. 控制 D. 评价

2. ( )是指影响决策的相关因素的未来状况不能确切肯定,但该因素可能存在几种结果,每一种结果出现的概率是已知的一种决策类型。
   A. 确定型决策 B. 风险型决策
   C. 不确定型决策 D. 采纳与否型决策

3. 产品生产决策不包括( )的决策。
   A. 生产什么 B. 怎样生产
   C. 生产多少 D. 用什么质量标准

4. 已知甲产品的预计销量200件,销售单价为20.00元,单位变动成本为15.00元;乙产品的预计销量100件,销售单价30.00元,单位变动成本20.00元,则制造甲产品与制造乙产品的差量收入为( )元。
   A. 4 000 B. 1 000 C. 3 000 D. 0

5. 根据题4资料,制造甲产品与制造乙产品的差量成本等于( )元。
   A. 1 000 B. 1 500 C. 2 000 D. 0

6. 根据题4资料,制造甲产品比制造乙产品可多获利润( )元。
   A. 1 000 B. 2 000 C. 3 000 D. 0

二、多选题

1. 决策按其重要程度可以分为( )。
   A. 战略决策 B. 短期决策 C. 长期决策 D. 战术决策

2. 决策按其影响决策的相关因素的未来状况的肯定程度可以分为( )。
   A. 确定型决策 B. 风险型决策 C. 不确定型决策 D. 否定型决策

3. 短期经营决策的内容主要包括( )。
   A. 生产决策 B. 定价决策
   C. 不确定型决策 D. 采纳与否型决策

4. 针对短期经营决策的特点,下列说法正确的有( )。
   A. 短期经营决策是企业的战术性决策
   B. 影响决策的有关因素的变化情况通常是确定的或基本确定的
   C. 短期经营决策通常由企业内部中下层管理部门进行
   D. 许多决策问题都是重复性的

5. 短期经营决策的基本假设包括( )。
   A. 决策方案不涉及追加长期项目的投资
   B. 所需预测资料齐备
   C. 各种备选方案均具有技术可行性
   D. 凡涉及市场购销的决策,均以市场上具备提供材料或吸收有关产品的能力为前提

   E. 只有单一方案和互斥方案两种决策形式

   F. 各期产销平衡

三、判断题

1. 简单地说,决策分析就是领导拍板做出决定的瞬间行为。　　　　（　　）

2. 决策分析的实质就是要从各种备选方案中做出选择,并一定要选出未来活动的最优方案。　　　　（　　）

3. 因为企业采用先进的生产工艺技术,可以提高劳动生产率,降低劳动强度,减少材料消耗,可能导致较低的单位变动成本,所以在不同生产工艺技术方案的决策中,应无条件选择先进的生产工艺技术方案。　　　　（　　）

4. 为了扭亏为盈,凡是亏损的产品都应当停产。　　　　（　　）

5. 在进行决策分析时,方案所涉及的所有成本都要考虑,包括相关成本和无关成本。
　　　　（　　）

6. 如果追加订货的价格低于单位产品成本,就一定要拒绝追加订货。　　　　（　　）

四、简答题

1. 与短期经营决策相关的成本概念有哪些?

2. 短期经营决策的常用方法有哪些?

3. 差量分析法和边际贡献法的决策应用有什么异同?

4. 亏损产品是否都应该停产?

5. 如何进行产品的定价决策?

应会考核

【业务处理一】

某企业使用同一台设备,可生产 A 产品,亦可生产 B 产品。该设备的最大生产能量为 10 万工时,生产 A 产品每件需 50 工时,生产 B 产品每件需 20 工时。两种产品的销售单价、单位变动成本和固定成本总额资料如表 5－32 所示。

表 5－32　产品相关资料表

摘　要	A 产品	B 产品
销售单价 单位变动成本	60 元 37 元	30 元 17 元
固定成本总额	12 万元	

要求:根据上述资料,采用差量分析法,分析生产哪种产品较为有利。

【业务处理二】

某企业现有生产能力 60 000 机器小时,目前的生产能力利用程度为 90%,剩余的生产能力可以用来开发新产品 A,每件工时定额 4 小时;也可以用来生产 B 产品,每件工时定额 5 小时。预计有关销售价格和成本资料如表 5－33 所示。

表 5-33　销售价格和成本资料表　　　　　单位:元

产品名称	A 产品	B 产品
销售单价	45	55
单位变动成本	27	35
单位贡献边际	18	20

要求:根据以上资料,采用单位定额工时提供的贡献边际指标来做出该企业利用剩余生产能力开发哪种新产品较为有利的决策。

【业务处理三】

某公司产销 A、B、C 三种产品,其中 A、B 两种产品盈利,C 产品亏损,有关资料如表 5-34 所示。

表 5-34　A、B、C 三种产品利润表资料　　　　　单位:万元

项目 ＼ 品种	A 产品	B 产品	C 产品
销售收入	9 000	8 000	6 000
生产成本			
直接材料	2 000	1 000	1 000
直接人工	1 000	600	800
变动制造费用	800	700	800
固定制造费用	900	1 000	1 000
非生产成本			
变动推销管理费用	1 500	1 000	1 000
固定推销管理费用	700	1 200	300

要求:

(1) 假定 C 产品停产后生产能力无法转移,分析评价 C 产品应否停产。

(2) 假定 C 产品停产后生产能力可以转移用于生产 D 产品,但要增加设备 5 000 元,分析评价 C 产品应否停产。

(3) 假定 C 产品停产后生产设备可以出租,年租金收入 3 000 元,分析评价 C 产品应否停产。

【业务处理四】

某工厂所需用的甲零件既可以自制也可以外购。如果外购,剩余生产能力没有别的用途。自制成本与外购单价资料如表 5-35 所示。

表 5-35　自制成本与外购单价资料

自制方案		外购方案
直接材料	3 元/件	1 000 件以内单位购价 8 元
直接人工	1 元/件	1 000 件以上单位购价 7 元
变动性制造费用	2 元/件	
专属固定成本总额	1 000 元	

要求:根据上述资料确定该零件全年需用量在何种情况下应该外购,在何种情况下应该自制?

【业务处理五】

某工厂只生产甲产品,全年最大生产能力为100台,正常产销数量为80台,甲产品的销售单价为2 000元/台,其单位产品成本如下(按正常生产量计算):

直接材料　　　　　　600元

直接人工　　　　　　400元

制造费用:

　　变动性制造费用　200元

　　固定性制造费用　400元

单位产品成本合计　1 600元

要求:

(1)现有一外商前来订购甲产品20台,出价每台1 400元。请用数据说明此项特殊订货能否接受。

(2)假如外商前来订购甲产品40台,此时该厂如接受该项订货,就必须减少正常的产品销售量20台,对方出价仍为每台1 400元。请用数据说明此项订货能否接受。

项目实训

一个镇政府拥有一个剧院和一个艺术中心,提供给当地唯一的剧团、其他来访团体做表演和展览之用,政府的委员会通过定期会议查阅这些设施的会计报表和计划来做管理决定。剧院雇用了一位全职工作人员和一群艺术家。工作人员的月工资是4 800元,艺术家们的工资是17 600元。每月上演一出新戏共20场,此外剧院每月的其他费用如表5-36所示。

表5-36　外剧院每月的其他费用

项　目	费用(元)
服装费	2 800
场景布置费	1 650
空调和灯光	5 150
分摊地方政府管理费用	8 000
临时工工资	1 760
小食	1 180

当地剧院上演和戏剧入座率只有一半,戏票分为三等:6元座500个,4元座300个,3元座200个。

另外,该剧院还在戏剧上演期间出售小食,每月销售额为3 880元,节目表的销售收入刚好抵消它们的成本,但节目表中引发广告可产生收入33 600元。

有一访问团来到管理委员会,要求租用剧院一个月(25场演出),该团体计划用一半戏票的收入来缴付租金,他们预计将会有10场满座和15场2/3满座。

地方政府支付空调和灯光费用并按照合同继续支付给艺术家们工资,另外还支付那些销售食品和节目单位的全体职工工资,如果同意访问团承租的话,委员会不认为小食销售额和节目表销售额会有变动。

附注:委员会在计算利润时,也包括分摊的成本,他们假设入座率均衡地应用到所有不同价格的座位。

要求:

1. 从财务角度出发,管理委员会是否应同意访问团的建议?

2. 假设如预测的那样,访问团承租的 10 个场次满座,请问委员会要达到以下目标,那么剩下的 15 场次的上座率需要有什么要求?

(1) 达到当月保本;

(2) 与不租出剧院的利润水平一致。

3. 你认为还有哪些因素可能会影响委员会的决定?

项目六 投资决策

知识目标

- 了解长期投资的特征。
- 掌握货币时间价值的概念及其计算。
- 掌握现金流量的相关概念及计算方法。
- 掌握投资决策的各种评价方法。
- 理解定价决策的方法。

技能目标

通过项目学习,了解长期投资决策的概念,熟悉长期投资决策需要考虑的因素,能够运用投资决策的评价方法进行长期投资决策分析。

知识导图

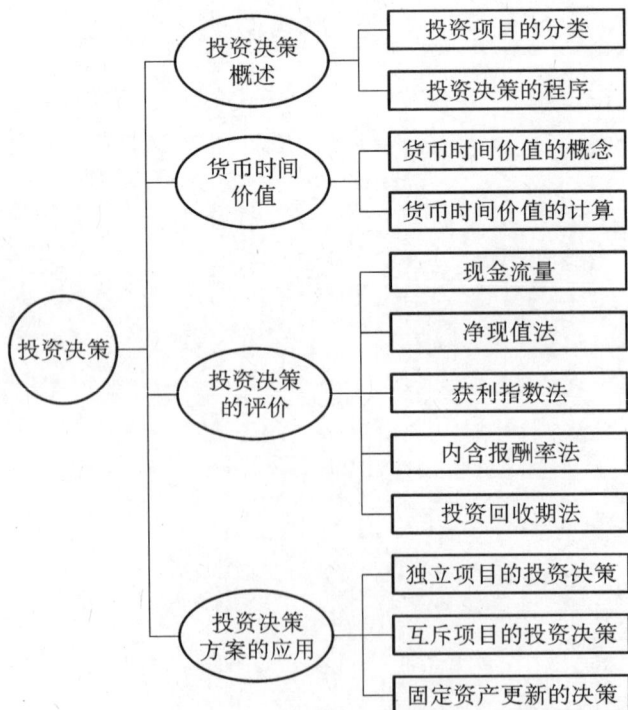

引导案例

柴玉集团计划用全自动生产线替代传统生产线生产柴油发电机,传统生产线现行变价净收入为 12 万元,尚可继续使用 5 年,报废时净残值为 2 万元,预计使用全自动生产线年实现利润额为 3 万元,该设备的试用期预计为 8 年,预计净残值率为 10%。取得全自动生产线后可立即投入运营,全自动生产线年创利额较传统生产线增加 1.5 万元。该企业的所得税税率 25%,企业平均资本成本为 10%。

【想一想】

试比较全自动生产线、传统生产线项目的优劣。

知识准备

任务一 投资决策概述

投资决策是指企业针对长期投资项目拟订方案,用科学的方法进行分析、评价和选择最佳长期投资方案的过程。相对于短期经营而言,长期投资一般具有占用资金多、风险大、周期长、不可逆转等特征,因而投资决策的正确与否对企业生产经营长远规划的实现将产生重大的影响。

一、投资项目的分类

(一)独立项目与互斥项目

按投资项目之间的关系分类,长期投资项目可以分为独立项目和互斥项目。

1. 独立项目

独立项目是指相互之间没有关联关系的项目。独立项目之间,选择一个项目并不影响或并不排斥另一个项目的实施。如果在企业资金充足的情况下,只需对项目自身进行可行性分析;如果企业资金有限,也只影响其先后次序但不影响项目最终是否被采纳。例如,盖斯威公司拟立三个投资项目:新建一个生产车间以扩大生产规模、进行某新产品的研发、新建房地产项目,在资金充足的情况下,三个投资项目只要满足投资决策标准,均可接受,其中某个项目的取舍并不会影响其他项目的接受与否。

2. 互斥项目

互斥项目是指在投资决策时涉及的两个或两个以上相互关联、相互排斥,不能同时并存的项目,即一组项目中各项目彼此可以相互替代,采纳项目组中的某一项目,其他项目就要被淘汰。因此,互斥项目间具有排他性,只能在备选方案之间选择其一。例如,盖斯威公司现有一块土地,是用于建生产车间还是建房地产项目的选择就属于互斥项目。对互斥项目进行投资决策分析,就是指在每一个项目已具备财务可行性的前提下,利用具体决策方法在两个或两个以上互相排斥的待选项目之间进行比较,区分其优劣,以选择出最优项目。例如,盖斯威公司在进行购买生产设备的决策时,有购买生产电子式电能表生产线和购买生产智能式电能表生产线可以选择,如果选择购买生产电子式电能表生产线,就必须放弃购买智能式电能表生产线。

（二）战术性项目与战略性项目

按对企业前途的影响分类,长期投资项目可以分为战术性项目和战略性项目。

1. 战术性项目

战术性项目是指只涉及企业中某一局部的具体经营业务的投资项目,如为产品质量的提高、产品成本的降低等而进行的投资。

2. 战略性项目

战略性项目是指只涉及企业整体方向和规模的投资项目,如开发新产品的投资、企业规模的扩大等投资。

二、投资决策的程序

企业长期投资的制定与实施,是一项复杂的系统工程,风险大、周期长、环节多、涉及面广,需要考虑各种因素,需要按照规范的程序进行。

（一）投资方案的提出

投资方案的提出是投资程序的第一步。它主要是以国家产业政策为导向,根据企业的中长期投资计划、发展战略和投资环境的变化,在发展和把握良好投资机会的情况下提出的。通常,企业管理当局和高层管理人员提出的项目,多为大规模的战略性投资,其方案一般由生产、市场、财务、战略等各方面专家组成的专门小组拟定。企业各级管理部门和相关部门领导提出的项目,主要是战术性投资项目,其方案由各级管理部门和相关部门领导组织人员拟定,并报直属领导批准。

（二）投资方案的可行性分析

投资评价的重点是算经济账,主要是在分析和评价投资方案经济、技术可行性的基础上,进一步评价其财务可行性,包括:① 计算有关项目的建设周期,测算有关项目投产后的收入、费用和经济效益,预测有关项目的现金流入和现金流出;② 运用各种投资评价指标,对各项投资方案的可行程度进行排序;③ 编制详细的可行性报告,报直属领导批准。

（三）投资方案的评估

投资方案的评估是以可行性分析为基础,对投资方案内容的全面性、方法合理性、结果可行性等进行全面的评价。

（四）投资方案的决策

完成投资方案的评估后,企业领导要做出最后决策。一般情况下,投资额较小的项目,中层管理人员就可以做出决策;投资额较大的项目,由企业最高管理当局或企业高层管理人员做出决策;投资额特别重大的项目,则必须由企业董事会或股东大会通过后形成决策。

（五）投资方案的实施

投资方案一旦形成决策，就应当立即付诸实施，并积极筹措资金，进入投资预算的执行过程。在这一过程中，要建立一套预算执行情况的跟踪系统，进行监督、控制和审核，以确保项目质量。

（六）投资方案的再评价

在经过批准实施后，应该进行事后审计，并关注原来的投资决策是否合理、是否正确。如果发现与之前估计的情况不同，就要随时根据变化的情况做出新的评价和调整。如果情况发生重大变化而使原来的投资决策变得不合理，就要进行是否终止投资和怎样终止投资决策，以避免给企业带来更大损失。

任务二 货币时间价值

在企业筹资、投资、利润分配中都要考虑货币的时间价值。企业的筹资、投资和利润分配等一系列财务活动，都是在特定的时间区内进行的，因而货币时间价值是一个影响财务活动的基本因素，它是企业进行投资、筹资决策的基础依据。

一、货币时间价值的概念

货币时间价值，是指货币经过一定时间的投资与再投资后增加的价值，也称为资金时间价值。一定量的货币资金在不同的时点上，其价值是不同的，如今天的 1 000 元和一年后的 1 000 元是不等值的。今天将 1 000 元存入银行，在银行利息率为 10％的情况下，一年以后会得到 1 100 元，多出的 100 元利息就是 1 000 元经过一年时间的投资增加了的价值，即货币的时间价值。由于不同的货币价值不同，所以，在进行价值大小比较时，必须将不同时间点的资金折算为同一时间点的资金价值后才能进行大小的比较。资金的时间价值有两种表现形式，即相对数和绝对数。相对数，即时间价值率，是指没有风险和通货膨胀的平均资金利润率或平均报酬率；绝对数，即时间价值额，是指资金在运用过程中所增加的价值数额，即一定数额的资金与时间价值率的乘积。国库券利率，银行存、贷款利率，各种债券利率，都可以看作是投资报酬率，然而它们并非时间价值率，只有在没有风险和通货膨胀情况下，这些报酬才与时间价值率相同。由于国债的信誉度最高、风险最小，所以如果通货膨胀率很低，就可以将国债利率视同时间价值率。为了便于说明问题，在研究、分析时间价值时，一般以没有风险和通货膨胀的利息率作为货币的时间价值，货币的时间价值是公司资金利润率的最低限度。

二、货币时间价值的计算

由于资金具有时间价值，同一笔资金，在不同的时间，其价值是不同的。计算货币的时间价值,其实质就是不同时点上资金价值的换算。它包括两方面的内容:一方面,是计算现在拥有一定数额的资金,在未来某个时点将是多少数额,这是计算终值问题;另一方面,是计算未来时点上一定数额的资金,相当于现在多少数额的资金,这是计算现值问题。

货币时间价值的计算有两种方法:一是只就本金计算利息的单利法;二是不仅本金要计算利息,利息也能生利,即俗称"利滚利"的复利法。相比较而言,复利法更能确切地反映本金及其增值部分的时间价值。计算货币时间价值量,首先要引入"现值"和"终值"两个概念,以表示不同时期的货币时间价值。现值,又称本金,是指资金现在的价值。终值,又称本利和,是指资金经过若干时期后包括本金和时间价值在内的未来价值,通常有单利终值、复利终值、年金终值。

(一)单利终值与现值

单利是指只对借贷的原始金额或本金支付(收取)的利息。在单利计算中,设定以下符号:P—本金(现值);i—利率;I—利息;F—本利和(终值);n—时间。

1. 单利终值

单利终值是本金与未来利息之和。其计算公式为:

$$F = P + I = P + P \times i \times n = P \times (1 + i \times n)$$

【例6-1】 盖斯威公司将100万元存入银行,年利率假设为10%。

要求:计算一年后、两年后、三年后的终值各是多少。

解:一年后的终值:$F = 100 \times (1 + 10\%) = 110$(万元)

两年后的终值:$F = 100 \times (1 + 10\% \times 2) = 120$(万元)

三年后的终值:$F = 100 \times (1 + 10\% \times 3) = 130$(万元)

2. 单利现值

单利现值是未来某一时点取得或付出资金按一定折现率计算的现在的价值,即单利现值的计算就是确定未来终值的现在价值。单利现值的计算公式为:

$$P = F - I = F \div (1 + i \times n)$$

【例6-2】 假设银行存款年利率为10%,如三年后希望能获得300万元现金。

要求:按单利计算盖斯威公司现在应存入银行多少钱。

解:$P = F \div (1 + i \times n) = 300 \div (1 + 10\% \times 3) = 230.77$(万元)

(二)复利终值与复利现值

复利,就是不仅本金要计算利息,本金所产生的利息在下期也要加入本金一起计算利息,即通常所说的"利滚利"。在复利的计算中,设定以下符号:F—复利终值;i—利率;P—复利现值;n—期数。

1. 复利终值

复利终值是指一定数量的本金在一定的利率下按照复利的方法计算出的若干时期以

后的本金和利息。例如,公司将一笔资金 P 存入银行,年利率为 i,如果每年计息一次,则 n 年后的本利和就是复利终值,如图 6-1 所示。

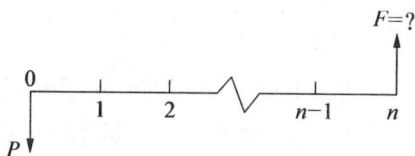

图 6-1　复利终值示意图

如图 6-1 所示,一年后的终值为:

$$F_1=P+P\times i=P\times(1+i)$$

式中,$(1+i)^n$ 称为复利终值系数,用符号 $(F/P,i,n)$ 表示,如 $(F/P,8\%,5)$,表示利率为 8%、5 期的复利终值系数。复利终值系数可以通过查"复利终值系数表"获得。通过复利终值系数表,还可以在已知终值、利率的情况下查出期数;或在已知终值、期数的情况下查出利率。

两年后的终值为:

$$F_2=F_1+F_1\times i=F_1\times(1+i)=P\times(1+i)(1+i)=P\times(1+i)^2$$

由此可以推出 n 年后复利终值的计算公式为:

$$F=P\times(1+i)^n$$

【例 6-3】　盖斯威公司将 200 万元存入银行,年利率假设为 10%。

要求:复利计算一年后、两年后、三年后的终值各是多少。

解:一年后的终值:$F=200\times(1+10\%)=220$(万元)

两年后的终值:$F=200\times(1+10\%)^2=242$(万元)

三年后的终值:$F=200\times(1+10\%)^3=266.2$(万元)

2. 复利现值

复利现值是指未来某一时间的特定资金按复利计算的现在价值,即为了取得未来一定量的资金额,现在所需要投入的本金。例如,将 n 年后的一笔资金 F,按年利率 i 折算为现在的价值,这就是复利现值,如图 6-2 所示。

由终值求现值,称为折现,计算时使用的利率称为折现率。

复利现值的计算公式为:

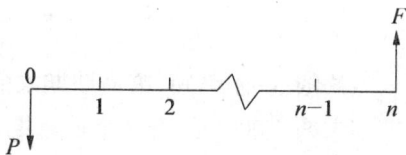

图 6-2　复利现值示意图

$$P=\frac{F}{(1+i)^n}$$
$$=F\times(1+i)^{-n}$$

式中 $(1+i)^{-n}$ 称为复利现值系数,用符号 $(P/F,i,n)$ 表示,如 $(P/F,5\%,4)$,表示利率为 5%、4 期的复利现值系数。与复利终值系数表相似,通过现值系数表在已知利率、期数的情况下可查出现值;或在已知现值、利率的情况下可查出期数;或在已知现值、期数的情况下可查出利率。

【例 6-4】　盖斯威公司计划 4 年后进行技术改造,需要资金 1 200 万元。

要求:计算当银行利率为 5% 时,公司现应存入银行的资金数额。

解:$P=F\times(1+i)^{-n}=12\,000\,000\times(1+5\%)^{-4}=12\,000\,000\times0.822\,7$
$$=9\,872\,400(元)$$

（三）年金终值与现值

年金是指一定时期内一系列每期等额收付的款项。其具有两个特点：一是时间间隔相等；二是金额相等。如分期等额付款赊购、分期等额偿还贷款、发放养老金、支付租金、提取折旧等都属于年金收付形式。年金可以分为普通年金、先付年金、递延年金和永续年金。

在年金的计算中，设定以下符号：A—每年等额收付的金额；i—利率；F—年金终值；P—年金现值；n—期数。

1. 普通年金

普通年金是指从第一期开始每期期末等额首付款项的年金，又称后付年金，如图 6-3 所示。

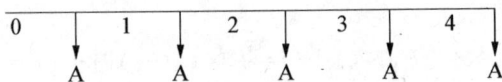

图 6-3　普通年金示意图

图 6-3 中，横轴代表时间，用数字标出各期的顺序号，竖线的位置表示支付的时刻，竖线下端数字表示支付的金额。

（1）普通年金终值。

普通年金终值是指一定时期内每期期末等额首付款项的复利终值之和。例如，根据图 6-3 的数据，假如 $i=6\%$，每期期末存入 1 000 元，则第四期期末的普通年金终值的计算如图 6-4 所示。

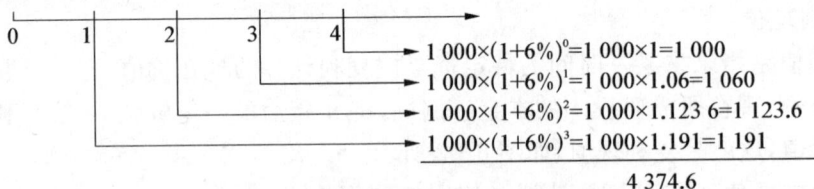

$1\,000\times(1+6\%)^0=1\,000\times1=1\,000$
$1\,000\times(1+6\%)^1=1\,000\times1.06=1\,060$
$1\,000\times(1+6\%)^2=1\,000\times1.123\,6=1\,123.6$
$1\,000\times(1+6\%)^3=1\,000\times1.191=1\,191$
4 374.6

图 6-4　普通年金终值计算示意图

从图 6-4 可知，第一期期末的 1 000 元，有 3 个计息期，其复利终值为 1 191 元；第二期期末的 1 000 元，有 2 个计息期，其复利终值为 1 123.6 元；第三期期末的 1 000 元，有 1 个计息期，其复利终值为 1 060 元；而第四期期末的 1 000 元，没有利息，其终值仍为 1 000 元。将以上四项加总得 4 374.6 元，即为整个的年金终值。

从以上的计算可以看出，普通年金终值的计算虽然比较复杂，但存在一定的规律性，由此可以推导出普通年金终值的计算公式。

根据复利终值的方法计算年金终值 F 的公式为：

$$F=A+A\times(1+i)+A\times(1+2)^2+\cdots+A\times(1+i)^{n-1} \qquad ①$$

等式两边同乘 $(1+i)$，则有：

$$F\times(1+i)=A\times(1+i)+A\times(1+i)^2+A\times(1+i)^3+\cdots+A\times(1+i)^n \qquad ②$$

公式②-公式①得：

$$F \times (1+i) - F = A \times (1+i)^n - A$$
$$F \times i = A \times [(1+i)^n - 1]$$
$$F = A \times \frac{(1-i)^n - 1}{i}$$

式中，$\frac{(1+i)^n - 1}{i}$ 通常称为"年金终值系数"，用符号 $(F/A, i, n)$ 表示。年金终值系数可以通过查"年金终值系数表"获得。

【例 6-5】 盖斯威公司每年在银行存入 500 000 元，计划在 10 年后更新设备，银行存款利率 5%。

要求: 计算到第 10 年年末公司能筹集的资金总额。

解: $F = A \times \frac{(1+i)^n - 1}{i}$

$= 500\,000 \times (F/A, 5\%, 10)$

$= 500\,000 \times 12.578$

$= 6\,289\,000(元)$

在年金终值的公式中有四个变量 F, A, i, n，已知其中的任意三个变量都可以计算出第四个变量。

【例 6-6】 盖斯威公司计划在 8 年后改造厂房，预计需要 500 万元，假设银行存款利率为 4%。

要求: 计算该公司在这 8 年中每年年末要存入多少万元才能满足改造厂房的资金需要。

解: $F = A \times \frac{(1+i)^n - 1}{i}$

$500 = A \times \frac{(1+4\%)^8 - 1}{4\%}$

$500 = A \times 9.214$

$A = 54.27(万元)$

该公司在银行存款利率为 4% 时，每年年末需存入 54.27 万元，8 年后可以获得 500 万元用于改造厂房。

（2）普通年金现值。

普通年金现值是指一定时期内每期期末等额收付款项的复利现值之和。例如，按图 6-5 的数据，假如 $i=6\%$，其普通年金现值的计算如图 6-5 所示。

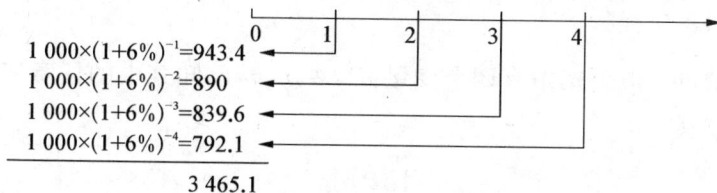

图 6-5　普通年金现值计算示意图

从图 6-5 可知,第一期期末的 1 000 元到第一期期初,经历了 1 个计息期,其复利现值为 943.4 元;第二期期末的 1 000 元到第一期期初,经历了 2 个计息期,其复利现值为 890 元;第三期期末的 1 000 元到第一期期初,经历了 3 个计息期,其复利现值为 839.6 元;第四期期末的 1 000 元到第一期期初,经历了 4 个计息期,其复利现值为 792.1 元。将以上四项加总得 3 465.1 元,即为四期的年金现值。

从以上计算可以看出,普通年金现值的计算虽然比较复杂,但存在一定的规律性,由此可以推导出普通年金现值的计算公式。

根据复利现值的方法计算年金现值 P 的计算公式为:

$$P = A \times \frac{1}{(1+i)} + A \times \frac{1}{(1+i)^2} + \cdots + A \times \frac{1}{(1+i)^{n-1}} + A \times \frac{1}{(1+i)^n} \qquad ①$$

等式两边同时乘以 $(1+i)$,则有:

$$P \times (1+i) = A + A \times \frac{1}{(1+i)} + A \times \frac{1}{(1+i)^2} + \cdots + A \times \frac{1}{(1+i)^{n-2}} + A \times \frac{1}{(1+i)^{n-1}} \qquad ②$$

公式②-公式①得:

$$P \times (1+i) - P = A - A \times \frac{1}{(1+i)^n}$$

$$P \times i = A \times \left[1 - \frac{1}{(1+i)^n}\right]$$

$$P = A \times \frac{1-(1+i)^{-n}}{i}$$

公式中, $\frac{1-(1+i)^{-n}}{i}$ 通常称为"年金现值系数",用符号 $(P/A, i, n)$ 表示,年金现值系数可以通过查"年金现值系数表"获得。

【例 6-7】 盖斯威公司预计在 8 年中,每年年末从一名顾客处收取 6 000 000 元的三相智能电能表贷款还款,贷款利率为 6%。

要求:计算该顾客借了多少资金,即这笔贷款的现值数额。

$$P = A \frac{1-(1+i)^{-n}}{i}$$
$$= 6\,000\,000 \times (P/A, 6\%, 8)$$
$$= 6\,000\,000 \times 6.209\,8$$
$$= 37\,258\,800(元)$$

在年金现值的一般公式中有四个变量: P, A, i, n,已知其中的任意三个变量都可以计算出第四个变量。

2. 先付年金

先付年金是指每期期初等额收付款的年金,又称预付年金、即付年金,如图 6-6 所示。图 6-6 中,横轴代表时

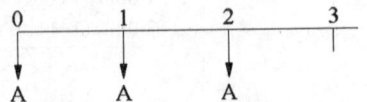

图 6-6 先付年金示意图

间,用数字标出各期的顺序号,竖线的位置表示支付的时刻,竖线下端数字表示支付的金额。

(1) 先付年金终值。

先付年金终值是指一定时期内每期期初等额收付款的复利终值之和。假如 $i = 6\%$,每期期初等额收付 1 000 元,则第 4 期期末的先付年金终值的计算如图 6-7 所示。

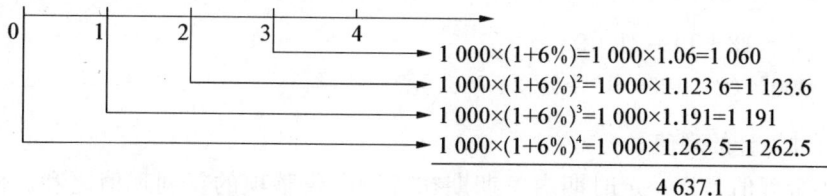

图 6-7 先付年金终值计算示意图

从图 6-7 可知,第一期期初的 1 000 元,有 4 个计息期,其复利终值为 1 262.5 元;第二期期初的 1 000 元,有 3 个计息期,其复利终值为 1 191 元;第三期期初的 1 000 元,有 2 个计息期,其复利终值为 1 123.6 元;而第四期期初的 1 000 元,有 1 个计息期,其复利终值为 1 060 元。将以上四项加总得 4 637.1 元,即为整个的先付年金终值。

从以上的计算可以看出,先付年金与普通年金的付款期数相同,但由于其付款时间的不同,先付年金终值比普通年金终值多计算一期利息。因此,可在普通年金终值的基础上乘以 $(1+i)$ 就是先付年金的终值。

先付年金终值 F 的计算公式为:

$$F = A \times \frac{(1+i)^n - 1}{i} \times (1+i)$$

$$= A \times \frac{(1+i)^{n+1} - (1+i)}{i}$$

$$= A \times \left[\frac{(1+i)^{n+1} - 1}{i} - 1 \right]$$

式中,$\frac{(1+i)^{n+1} - 1}{i} - 1$ 通常称为"先付年金终值系数",它是在普通年金终值系数的基础上,期数加 1,系数减 1 求得的,可表示为 $[(F/A, i, n+1) - 1]$,可通过查"年金终值系数表",得 $(n+1)$ 期的值,然后减去 1 可得对应的先付年金终值系数的值。例如,$[(F/A, 6\%, 4+1) - 1]$,$(F/A, 6\%, 4+1)$ 的值为 5.637 1,再减去 1,得先付年金终值系数为 4.637 1。

【例 6-8】 盖斯威公司租赁写字楼,每年年初支付租金 50 000 元,年利率为 8%。

要求:计算该公司计划租赁 12 年需支付的租金数额。

$$F = A \times \left[\frac{(1+i)^{n+1} - 1}{i} - 1 \right]$$

$$= 50\,000 \times \left[\frac{(1+8\%)^{12+1} - 1}{8\%} - 1 \right]$$

$$= 50\,000 \times 20.495$$

$$=1\,024\,750(元)$$

或 $\quad F = A \times [(F/A, i, n+1) - 1]$

$$= 50\,000 \times [(F/A, 8\%, 12+1) - 1]$$

查"普通年金终值系数表"得：

$$(F/A, 8\%, 12+1) = 21.495$$

$$F = 50\,000 \times (21.495 - 1) = 1\,024\,750(元)$$

(2) 先付年金的现值。

先付年金现值是指一定时期内每期期初等额收付款项的复利现值之和。例如，按图 6-8 的数据，加入 $i=6\%$，其先付年金现值的计算如图 6-8 所示。

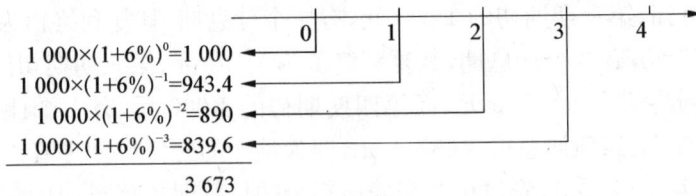

图 6-8 先付年金现值计算示意图

从图 6-8 可知，第一期期初的 1 000 元，没有计息期，其复利现值仍然为 1 000 元；第二期期初的 1 000 元到第一期起初，经历了 1 个计息期，其复利现值为 943.4 元；第三期期初的 1 000 元到第一期起初，经历了 2 个计息期，其复利现值为 890 元；第四期期初的 1 000 元到第一期起初，经历了 3 个计息期，其复利现值为 839.6 元。将以上四项加总得 3 673 元，即为四期的先付年金现值。

从以上的计算可以看出，先付年金与普通年金的付款期数相同，但由于其付款时间的不同，先付年金现值比普通年金现值少折算一期利息。因此，可在普通年金现值的基础上乘以 $(1+i)$ 的先付年金的现值。

先付年金的现值 P 的计算公式为：

$$P = A \times \frac{1-(1+i)^{-n}}{i} \times (1+i)$$

$$= A \times \left[\frac{(1+i) - (1+i)^{-(n-1)}}{i} \right]$$

$$= A \times \left[\frac{1-(1+i)^{-(n-1)}}{i} + 1 \right]$$

式中，$\left[\dfrac{1-(1+i)^{-(n-1)}}{i} + 1 \right]$ 通常称为"先付年金现值系数"，先付年金现值系数是在普通年金现值系数的基础上，期数减 1，系数加 1 求得的，可表示为 $[(P/A, i, n-1) + 1]$，可通过查"年金现值系数表"，得 $(n-1)$ 期的值，然后加上 1 可得对应的先付年金现值系数的值。例如，$[(P/A, 6\%, 4-1) + 1]$，$(P/A, 6\%, 4-1)$ 的值为 2.673，再加上 1，得先付年金现值系数为 3.673。

【例6-9】 盖斯威公司准备分期付款购买一栋楼房作为员工宿舍,每年年初支付600万元,20年还款期。

要求: 假设银行借款利率为5%,计算该项分期付款如果现在一次性支付,需支付现金的数额。

$$P = A \times \left[\frac{1-(1+i)^{-(n-1)}}{i} + 1 \right]$$

$$= 600 \times \left[\frac{1-(1+5\%)^{-(20-1)}}{5\%} + 1 \right]$$

$$= 600 \times 13.085\ 3$$

$$= 7\ 851.18(万元)$$

或

$$P = A \times [(P/A, i, n-1) + 1] = 60\ 000 \times [(P/A, 5\%, 20-1) + 1]$$

查"年金现值系数表"得:

$$(P/A, 5\%, 20-1) = 12.085\ 3$$

$$P = 60\ 000 \times (12.085\ 3 + 1) = 7\ 851.18(万元)$$

3. 递延年金

递延年金是指第一次收付款发生时间是在第二期或者第二期以后的年金。递延年金的收付形式如图6-9所示。

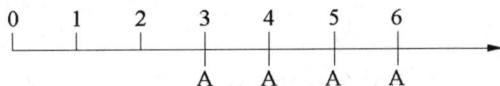

图6-9　递延年金示意图

从图6-9可以看出,递延年金是普通年金的特殊形式,第一期和第二期没有发生收付款项,一般用 m 表示递延期数,本例 $m=2$。从第三期开始连续4期发生等额的收付款项,一般用 n 表示收付期数,本例 $n=4$。

(1) 递延年金终值。

递延年金终值的计算方法与普通年金终值的计算方法相似,其终值的大小与递延期限无关,只与 A 的期数有关。$F=A(F/A,i,n)$ 式中,n 表示的是 A 的期数,与递延期无关。

【例6-10】 盖斯威公司拟一次性投资开发一家农家乐,预计该农家乐能存续15年,但是前5年不会产生净收益,从第6年开始,每年的年末产生净收益50 000元。

要求: 在考虑资金时间价值的因素下,若农家乐的投资报酬率为10%,计算该农家乐给企业带来的累计收益。

解: 求该农家乐给企业带来的累计收益,实际上就是求递延年金终值。

$$F = 50\ 000 \times (F/A, 10\%, 10)$$

$$= 50\ 000 \times 15.937$$

$$= 796\ 850(元)$$

（2）递延年金现值。

递延年金现值是指若干时期后开始等额收付款项的现值之和。其现值计算方法有三种：

方法一，第一步把递延年金看作 n 期普通年金，计算出递延期末的现值，也就是计算出年金在 m 期期末的现值；第二步将已计算出的现值折现到第一期期初。

方法二，第一步假设前 m 期也有年金发生，计算出 $(m+n)$ 期的年金现值；第二步，计算 m 期年金现值；第三步，将计算出的 $(m+n)$ 期年金现值扣除递延期 m 的年金现值，即得出 n 期年金现值。

方法三，第一步先计算出 m 期的递延年金的终值，第二步将 n 期递延年金的终值复利折现到 m 期的第一期期初，此值即为递延年金的现值。

【例 6-11】 接【例 6-10】，假设盖斯威公司决定投资开发该农家乐。

要求：根据其收益情况，计算该农家乐的累计投资限额。

解：求该农家乐累计投资限额，实际上就是求递延年金现值。

按第一种方法计算：

$P = 50\,000 \times (P/A, 10\%, 10) \times (P/F, 10\%, 5)$

$= 50\,000 \times 6.144\,6 \times 0.620\,9$

$= 190\,759.11（元）$

按第二种方法计算：

$P = 50\,000 \times (P/A, 10\%, 15) - 50\,000 \times (P/A, 10\%, 5)$

$= 50\,000 \times 7.606\,1 - 50\,000 \times 3.790\,8$

$= 190\,765（元）$

按第三种方法计算：

$P = 50\,000 \times (F/A, 10\%, 10) \times (P/F, 10\%, 15)$

$= 50\,000 \times 15.937\,0 \times 0.239\,4$

$= 190\,765.89（元）$

计算结果表明，该农家乐的累计投资金额限额为 190 759.11 元。

采用上述三种方法计算得出的结果存在微小的差异，这主要是尾数差异造成的。

4. 永续年金

永续年金是指无限制支付的年金。由于永续年金持续期无限，没有终止时间，因此没有终值，只有现值。永续年金可视为普通年金的特殊模式，即期限趋于无穷的普通年金。其现值的计算公式可由普通年金现值公式推出。

永续年金现值 P 计算公式为：

$$P = A \times \frac{1-(1+i)^{-n}}{i} = A \times \frac{1-\dfrac{1}{(1+i)^n}}{i}$$

当 $i \to \infty$ 时，$\dfrac{1}{(1+i)^n} \to 0$

故 $P = \dfrac{A}{i}$

任务三　投资决策的评价

一、现金流量

(一) 现金流量的概念

在投资决策中,现金流量是指投资项目所引起的在其计算期内可能或应该发生的各种现金流入与现金流出量的统称,是计算投资决策评价指标的主要依据和重要信息之一。需要特别注意的是,这里的"现金"是广义的现金,它不仅包括货币资金,同时也包含了与项目相关的非货币资源的变现价值。例如,盖斯威公司改建电子式电能表生产线投资项目需要使用原有的厂房、机器设备等,则相关的现金流出量就包括了该厂房、设备的变现价值。因为这些固定资产如果不用于此项目,而是将其变现,则可能获得现金收入,现在这些收益因这个项目的投资而丧失了,所有这些未能获得的潜在收益也要归入该项目的现金流量中。

现金流量可进一步细分为现金流出量、现金流入量和现金净流量。

现金流出量是指一项投资引起的企业现金支出的增加量,包括固定资产、无形资产的购置支出,以及投产后垫支在流动资产上的资金等,一般用 CO(Cash Out)表示。

现金流入量是指一项投资引起的企业现金收入的增加量,主要包括经营活动产生的现金流入量、项目终结时固定资产的变卖收入和垫支流动资产的回收,一般用 CI(Cash In)表示。

现金净流量是指现金流入量和现金流出量之间的差额,当现金流入量大于流出量时为正值,反之则为负值,一般用 NCF(Net Cash Flows)表示。

(二) 现金流量的估算

一个项目的寿命期包括从开始投资建设到最终清理结束整个过程。项目寿命期以投产日为分界点可以分为建设期和生产经营期,如图 6-10 所示。按所处项目寿命期的时段,投资项目现金流量可以分为初始现金流量、经营现金流量和终结现金流量三部分。

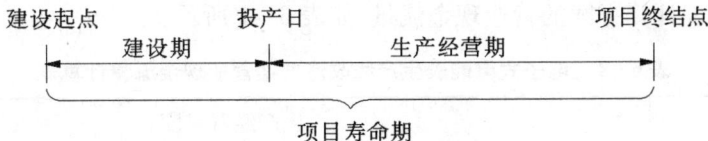

图 6-10　项目寿命期

1. 初始现金流量

初始现金流量是指开始投资时产生的现金流量,即建设期间现金流量。它主要包括以下几个方面:

(1) 固定资产投资,主要包括房屋、建筑物、生产设备等的购入或建造成本、运输成本和安装成本。

（2）无形资产投资，主要包括土地使用权、专利权、商标权、专有技术、特许权等方面的投资。

（3）流动资产投资，是指项目投产后为保证其生产经营活动得以正常进行所必须垫付的周转资金，如对原材料、产成品、应收账款、现金等资产的投资。

（4）其他费用，是指不属于以上各项的投资费用，如投资项目筹建期发生的咨询调查费、人员培训费、员工工资等。

（5）原有固定资产的变价收入，主要是指固定资产更新时原有固定资产变卖所得的现金收入。

2. 经营期间现金流量

经营期间现金流量是指投资项目在建成投产后，在其寿命期间因正常经营活动所产生的现金流入量和流出量之差，即营业现金净流量。营业现金净流量一般按年度进行计算，主要包括项目投产后的现金收入和与项目有关的各种付现的成本费用支出（不包括固定资产折旧费和无形资产摊销费），以及各种税金支出。其计算公式如下：

营业现金净流量

＝销售收入－经营付现成本－所得税

＝（销售收入－经营付现成本－折旧及摊销）×（1－所得税率）＋折旧及摊销

＝税后利润＋折旧及摊销

3. 终结现金流量

终结现金流量是指项目终了时发生的现金流量，主要包括原来垫资在各种流动资产上的资金的收回和固定资产的残值两部分。

【例 6-12】 盖斯威公司电子式电能表生产线改造方案如下：该方案需投资 12 000万元，采用直线法计提折旧，使用寿命为 5 年，5 年后有残值收入 2 000 万元。5 年中每年的营业收入为 8 000 万元。付现成本第一年为 3 000 万元，以后随着设备陈旧，逐年将增加修理费 400 万元。另需垫支营运资金 3 000 万元。

要求： 假设所得税税率 25%，估算该方案的现金流量。

解： 第一步，计算方案每年的非付现成本：

电子式电能表生产线改造方案每年折旧额＝（12 000－2 000）÷5＝2 000（万元）

第二步，列表计算方案的营业现金流量，如表 6-1 所示。

表 6-1 电子式电能表生产线改造方案营业现金流量计算表   单位：万元

项 目	生产经营年度				
	1	2	3	4	5
营业收入	8 000	8 000	8 000	8 000	8 000
付现成本	3 000	3 400	3 800	4 200	4 600
折旧	2 000	2 000	2 000	2 000	2 000

项　目	生产经营年度				
	1	2	3	4	5
税前利润	3 000	2 600	2 200	1 800	1 400
所得税	750	650	550	450	350
净利润	2 250	1 950	1 650	1 350	1 050
营业现金流量	4 250	3 950	3 650	3 350	3 050

第三步,结合初始现金流量和终结现金流量,编制方案的税后现金流量,如表6-2所示。

表6-2　投资方案税后现金流量计算表　　　　单位:万元

电子式电能表生产线改造方案	年　度					
	0	1	2	3	4	5
固定资产投资	−12 000					
流动资产投资	−3 000					
营业现金流量		4 250	3 950	3 650	3 350	3 050
固定资产残值						2 000
流动资金回收						3 000
税后现金净流量	−15 000	4 250	3 950	3 650	3 350	8 050

（三）长期投资决策中使用现金流量的原因

在进行长期投资决策的时候,首先应该强调的是现金流量,而不是利润指标。其原因是净利润是按权责发生制计算企业的收入和成本费用,并以收入减去成本费用后的利润作为收益,用来评价企业的经济效益,反映的是某一会计期间"应计"的现金流量,而不是实际的现金流量。若以未实际收到现金的收入作为收益,则具有较大风险,容易高估投资项目的经济效益,存在不科学、不合理的部分。它忽视了一个组织的现金流入和现金流出的时间。从长期投资决策的角度来看,现金流量的时间是很重要的,因为从前面的知识知道,今天收到的100元比将来收到的100元更有价值。所以在长期投资决策中应以现金流入作为项目的收入,以现金流出作为项目的支出,以净现金流量作为项目的净收益,并在此基础上评价投资项目的经济效益。

二、净现值法

（一）净现值法的计算

净现值法是指根据某一方案未来现金净流入量的总现值与投资额的总现值之间的差

额来评价投资方案的一种方法。净现值是指将项目各年的现金净流入量按企业要求达到的折现率折现到第零年的现值之和减去投资额的总现值后的金额。其计算公式为：

$$净现值(NPV) = \sum_{t=0}^{n} \frac{NCF_t}{(1+i)^t} - \sum_{t=0}^{n} \frac{C_t}{(1+i)^t}$$

式中，i——预定的折现率；n——项目实施运行时间（年份）；C_t——第 t 年的投资支出总额。

【例6-13】 盖斯威公司现主要产品为电子式电能表。现有智能电能表生产线建设、电子式电能表生产线改造两个方案可供选择。相关现金流量的数据如表6-3所示，假设该项目的预定折现率为10%。

要求：分别计算智能电能表生产线建设方案和电子式电能表生产线改造方案的净现值。

表6-3 盖斯威公司项目现金流量表　　　　　　　　　单位：万元

项　目	年　度				
	0	1	2	3	4
智能电能表生产线建设项目现金流量	−10 000	3 500	3 500	3 500	3 500
电子式电能表生产线改造项目现金流量	−20 000	7 000	7 000	6 500	6 500

解：智能电能表生产线建设方案的 NCF 相等，可用公式计算：

智能电能表生产线建设项目 $NPV = 3\,500 \times (P/A, 10\%, 4) - 10\,000$

$$= 3\,500 \times 3.169\,9 - 10\,000$$

$$= 1\,094.65（万元）$$

电子式电能表改造方案的 NCF 不相等，可列表进行计算，如表6-4所示。

表6-4 盖斯威公司电子式电能表生产线改造项目净现值计算表　　　单位：万元

t	现金净流量	贴现系数	现　值
1	7 000	0.909	6 363
2	7 000	0.826	5 782
3	6 500	0.751	4 881.5
4	6 500	0.683	4 439.5
未来报酬总现值	21 466		
减：初始投资	20 000		
净现值	1 466		

（二）净现值法的决策规则

对于独立项目：净现值≥0，项目可行；反之，项目不可行。

对于互斥项目：首先选择净现值≥0 的可行项目，然后在可行项目中选择净现值最大的那个项目。

(三) 净现值法的评价

(1) 优点:考虑货币时间价值,使项目的现金流入量与流出量具有可比性,可以较好地反映各投资项目的经济效果。

(2) 缺点:不能直接反映各项目的实际收益率水平,对于投资额不同的项目,净现值缺乏可比性。

三、获利指数法

(一) 获利指数的计算

获利指数又称现值指数(PI),是指任何一个投资方案的未来报酬的总现值与原始投资额的现值之比。该指标揭示了1元原始投资所带来的现值净收益。其计算公式如下:

$$获利指数 = \frac{未来报酬的总现值}{原始投资的现值}$$

用符号表示如下:

$$PI = \frac{\sum\limits_{t=1}^{n} \dfrac{NCF_t}{(1+i)^t}}{\sum\limits_{t=0}^{n} \dfrac{C_t}{(1+i)^t}}$$

式中,$\sum\limits_{t=1}^{n} \dfrac{NCF_t}{(1+i)^t}$——未来报酬的总现值;$\sum\limits_{t=0}^{n} \dfrac{C_t}{(1+i)^t}$——原始投资额的现值。

获利指数法是根据各投资方案的获利指数是否大于1来判断该投资方案是否可行的分析方法。如果获利指数大于1,则说明该投资方案可行;如果获利指数小于1,则说明该投资方案不可行。获利指数越大,说明投资方案的经济效益越好。

【例6-14】 某公司有甲、乙两个投资方案,其经济寿命均为6年,期末无残值,资本成本为12%,有关原始投资额及各年现金净流量的资料如表6-5所示。

表6-5 某公司原始投资额及各年现金净流量分布表 单位:千元

方 案	第0年	第1年	第2年	第3年	第4年	第5年	第6年
甲	(800)	200	160	240	240	220	200
乙	(360)	120	80	100	100	100	80

要求:分别采用净现值法和获利指数法来评价甲、乙两个投资方案的可行性及其优劣。

解:根据题中资料编制两个投资方案的有关指标计算表。

(1) 甲方案的净现值和获利指数计算如表6-6所示。

表 6-6 甲方案的净现值和获利指数计算表

年　度	各年现金净流量 NCF(千元)	复利现值系数(12%,n)	现值 NPV(千元)
1	200	0.893	178.6
2	160	0.797	127.52
3	240	0.712	170.88
4	240	0.636	152.64
5	220	0.567	124.74
6	200	0.507	101.4
未来报酬总现值 原始投资额的现值			855.78 800
净现值 NPV 获利指数 PI			55.78 1.07

（2）乙方案的净现值和获利指数计算如表 6-7 所示。

表 6-7 乙方案的净现值和获利指数计算表

年　度	各年现金净流量 NCF(千元)	复利现值系数(12%,n)	现值 NPV(千元)
1	120	0.893	107.16
2	80	0.797	63.76
3	100	0.712	71.2
4	100	0.636	63.6
5	100	0.567	56.7
6	80	0.507	40.56
未来报酬总现值 原始投资额的现值			402.98 360
净现值 NPV 获利指数 PI			42.98 1.12

从表 6-6 和表 6-7 中的计算结果可以看出，由于甲、乙两个方案的净现值都大于零，获利指数又都大于 1，所以无论采用净现值法还是获利指数法，都会得出甲、乙两个投资方案均可行的结论。但是，如果要评价甲、乙两个投资方案的优劣，运用这些方法则会得出不一致的结论：从净现值法来看甲方案较优，因为甲方案的净现值（55 780 元）大于乙方案的净现值（42 980 元）；从获利指数法来看，乙方案较优，因为乙方案的获利指数（1.12）大于甲方案的获利指数（1.07）。

尽管净现值法应用较广，但净现值是一个绝对数指标，它只能反映出某个独立投资方案的成本与效益关系。就本例而言，两个原始投资额不同的方案，它们的净现值不可比，所以，根据获利指数的指标得出乙方案较优。

（二）获利指数的评价

获利指数是相对数指标，它反映了 1 元投资成本带来的收益数额，运用这个评价指标得出的结论不受原始投资额的影响。

获利指数法的优点是在评价投资方案的优劣时不仅考虑了货币的时间价值，而且考虑了全部的现金流量。缺点是不能揭示各投资方案本身实际可能达到的投资报酬率。

四、内含报酬率法

（一）内含报酬率的计算

内含报酬率法是根据方案本身的内含报酬率来评价方案优劣的一种方法。所谓内含报酬率是指能够使投资方案的净现值等于零时的贴现率。其计算公式为：

$$净现值(NPV) = \sum_{t=0}^{n} \frac{NCF_t}{(1+IRR)^t} - \sum_{t=0}^{n} \frac{C_t}{(1+IRR)^t} = 0$$

式中，IRR——内含报酬率；NCF_t——第 t 年的现金净流量；C_t——第 t 年的现金流出量。

根据项目投资后每年产生的现金净流量是否相等，内含报酬率的计算有两种方法。

1. 投资后未来各年份的现金净流量相等

该情况下的计算步骤是：

（1）计算年金现值系数。

$$(P_A/A, IRR, n) = 初始投资额 \div 年现金净流量$$

（2）查"一元年金现值系数表"，找出最接近内含报酬率的上下两个折现率 r_1 和 r_2。

$$(P_A/A, r_1, n) = C_1 > C = (P_A/A, IRR, n)$$
$$(P_A/A, r_2, n) = C_2 < C = (P_A/A, IRR, n)$$

（3）用内插法求出内含报酬率。

$$IRR = r_1 + \frac{C_1 - C}{C_1 - C_2} \times (r_2 - r_1)$$

【例 6-15】　盖斯威公司投资项目的相关现金流量见表 6-3 中智能电能表生产线建设项目方案的数据。

要求：判断是否可利用简算法计算内含报酬率。

解：根据题意，该项目原始投资 10 000 万元于建设起点一次投入，投产后每年的净现金流量相等，均为 3 500 万元，可以运用简算公式计算内含报酬率。

$$(P/A, IRR, 4) = 10\,000 \div 3\,500 \approx 2.857$$

查阅"年金现值系数表"，寻找 $n=4$ 时系数 2.857 所对应的贴现率。查表结果显示，与 2.857 接近的年金现值系数 2.913 7 和 2.798 2 分别指向的折现率为 14% 和 16%。

用内插法计算内含报酬率如下：

$$
\begin{array}{ll}
\text{贴现率} & \text{年金现值系数} \\
14\% & 2.913\ 7 \\
IRR & 2.857 \\
16\% & 2.798\ 2
\end{array}
$$

$$(IRR-14\%)\div(16\%-14\%)=(2.857-2.913\ 7)\div(2.798\ 2-2.913\ 7)$$

智能电能表生产线建设项目方案内含报酬率(IRR)$\approx14.95\%\approx15\%$

2. 投资后各年份的现金净流量不相等

如果投资方案的每年现金流量不相等,则各年现金流量的分布就不是年金形式,不能采用直接查年金现值系数表的方法来计算内含报酬率,而需采用逐次测试法。其计算方法是:

首先估计一个折现率,用它来计算方案的净现值。如果净现值为正数,说明方案本身内部收益超过估计的折现率,应提高折现率后进一步测试;如果净现值为负数,说明方案本身的内部收益率低于估计的折现率,应降低折现率后进一步测试。经过多次测试,可依据净现值由正到负两个相邻的折现率,用内插法算出其近似的内部收益率。其计算公式为:

$$IRR=r_1+\frac{|NPV_1|}{|NPV_1|+|NPV_2|}\times(r_2-r_1)$$

式中,r_1——净现值为正数时的折现率;r_2——净现值为负数时的折现率;$|NPV_1|$——以r_1折现的净现值的绝对值;$|NPV_2|$——以r_2折现的净现值的绝对值。

【例6-16】 盖斯威公司投资项目的相关现金流量数据见表6-8中电子式电能表生产线改造方案的资料。

要求: 计算电子式电能表改造方案的内含报酬率。

电子式电能表生产线改造方案的每年净现金流量不相等,因而必须逐次进行测算。测试过程如表6-8所示。

表6-8　盖斯威公司电子式电能表生产线改造方案内含报酬率测试表　　单位:万元

年　份	现金净流量	贴现率=10%		贴现率=12%		贴现率=14%	
		贴现系数	现值	贴现系数	现值	贴现系数	现值
0	−20 000	1	−20 000	1	−20 000	1	−20 000
1	7 000	0.909	6 363	0.893	6 251	0.877	6 139
2	7 000	0.826	5 782	0.797	5 579	0.77	5 390
3	6 500	0.751	4 881.50	0.712	4 628	0.675	4 387.50
4	6 500	0.683	4 439.50	0.636	4 134	0.592	3 848
净现值			1 466		592		−235.50

由【例6-16】的计算结果,已知电子式电能表生产线改造方案的净现值为正数,说明它的投资报酬率大于10%,因此,应提高贴现率进一步测试。假设以12%为贴现率进行

测试,其净现值的计算结果为592,说明内含报酬率相当于12%。为了计算其精确数,还可以提高贴现率到14%进行测算,净现值为－235.5,说明电子式电能表生产线改造方案内含报酬率介于12%～14%。依然采用内插法进行计算。

用插值法求内含报酬率:

贴现率	净现值
12%	592
IRR	0
14%	－235.5

$$\frac{IRR-12\%}{14\%-12\%}=\frac{0-592}{-235.5-592}$$

电子式电能表生产线改造方案内含报酬率$(IRR)=13.43\%$

从以上计算结果可以看出,智能电能表生产线建设方案内含报酬率较高,故智能电能表生产线建设方案效益比电子式电能表生产线改造方案要好。

(二)内含报酬率的决策规则

对于独立项目:$IRR\geqslant$基准内部收益率,项目可行;反之,项目不可行。

对于互斥项目:首先选择$IRR\geqslant$基准内部收益率的项目,然后在可行项目中选择IRR最大的项目。

(三)内含报酬率的评价

(1)优点:考虑货币时间价值;能反映投资项目的实际收益率;可用于投资额不同的项目的比较。

(2)缺点:计算麻烦;内含报酬率隐含了再投资的假设,以内含报酬率作为再投资报酬率,具有较大的主观性,一般与实际情况不符。

五、投资回收期法

(一)静态投资回收期法的计算

静态投资回收期法是指以投资项目净现金流量抵偿原始总投资所需要的全部时间。根据项目投资后每年产生的现金净流量是否相等,投资回收期有两种计算方法:

(1)如果投资后每年的现金净流量相等,则投资回收期按下列公式计算:

$$静态投资回收期=初始投资总额\div每年现金净流量$$

【例6-17】 盖斯威公司投资项目的相关现金流量见表6-3中智能电能表生产线建设方案的资料。

要求:判断是否可以利用简化公式计算静态投资回收期。如果可以,计算该投资项目的静态投资回收期。

解:根据题意,该项目原始投资10 000元于建设起点投入,投产后每年的净现金流量相等,均为 3 500 元,相等年份的净现金流量之和为 17 500 元,大于原始投资,可以使用简化公式计算静态投资回收期。

智能电能表生产线建设项目的静态投资回收期=10 000÷3 500≈2.86(年)

(2) 如果投资后每年的现金净流量不相等,则静态投资回收期按下列公式计算:

$$静态投资回收期=\left(\frac{累计现金净流量}{出现正值的年份}-1\right)+\frac{上一年累计现金净流量的绝对值}{出现正值年份净现金流量}$$

【例 6-18】 盖斯威公司投资项目的相关现金流量见表 6-9 中电子式电能表生产线改造项目方案资料。

要求:计算电子式电能表改造方案的静态投资回收期。

表 6-9 盖斯威公司电子式电能表生产线改造方案现金流量表   单位:万元

项目计算期	0	1	2	3	4
现金净流量	−20 000	7 000	7 000	6 500	6 500
累计净现金流量	−20 000	−13 000	−6 000	500	7 000

电子式电能表改造方案的静态投资回收期=3−1+6 000÷6 500=2.92(年)

(二) 动态投资回收期的计算

动态投资回收期是把投资项目各年的净现金流量按基准收益率折成现值之后,再来推算投资回收期。考虑货币的时间价值是它与静态投资回收期的根本区别。动态投资回收期就是净现金流量累计现值等于零时的年份。动态投资回收期按下列公式计算:

$$动态投资回收期=\left(\frac{累计净现金流量现值}{出现正值的年份}-1\right)+\frac{上一年累计净现金流量现值的绝对值}{出现正值年份净现金流量的现值}$$

【例 6-19】 盖斯威公司投资项目的相关现金流量见表 6-10 中电子式电能表生产线改造项目方案资料。假设该项目的预定折现率为 10%。

要求:计算电子式电能表改造方案的动态投资回收期。

表 6-10 盖斯威公司电子式电能表生产线改造方案现金流量表   单位:万元

项目计算期	0	1	2	3	4
税后现金净流量	−20 000	7 000	7 000	6 500	6 500
累计净现金流量	−20 000	−13 000	−6 000	500	7 000
贴现系数	1	0.909	0.826	0.751	0.683
净现金流量现值	−2 000	6 363	5 782	4 881.5	4 439.5
累计净现金流量现值	−20 000	−13 637	−7 855	−2 973.5	1 466

解:电子式电能表改造方案的动态投资回收期=4−1+2 973.5÷4 439.5=3.67(年)

（三）投资回收期法的决策规则

对于独立项目：当投资回收期小于或等于基准投资回收期时，项目可行；反之，项目不可行。

对于互斥项目：首先将各项目所计算的投资回收期与预先确定的基准投资回收期进行对比，选出各可行项目。在各可行项目中，选择投资回收期最短的项目。

（四）投资回收期法的评价

静态投资回收期的优点：计算简单，易于操作，直接反映总投资的返本期限；缺点：没有考虑货币时间价值，考虑的净现金流量只是小于或等于初始投资额的部分，对于回收期后的现金流量未考虑，不能完全反映投资的盈利程度。

动态投资回收期弥补了静态投资回收期没有考虑资金的时间价值这一缺点，使其更符合实际情况。

任务四 投资决策方案的应用

一、独立项目的投资决策

独立项目投资决策只取决于本身的经济效益，可以不考虑其他项目的影响。因此，对于独立项目决策，上述决策方法都可以运用，但由于静态评价方法没有考虑货币时间价值的缺点，一般只能作为决策的辅助方法。

【例 6-20】 盖斯威公司拟购置智能电能表自动化生产线，需一次性投资 1 000 万元。经测算，该设备使用寿命为 5 年，无安装期，设备投入运营后每年可新增税后利润 200 万元。假定该设备按直线法折旧，预计无残值。公司要求最低投资报酬率为 10%，所得税税率为 25%。

要求： 分别用净现值法、内含报酬率法判断项目是否可行。

解： 设备年折旧额 $= 1\ 000 \div 5 = 200$（万元）

各年份的现金净流量：

$NCF_0 = -1\ 000$（万元）

$NCF_{1 \sim 5} = 200 + 200 = 400$（万元）

$NPV = -1\ 000 + 400 \times (P_A/A, 10\%, 5) = -1\ 000 + 400 \times 3.790\ 8 = 516.32$（万元）

当 $NPV = 0$ 时，

$0 = -1\ 000 + 400 \times (P_A/A, IRR, 5)$

$(P_A/A, IRR, 5) = 2.5$

查表得：

$(P_A/A, 28\%, 5) = 2.532$

$(P_A/A, 30\%, 5) = 2.435\ 6$

$$IRR = 28\% + \frac{2.532 - 2.5}{2.532 - 2.435\ 6} \times (30\% - 28\%) = 28.66\%$$

因为 $NPV > 0$，$IRR > 10\%$，所以该项目可行。

二、互斥项目的投资决策

互斥项目的评价有以下几种方法。

（一）排列顺序法

当互斥项目寿命期相同并且投资额相等时，可使用排列顺序法，将全部待选项目分别根据它们各自的 NPV 或 IRR 按降级顺序排列，然后进行项目挑选，通常选其大者为最优。一般而言，净现值法、内含报酬率法得出的结论是一致的，当发生不一致时，要以净现值法得出的结论为准。

（二）增量收益分析法

增量收益分析法是指对于投资规模不同但寿命期相同的项目，可以在计算两个项目差额现金净流量（ΔNCF）的基础之上，计算差额净现值（ΔNPV）或者差额内部收益率（ΔIRR），并据以判断方案优劣的办法。

在此方法下，如果差额净现值大于零，或差额内部收益率大于基准内部收益率，则投资额大的项目较优；反之，则投资额小的项目较优。但要注意的是，除非是更新改造的投资项目，否则在用增量收益分析法进行决策时，要注意所选项目本身的财务可行性。

【例 6-21】 盖斯威公司现有电子式电能表生产线扩建和智能电子表新建两个互斥投资项目，投资期均为 5 年，固定资产投资额分别为 20 000 万元和 25 000 万元，无建设期，期满无残值。电子式电能表生产线扩建项目投入后，每年可实现销售收入 12 000 万元，发生付现经营成本 4 000 万元；智能式电子表新建项目投入后，每年可实现销售收入 17 000 万元，发生付现经营成本 6 000 万元。若折现率为 10%，所得税税率为 25%。

要求：对项目进行决策。

解：电子式电能表生产线扩建项目固定资产年折旧额 $= 20\ 000 \div 5 = 4\ 000$（万元）

智能式电子表新建项目固定资产年折旧额 $= 25\ 000 \div 5 = 5\ 000$（万元）

电子式电能表生产线扩建项目营业现金净流量

$= (12\ 000 - 4\ 000 - 4\ 000) \times (1 - 25\%) + 4\ 000 = 7\ 000$（万元）

智能式电子表新建项目营业现金净流量

$= (17\ 000 - 6\ 000 - 5\ 000) \times (1 - 25\%) + 5\ 000 = 9\ 500$（万元）

电子式电能表生产线扩建项目、智能式电子表新建项目各年份的净现金流量差额：

$\Delta NCF_0 = -25\ 000 + 20\ 000 = -5\ 000$（万元）

$\Delta NCF_{1\sim 5} = 9\ 500 - 7\ 000 = 2\ 500$（万元）

计算差额净现值：$\Delta NPV = 2\ 500 \times (P_A/A, 10, 5) - 5\ 000$

$= 2\ 500 \times 3.790\ 8 - 5\ 000 = 4\ 477$（万元）

因为差额净现值为正，所以智能式电子表新建项目优于电子式电能表生产线扩建项目。

三、固定资产更新的决策

固定资产更新是指用新设备来替代旧设备,是固定资产投资中较为频繁的一种投资。尽管旧设备也能继续使用,但是会造成材料和能源浪费、生产效率低下、维修费较高等问题。而使用新设备不仅能够提高生产效率,还可节约原材料、燃料和动力等资源的消耗,但是购买新设备需要投入大量的资金。此时,固定资产更新决策实际上是新、旧之间的互斥决策。当使用新、旧两种设备给企业带来的收入相同,只是使用成本不同时,我们就可以只比较使用两种设备的成本;如果使用新、旧设备不仅是使用成本不同,而且还带来企业收入的变化时,我们就要考虑使用两种设备各自的差量收益进行分析与评价。

(一)新、旧设备使用年限相同

当新设备的使用年限与旧设备的剩余使用年限相同时,可采用净现值法来计算更新旧设备是否有利。

【例6-22】　芙蓉公司拟购入一台新设备代替旧设备。新、旧设备的相关资料如表6-11所示。假设公司要求的投资报酬率为12%,企业所得税税率为30%,固定资产采用直线法计提折旧。

要求:试分析该企业是否应更新设备。

表6-11　新、旧设备资料表

项　目	新设备	旧设备
原价(万元)	6 600	2 200
期满残值(万元)	600	200
变现价值(万元)	6 600	1 600
已使用年数(年)	0	4
尚可使用年数(年) 每年的销售收入(万元)	6	6
	4 000	7 000
每年的付现成本(万元)	3 000	1 800

解:由于新设备的使用年限与旧设备的剩余使用年限相同,可以通过差量分析法来计算两个方案的净现值,从而做出是否更新设备的决策。

① 初始净现金流量差额。

旧设备年折旧额=(2 200-200)÷10=200(万元)

旧设备的账面价值=2 200-200×4=1 400(万元)

旧设备变现净收入=1 600-(1 600-1 400)×30%=1 540(万元)

初始差额现金流量=6 600-1 540=5 060(万元)

② 营业现金流量差额。

新设备每年折旧额=(6 600-600)÷6=1 000(万元)

设备折旧差额＝1 000－200＝800(万元)

新、旧设备的营业现金流量如表6-12所示。

表6-12　营业现金流量表　　　　　单位:万元

项　目	新设备①	旧设备②	差额①－②
年销售收入	7 000	4 000	3 000
年付现成本	3 000	1 800	1 200
年折旧额	1 000	200	800
税后净利	2 100	1 400	700
营业现金流量	3 100	1 600	1 500

③ 终结现金流量差额。

终结现金流量＝600－200＝400(万元)

④ 售旧购新方案的差额净现值。

$\Delta NPV = 1\,500 \times (P/A, 12\%, 6) + 400 \times (P/F, 12\%, 6) - 5\,060$

$= 1\,500 \times 4.111 + 400 \times 0.507 - 5\,060$

$= 1\,309.3(万元)$

由于购置新方案的净现值比继续使用旧设备方案的净现值多了1 309.3万元,因此该公司应选择购置新设备方案。

(二)新、旧设备使用年限不同

【例6-23】　花旗公司拟购买一台新设备来替代旧设备,新、旧设备的相关资料如表6-13所示。假设新、旧设备的生产能力相同,企业所得税税率为30%,要求的投资报酬率为15%,固定资产采用直线法计提折旧。

要求:试分析该企业是否应更新旧设备。

表6-13　新、旧设备资料表

项　目	新设备	旧设备
原价(万元)	4 000	6 000
期满残值(万元)	0	0
变现价值(万元)	4 000	3 000
已使用年数(年)	0	6
尚可使用年数(年)	5	4
年操作成本(万元)	3 000	4 000
年维修成本(万元)	500	1 000

解:本例中无销售收入数据,故比较两方案的成本总现值,但是由于新、旧设备的剩余使用年限不同,因此必须把成本总现值转变为年平均成本,并选择平均成本较低者作为最

优方案。

新设备年折旧额＝4 000÷5＝800(万元)

新设备成本总现值＝4 000＋[(3 000＋500)×(1－30％)－800×30％]×$(P/A,15\%,5)$

　　　　　　　　＝4 000＋2 210×3.352

　　　　　　　　＝11 407.92(万元)

新设备年平均成本＝新设备成本的总现值÷$(P/A,15\%,5)$

　　　　　　　　　＝11 407.92÷3.352

　　　　　　　　　＝3 403.32(万元)

旧设备年折旧额＝6 000÷10＝600(万元)

旧设备账面价值＝6 000－600×6＝2 400(万元)

旧设备变现净收入＝3 000－(3 000－2 400)×30％＝2 820(万元)

旧设备成本总现值＝2 820＋[(4 000＋1 000)×(1－30％)－600×30％]×$(P/A,15\%,4)$

　　　　　　　　＝2 820＋3 320×2.855

　　　　　　　　＝12 298.6(万元)

旧设备年平均成本＝旧设备成本的净现值÷$(P/A,15\%,4)$

　　　　　　　　　＝12 298.6÷2.855

　　　　　　　　　＝4 307.74(万元)

由于新设备的年平均成本小于旧设备的年平均成本,因此该企业应更新旧设备。

关键术语

货币时间价值　终值　现值　静态评价方法　动态评价方法

应知考核

一、单选题

1. 当净现值 $NPV>0$ 时,则(　　)。

A. 获利指数 $PI>1$ 　　　　　　　　B. 内部收益率 $IRR<I$

C. 净现值率 $NPVR<0$ 　　　　　　　D. 内部收益率 $IRR=I$

2. 当获利能力指数小于 1 时,则(　　)。

A. 净现值率大于零 　　　　　　　　B. 净现值大于资金成本

C. 内含报酬率大于资金成本 　　　　D. 内含报酬率小于资金成本

3. 采用回收期法进行决策分析时,选择方案的标准是回收期(　　)。

A. 小于期望回收期 　　　　　　　　B. 大于期望回收期

C. 小于 1 　　　　　　　　　　　　D. 大于 1

4. 在管理会计中,$(P/F,i,n)$ 所代表的是(　　)。

A. 复利终值系数　　B. 复利现值系数　　C. 年金终值系数　　D. 年金现值系数

5. 某企业计划投资 20 万元购置一台新设备,预计投产后每年可获净利 3 万元,寿命期为 10 年,残值为零,采用直线法计提折旧,则投资回收期为(　　)年。

A. 2 　　　　　　　B. 2.5 　　　　　　C. 3 　　　　　　D. 4

二、多选题

1. 长期投资的特点有（　　）。
   A. 效益回收期长　　　　　　　　B. 资金耗用量大
   C. 投资风险大　　　　　　　　　D. 投资回报率高

2. 长期投资决策具有（　　）特点。
   A. 是企业的战略性决策　　　　　B. 高层管理人员实施决策
   C. 要考虑货币的时间价值　　　　D. 是不确定型决策

3. 企业对内投资要根据自身的情况，对投资项目进行可行性分析。考虑的因素主要
有（　　）。
   A. 国家的宏观经济政策　　　　　B. 企业自身的财务状况
   C. 市场情况　　　　　　　　　　D. 企业人力资源现状
   E. 环境保护

4. 与长期投资决策分析有关的财务因素归纳起来有（　　）。
   A. 货币的时间价值　　　　　　　B. 现金流量
   C. 资本成本　　　　　　　　　　D. 投资风险价值
   E. 国家的宏观经济政策

5. 关于风险和报酬的关系，下列说法正确的有（　　）。
   A. 风险意味着危险与机遇
   B. 风险越大，失败后的损失也越大，成功后的风险报酬也越大
   C. 由于风险与收益的并存性，使得人们愿意去从事各种风险活动
   D. 高报酬率的项目必然伴随着高风险
   E. 额外的风险需要额外的报酬来补偿
   F. 期望投资报酬率＝无风险报酬率＋风险报酬率

三、判断题

1. 投资项目评价所运用的内含报酬率指标的计算结果与项目预定的贴现率高低有直
接关系。　　　　　　　　　　　　　　　　　　　　　　　　　　　　　（　　）
2. 现金净流量是指一定期间现金流入量和现金流出量的差额。　　　　　（　　）
3. 折旧对投资决策产生的影响，实际上是由于所得税存在引起的。　　　（　　）
4. 某一投资方案按 10% 的贴现率计算的净现值大于零，那么，该方案的内含报酬率
大于 10%。　　　　　　　　　　　　　　　　　　　　　　　　　　　　（　　）
5. 多个互斥方案比较，一般应选择净现值大的方案。　　　　　　　　　（　　）
6. 在计算现金净流量时，无形资产摊销额的处理与折旧额相同。　　　　（　　）

四、简答题

1. 什么是独立项目和互斥项目？
2. 什么是现金流量？投资项目的现金流量包括哪些内容？
3. 投资项目的现金流量如何计算？
4. 投资决策评价方法有哪些？各自的优缺点是什么？
5. 动态投资决策各方法之间有什么关系？

应会考核

【业务处理一】

某企业分期从银行取得的贷款,第 1 年年初取得贷款 100 万元,第 2 年年初取得贷款 200 万元,第 3 年年初取得贷款 300 万元,按复利计息,年利率为 4.8%,于第 3 年年末一次还本付息。

要求:计算第 3 年年末应归还的贷款本利和。

【业务处理二】

张三准备现在在银行存一笔款项,以便 3 年后为孩子上大学筹集 2.5 万元的学杂费。按复利计息,年利率为 3.8%。

要求:计算现在张三应存入银行多少钱?

【业务处理三】

李四拟在 10 年后获得本利和 10 万元,假设投资报酬率为 12%。

要求:计算现在李四应投入多少元?

【业务处理四】

华昌公司准备购置一台大型设备,现有两个付款方案可供选择:甲方案是现在一次性付款 40 万元,乙方案是以后 10 年每年年末付款 4.5 万元。假定投资款均从银行借入,复利年利率为 10%。

要求:对甲乙方案的选择做出决策分析。

【业务处理五】

华北企业有一投资项目,投资总额为 100 000 元,建设起初投入,有效期为 5 年,期末无残值,投产后每年产销 1 000 件产品,每件产品售价为 200 元,生产及销售每件产品的付现成本为 120 元,所得税率为 25%。

要求:

(1) 计算每年的营业现金净流量。

(2) 计算该项目现金净流量。

【业务处理六】

华南公司欲投资 300 000 元,购置一台设备,预计可用十年,残值收入为 6 000 元,设备投产后,需追加垫支流动资金为 20 000 元,垫支流动资金于第十年年末收回,每年可获税后净利 30 600 元,假定本公司的资本成本为 10%。

要求:应用净现值法评价此投资项目的可行性。

【业务处理七】

华西企业拟扩建一条新生产线,生产 A 产品,预计可使用 5 年,5 年后即停产。有关资料如下:

购置专用设备价值	80 000 元(用直线折旧)
该设备 5 年后残值	10 000 元
垫支流动资金	70 000 元
每年销售收入	88 000 元

每年付现成本　　　　　　55 000 元

该项目建设期为 1 年,固定资产投资于建设起点投入,流动资金于完工时投入。

要求: 计算各年的净现金流量。

【业务处理八】

华中公司有一投资方案的现金流量情况如表 6 - 14 所示。

表 6 - 14　投资方案现金流量情况表　　　　　　　　　　　　单位:万元

项　　目	2010 年	2011 年	2012 年	2013 年	2014 年	2015 年	2016 年	2017 年	合　　计
现金流出量	—14								—14
现金流入量		3	4.5	4.5	5	5	4.8	5.2	32
现金流入量累计		3	7.5	12	17	22	26.8	32	

要求: 分别计算静态投资回收期和动态投资回收期(设折现率为 12%)。

【业务处理九】

闽台公司某投资方案 2019 年年末投资 100 万元建厂,2020 年开始每年可获得净利 25 万元,年折现率 10%,有效期 5 年,按直线法折旧。无残值。

要求: 计算该投资方案动态的投资回收期、净现值、获利指教及内含报酬率,并对该方案进行评价。

【业务处理十】

闽西公司计划购入一套生产设备,成本 12 000 元,该设备投产后,第 1 年至第 10 年每年的预计现金流量均为 2 500 元,资金成本为 10%。

要求: 计算该方案的净现值、内含报酬率、静态投资回收期。

【业务处理十一】

丽浪公司是生产女性护肤品的企业,现准备开发生产三种产品:羽浪、云丽、蓝波。羽浪的客户群主要是中老年妇女,其功效主要在抗皱、抗衰老增强皮肤弹性。云丽的客户群主要是少女,其功效主要在祛痘、增白、嫩肤。蓝波的客户群主要针对中青年职业女性,具有防皱、补水、消除色斑、营养皮肤的功效。三种产品投资项目的有关数据如表 6 - 15 所示。

表 6 - 15　投资项目有关数据表　　　　　　　　　　　　单位:元

现金流量	时　　间				
	0	1	2	3	4
羽浪现金流量	(10 000)	5 500	5 500		
云丽现金流量	(10 000)	3 500	3 500	3 500	3 500
蓝波现金流量	(20 000)	7 000	7 000	6 500	6 500

要求: 试计算每个项目的回收期。

项目实训

网球馆的陪练机应购置还是租赁?

某网球馆的经营主管方杰正在考虑是否替换球场中正在使用的 30 台网球陪练机。

这些陪练机已经使用了 5 年,已提足折旧,账面价值为零,且不能再投入使用。如果把这些陪练机拿到废品市场上出售,则可获得变现收入每台 112.5 元。

现有 A、B 两个公司都向方杰推销自己的新科陪练机。A 公司的开价是每台 1 200 元,预计可使用 5 年,期满残值为每台 150 元。B 公司则愿意以每年 300 元、年底付租金的方式向该网球馆出租陪练机 5 年,5 年结束时陪练机归还 B 公司。在上述两种情况下,每年每台陪练机都需维护费 225 元,每年该网球馆的总收入预计为 45 万元。

方杰粗略分析认为,若采用购买方式,即使设备不计残值,不到两年就可收回初始投资。若采取租赁方式,每台陪练机 5 年的总租金为 1 500 元,其金额不仅超过购买价格,且无残值收入。因此,方杰认为应采取购买方式而非租赁方式。

于是,方杰便在董事会上提出此方案,有一位董事反对方杰的粗略分析,他说:"即使不考虑通货膨胀,现在就付 1 200 元也不见得比 5 年每年年末支付 300 元有利。因为,若采取购买的方式,也许能得到利率为 8% 的贷款,虽然每 1 元利息费用可以节省税金 0.3 元,实际利率可能更低,但租赁费用也有抵税效果,因此哪种方案比较有利,则要看公司目前的融资状况,也就是看公司的资本成本,所以,我们应该请会计部门的人员进行具体的计算再做决定。"

假设该网球馆如果采用购买的方式,可以 6% 的利率向银行贷款。公司目前的资本成本率为 10%,所得税税率为 30%。

要求:采用合适的方法分析该网球馆的陪练机应从 A 公司购买还是向 B 公司租赁,并说明理由。

项目七　作业成本法

知识目标

- 了解作业成本的要素。
- 掌握作业成本法的优点和不足。
- 掌握作业成本法的基本理论。

技能目标

通过项目学习,能够掌握运用作业成本法计算分析成本的方法,获得实际应用作业成本法计算成本、分析比较成本的能力,能够根据作业成本法规划作业管理。

知识导图

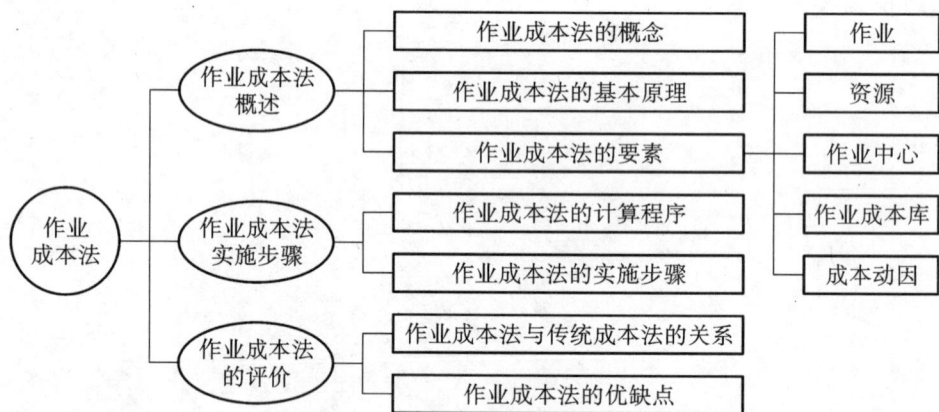

```
                          ┌── 作业成本法的概念 ──┬── 作业
                          │                      │
            ┌─ 作业成本法 ─┼── 作业成本法的基本原理 ├── 资源
            │   概述       │                      │
            │              └── 作业成本法的要素 ───┼── 作业中心
            │                                      │
作业        │   作业成本法  ┌── 作业成本法的计算程序 ├── 作业成本库
成本法 ─────┼─  实施步骤   ┤                       │
            │              └── 作业成本法的实施步骤 └── 成本动因
            │
            │   作业成本法  ┌── 作业成本法与传统成本法的关系
            └─   的评价   ─┤
                          └── 作业成本法的优缺点
```

引导案例

石峰有限公司是一家规模较大、品种规格较齐全的电视机零配件生产企业。与国内同行业中的其他企业相比,甲零件的生产技术已相当成熟,并作为公司的主营产品享誉全国。然而,最近三年的财务报表显示,石峰公司的净利润始终低于预期水平。为了查明持续三年无法实现目标利润的原因,石峰公司委托雨欣咨询公司对其经营业绩进行评价,对生产流程及公司政策进行详细调查,并得出了与其产品成本计算方法有关的结论。于是,按照石峰高层管理当局的要求,雨欣公司向后者提供了一份有关此次调查的详细书面报告。

书面报告要求对石峰的定价结构进行一次重大调整。近年来,石峰的竞争对手一直在压低甲零件的价格。那是石峰产量最高,也是市场需求最大的产品,而且石峰的生产效率并不比竞争对手低。可是竞争对手却能制定出比石峰低得多的价格。当前竞争对手已将甲零件的价格降至 80 元/件,而石峰却将同样产品的价格定在 95 元/件,获得的单位毛利仅为 10 元/件。与此相反,乙零件的销售情况却非常好,要求订货的顾客源源不断。乙零件是一种生产工序极其复杂的产品,许多竞争对手因此望而却步。目前公司将价格定在 60 元/件,而同一规格的产品市场价格却高达 130 元/件。这种情况下,石峰还能获得 25 元/件的单位毛利。这样,石峰不得不削减对甲零件的生产,转而增加乙零件的生产。可是,石峰明显具有生产甲零件的优势。对于乙零件而言,由于生产技术有待完善,目前不宜大规模扩张。针对这一令人迷惑又头疼的现象,雨欣公司建议石峰公司采用作业成本法代替传统成本法来重新计算各种产品的成本,进而可对公司的定价结构进行调整。通过雨欣公司的先期研究发现,产量高的甲零件单位成本至少被高估了 30 元/件,而工序复杂的乙零件却没有承担其应承担的成本,被低估了大约 85 元/件。

石峰高层管理当局在详细阅读了这份书面报告并经过充分讨论之后,决定在公司全面实施作业成本法。

知识准备

任务一 作业成本法概述

一、作业成本法的概念

20 世纪 80 年代初期以来,为了适应全球竞争发展的需要,诸如 IBM、惠普、通用电气和柯达等许多美国公司,采用先进制造技术以提高产品质量和降低成本。与这些变化相适应,对作业成本法(Activity-Based Costing,ABC)的研究也逐渐兴起。这是一种全新的成本管理理论和方法,自问世以来,不仅在成本计算,而且在成本管理、决策等方面发挥着积极的作用,极大地促进了会计与企业管理的理论和实践的发展。作业成本法以一种更精确的方式来分配间接成本,从而把资源分配到作业、经营流程、产品、服务和顾客。

作业成本法是指以作业为计算产品成本的中间桥梁,通过作业动因来确认和计量各作业中心的成本,并以作业动因为基础,来分配间接费用和辅助资源(行政和服务部门提供的资源)的一种成本计算方法。

二、作业成本法的基本原理

作业成本法是指通过对所有作业活动进行动态追踪反馈,计量专业和成本对象的成本,评价作业业绩和资源利用情况的方法。其基本原理可概括为:产品消耗作业,作业消耗资源并导致成本的发生。作业成本法在成本核算上突破了"产品"这个界限,使成本核算深入到作业层次;它以作业为单位收集成本,并把"作业"或"作业成本库"的成本按作业动因分配到产品。

作业成本法建立在"作业消耗资源,成本对象(如产品、服务、顾客等)消耗作业"两个隐含的假设基础上。根据这两个隐含的假设,作业成本法结合资源耗用的因果关系进行成本分配。具体而言,依据不同成本动因分别设置成本库,再分别以各成本对象所耗费的作业量分摊其在该成本库中的作业成本,然后,分别汇总各成本对象的作业总成本,计算它们的总成本和单位成本。由此可见,作业成本法将着眼点放在作业上,以作业为核心,先根据资源的耗费情况追踪成本到作业,再根据成本对象消耗作业的情况将作业成本分配到成本对象。作业成本法的基本原理示意图如图 7-1 所示。

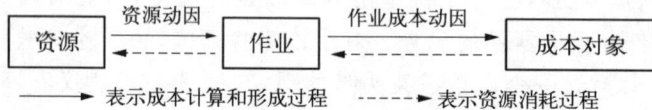

图 7-1 作业成本法原理示意图

例如,材料采购部门发生的"材料的计划与订购"费用,同材料的取得来源有着直接的联系。采购部门要和每一个材料供应商打交道,进行函电联系、合同签订和货款结算等,因而其费用的多少同材料供应商的数量有着直接的联系,但和材料供应量的多少没有直接联系。这样,将"材料的计划与订购"定义为一个"作业",发生的有关费用可以归入"材料的计划与订购作业成本库";以材料供应商的数量为其作业动因,并以此为标准将该成本库汇集的成本分配计入产品。

对于某些直接由产品所引起的成本,应直接计入有关的产品,如直接材料、直接人工成本。但是,在新的制造环境下,直接人工成本比重越来越小,所以人工成本逐渐列入非直接成本类型之内。

三、作业成本法的要素

作业成本法涉及的要素有作业、资源、作业中心、作业成本库、成本动因。

(一)作业

作业(Activity)是指企业为了达到其生产经营的目的所进行的与产品相关或对产品有影响的各项具体活动,或者说某个部门的某一类具体的任务和行为。每种作业都同特定成本的产生直接相关,只要有作业发生,相关的成本也随之产生。

企业在日常经营过程中,一般会涉及四种作业类型。

1. 单位水平作业

单位水平作业(Unit-level Activities)是生产单位产品时所从事的作业。譬如,加工机器的动力消耗同其加工的产品数量直接相关,则加工机器就是单位水平作业。这里的单位除了指产品数量,还包括其他指标,如与直接处理消耗和直接人工时间等成比例变动的作业。

2. 批别水平作业

批别水平作业(Batch-level Activities)是生产每批产品而从事的作业,如对每批产品的机器准备、订单处理、原料处理,检验及生产规划等。这种作业的成本与产品批数成比例变动,生产批数越多,机器准备成本就越多,但与产量多少无关。例如,包装公司,无论药包还是食包类的生产都必须进行 3 个小时的开机准备,这期间所发生的间接费用和生产的数量没有关系。

3. 产品水平作业

产品水平作业(Product-level Activities)是为支持各种产品的生产而从事的作业,这种作业的目的是服务于各项产品的生产与销售。例如,对一种产品编制材料清单、测试线路、产品研发等。这种作业的成本与单位数和批数无关,但与生产产品的品种呈比例变动。

4. 维持水平作业

维持水平作业(Facility-level Activities)是为维持工厂生产而从事的作业,如工厂管理、暖气、照明及厂房折旧等。这种作业的成本,为全部生产产品的共同成本。

(二) 资源

资源(Resources)是业务工作中的成本费用来源。一个企业的资源包括直接人工、直接材料、生产维持成本(如采购人员的工资成本)、间接制造费用及生产过程以外的成本(如广告费用)。通常可在企业会计明细账中清楚见到各种项目,如装卸作业中,装卸人员的工资及其他人工费支出、装卸设备折旧、维修费、动力费等都是装卸作业的资源费用。资源可分为货币资源、材料资源、人力资源、动力资源及厂房设备资源等。与某项作业直接相关的资源应直接计入该作业,如果一项资源用于多种作业,应根据资源动因将其分配计入各项作业中去。

(三) 作业中心

作业中心(Activity Centre)是由一系列相互联系、能实现某种特定功能的作业组成的集合。通常一个作业中心就是生产流程的一个组成部分。企业可以设置若干不同的作业中心,其设立方式与成本责任单位相似。但作业中心与成本责任单位的不同之处在于,作业中心的设立是以同质作业为原则,是相同的成本动因引起的作业的集合。

(四) 作业成本库

由于作业消耗资源,所以伴随作业的发生,一系列作业消耗的资源费用归集到作业中心,构成这个作业中心的作业成本库(Activity Cost Pool),作业成本库是作业中心的货币表现形式。

(五) 成本动因

成本动因(Cost Driver)又称为成本驱动因素,是作业成本法中一个重要概念,是成本形成的起因。它分为资源动因和作业动因。

1. 资源动因

资源动因(Resource Driver)是决定作业消耗资源的因素,反映作业对资源的消耗情况,是将资源价值分配到各作业成本库的依据。按照作业成本计算的规则,资源耗用量的高低与最终产品没有直接关系,作业决定着资源的耗用量,这种资源消耗量与作业间的关系称作资源动因。例如,电费消耗为 5 000 元,这是资源消耗,多项作业都需要用电,那么度数就是一个资源动因;再例如,运送材料所消耗的燃料,直接与搬运的工作时间、搬运次数或搬运量有关,那么可选择搬运的工作时间、搬运次数或运量作为该项作业成本的资源动因。

【例 7-1】 某企业某月人工费支出为 10 000 元,其主要作业粗略划分为采购、生产、销售和管理,从事上述四项作业的人数分别为 4 人、8 人、6 人、7 人。

分析:上述的资源耗费为 10 000 元,资源动因为作业人数,则:

$$人工费支出分配率 = \frac{10\ 000}{4+8+6+7} = 400$$

采购作业分配的人工费 = 4×400 = 1 600(元)

生产作业分配的人工费 = 8×400 = 3 200(元)

销售作业分配的人工费 = 6×400 = 2 400(元)

管理作业分配的人工费 = 10 000 - 1 600 - 3 200 - 2 400 = 2 800(元)

2. 作业动因

作业动因(Activity Driver)是作业被各产品或劳务消耗的方式和原因。将作业的成本分配到产品的成本对象的标准,反映了产品对作业消耗的逻辑关系。例如,订单处理作业,其作业成本与其产品订单的处理份数有关,处理份数即为作业动因。再如,机器调整作业,其作业成本与其产品所需的机器调整次数有关,就可按机器调整次数向产品分配这项作业的成本。作业动因与前述的作业分类有关。如果是单位水平作业,则作业动因是产量或业务量;如果是批别水平作业,则作业动因是产品的批量。

【例 7-2】 某企业某月份采购支出为 80 000 元,该企业生产甲、乙、丙三种产品,分别的采购次数为 2 次、3 次、5 次。

分析:成本动因为采购次数,成本计量对象为甲、乙、丙三种产品。

$$成本动因分配率 = \frac{80\ 000}{2+3+5} = 8\ 000$$

甲产品分配的采购作业成本 = 2×8 000 = 16 000(元)

乙产品分配的采购作业成本 = 3×8 000 = 24 000(元)

丙产品分配的采购作业成本 = 80 000 - 16 000 - 24 000 = 40 000(元)

一项作业的成本动因往往不止一个,如采购作业,可选择采购次数作为作业动因,也可以选择采购数量作为作业动因,选择时要考虑动因和作业之间的相关性(决定其准确性)和计量性(容易量化和获得)。

任务二 作业成本法实施步骤

一、作业成本法的计算程序

按照作业成本法费用分配的基本原理,作业成本法的一般计算程序如下:

(1) 确认主要作业,划分作业中心。

设计作业成本计算系统的首要步骤就是要确认作业(Activity)。作业是指一个组织为了实现某一目的而进行的耗费资源的工作,也是作业成本计算系统中的最小成本归集单元。它代表组织实施的工作,是链接资源与成本对象的桥梁,也是作业成本计算和作业成本管理的核心。一个企业往往有数以百计的作业,管理者通常将一系列相互关联、能够实现某种特定功能的作业集合起来归入一个作业中心,进而形成作业成本库。一个作业中心是相关作业的集合,它提供有关每项作业的成本信息,包括每项作业所耗资源的信息及作业执行情况的信息。

在确定作业时,还需注意以下几个问题:

① 企业经营是由若干作业构成的,企业经营的每一个环节或工序都可以看成是一项作业。

② 作业划分不一定和职能部门一致,有的是跨部门的,有的是一个部门能完成若干不同的作业。

③ 作业必须是可量化的。

④ 作业的划分根据管理需要可粗可细,过细导致成本计算工作量太大,过粗(一个作业包括多种不相干的业务)导致准确性下降。

(2) 归集成本和成本动因的分析。

成本动因是指解释发生成本的作业特性的计量指标,反映作业所耗用的成本或其他作业所消耗的作业量。它将作业成本和成本对象联系起来,是计算作业成本的依据,可以揭示执行作业的原因和作业消耗资源的大小,分析作业成本动因的目的在于对作业成本实施事前控制。

作业成本动因的数量不宜过多,作业成本动因的选择应当在精确性和度量成本之间进行权衡。成本动因要与同它相关联的作业成本类别相匹配。典型的作业与成本动因之间的对应关系如表 7-1 所示。

表 7-1　典型作业与成本动因之间的对应关系

类　别	代表作业	常见成本动因
单位作业	机器耗用动力、直接人工操作、单位产品质量检验	机器工时、直接人工工时、单位产出
批别作业	采购订单、生产订单处理、采购物料、机器调试准备、材料处理、每批产品质量检验	处理的订单、收到的材料量、采购次数、准备时间、调试次数、批数或工时
产品作业	质量检验、产品检验、产品设计、零件管理、生产流程、市场调查、售后服务	检验次数、检验时间、产品种类、零件数量、调查次数、服务次数和时间
能量作业	厂务管理、人事管理和培训	厂房面积、机器工时、员工人数、培训时间

(3) 建立成本库,分摊费用到各个作业成本库。

一旦选定作业成本动因之后,就可将具有同质成本动因的相关成本归集起来,形成作业成本库。作业成本库是作业中心(或作业)的货币表现形式,可以归集直接人工、直接材料、机器设备、管理费用等。一个作业成本库只能有一个成本动因与之相对应。

划出作业设立作业成本库后,将企业消耗的成本按照成本动因归集并分配到各成本库。按作业成本法计算的规则:作业量的多少决定着资源的耗用量,资源耗用量的高低与最终产品的产出量没有直接关系。因此,这一步骤分配资源的价值耗费的基础是反映资源消耗费分配计入各作业成本库的关键。

（4）建立作业成本计算模型，分配各作业成本库的费用计入最终产品。

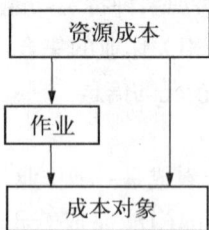

图7-2 两阶段作业成本计算模型

根据成本动因，计算出成本动因分配率，分配作业成本到产品上，计算出产品成本和单位成本，即把企业消耗的资源按成本动因分配到作业及把作业收集的作业成本分配到成本对象（产品）。作业成本计算最常见的是两阶段作业成本计算模型。

两阶段作业成本计算模型如图7-2所示。第一阶段是将资源成本（直接和间接成本）按资源动因分配到不同的作业成本库，并计算每一个成本库的分配率；第二阶段是利用作业成本库分配率，把在这些作业上归集的成本分摊给产品，计算产品成本。

二、作业成本法的实施步骤

一般认为，作业成本法是一个以作业为基础的管理信息系统。它以作业为中心，作业的划分，从产品设计开始，到物料供应，从工艺流程的各个环节、总装、质检到发运销售全过程。通过对作业及作业成本的跟踪，消除不增值作业，优化作业链和价值链，增加需求者价值，提供有用信息，促进最大限度地节约，提高决策、计划、控制能力，以最终达到企业竞争力和获利能力，增加企业价值的目的。

【例7-3】 联邦公司是一家生产炉具的企业。创立之初，由于其规模较小，采取的是相对粗放的传统成本回收体系。随着公司规模扩大，公司引入了更为先进的自动化生产系统，并在销售和售后服务方面加大投资，行政方面的开支也日趋扩大。另外，竞争压力不断增强，价格战越打越激烈。为了更准确地了解公司的真实成本，联邦公司决定引入作业成本法来更精确地核算成本。

联邦公司主要产品有两种，即煤气灶和天然气灶，采用作业成本法计算两种产品的间接成本，实施步骤如下：

① 确认和计量各种资源耗费，将资源耗费价值归集到各资源库。

资源是明确的客观存在的耗费，在选取时从成本费用类科目入手，包括管理费用、销售费用、生产成本、其他业务成本、材料采购等科目，找出最原始的费用支出形态，如人工费、电费、折旧费、办公费、借款利息等，这些最原始的费用就是资源耗费。经确认，公司的间接成本耗费项目如表7-2所示。

表7-2 间接成本耗费项目

资源项目	金额（万元）
人工费	60
电费	18
折旧费	100
办公费	27
借款利息	5
合 计	210

② 确认主要作业,划分作业中心。

作业是资源耗费的活动,作业分得越细,通过作业成本法获得的成本信息越精确,但随着作业数量的增加,企业的实施成本也不断增加。所以企业应在考虑成本效益的原则下简化成本核算,将相似的作业合并,建立作业中心。

通过对公司生产经营的分析,确定了购货、订货、生产、仓储、顾客关系、一般管理6项作业中心,其中,购货10人、订货10人、生产40人、仓储5分,顾客关系10人、一般管理25人。

③ 建立成本库,分摊费用到各个作业成本库。

资源动因反映了物流作业与资源消耗间的因果关系。

a. 人工费用的分配。

其资源动因为"员工人数",可根据完成各项作业的员工人数和相应的工资标准对工资费用进行分配。具体数据如表7-3所示。

表7-3 人工费用的分配

作业资源	购 货	订 货	生 产	仓 储	顾客关系	一般管理	合 计
员工人数	10	10	40	5	10	25	100
人工费(万元)	5	8	30	7	5	5	60

b. 电费和仓储费的分配。

电费分配的资源动因为各作业所消耗的"电费度数",已知每度电的价格为0.5元。借款利息直接计入仓储作业中。具体数据如表7-4所示。

表7-4 电费和仓储费的分配

作业资源	购 货	订 货	生 产	仓 储	顾客关系	一般管理	合 计
用电度数	20 000	80 000	151 000	68 000	11 000	30 000	360 000
单价(元/度)	0.5	0.5	0.5	0.5	0.5	0.5	0.5
电费(元)	10 000	40 000	75 000	34 000	6 000	15 000	180 000
借款利息(元)				50 000			50 000

c. 折旧费与办公费的分配。

一般这两项费用具有专属性,各项作业按使用固定资产和办公费用的情况直接分配在各自的作业中。具体数据如表7-5所示。

表7-5 折旧费与办公费的分配

作业资源	购 货	订 货	生 产	仓 储	顾客关系	一般管理	合 计
折旧费	12	10	36	30	4	8	100
办公费	5	2	7	6	2	5	27

d. 汇总计算各作业的作业成本,形成作业成本库。具体数据如表7-6所示。

表 7-6　作业成本

作业资源	购货	订货	生产	仓储	顾客关系	一般管理	合计
人工费	5	8	30	7	5	5	60
电费	1	4	7.5	3.4	0.6	1.5	18
折旧费	12	10	36	30	4	8	100
办公费	5	2	7	6	2	5	27
存货占用资金利息				5			5
作业成本合计	23	24	80.5	51.4	11.6	19.5	210

④ 根据产品对作业的消耗,分析确定作业动因及作业动因分配率。

企业通过观察、记录、问卷、访谈等方式取得合理的成本动因信息。具体数据如表 7-7 所示。

表 7-7　作业动因及作业动因分配率的计算表

作业资源	购货	订货	生产	仓储	顾客关系	一般管理	合计
作业成本(万元)	230 000	240 000	805 000	514 000	116 000	195 000	2 000 000
作业动因	订货单	订货次数	机器加工小时	存储单位数	顾客数量	计算机运行小时	
提供的作业量	46	96	201.25	8 000	116	6 000	—
作业动因分配率(元)	5 000	2 500	4 000	64.25	1 000	32.5	—

⑤ 将作业成本分配给最终成本计算对象

将各项作业成本,按作业动因及作业动因分配率分配到两种产品上,计算两种产品的作业成本,汇总计算总成本(间接成本)。将作业成本分配给最终成本计算对象,具体数据如表 7-8 所示。

表 7-8　成本汇总表

作业	作业动因(元)	作业动因分配率(元)	煤气灶		天然气灶	
			动因数	金额(元)	动因数	金额(元)
购货	230 000	5 000	10	50 000	36	180 000
订货	240 000	2 500	75	187 500	21	52 500
生产	805 000	4 000	90.25	361 000	111	444 000
仓储	514 000	64.25	5 000	321 250	3 000	192 750
顾客关系	116 000	1 000	23	23 000	93	93 000
一般管理	195 000	32.5	2 000	65 000	4 000	130 000
作业成本合计	2 100 000			1 007 750		1 092 250

任务三　作业成本法的评价

一、作业成本法与传统成本法的关系

作业成本法是一个以作业为基础的成本计算系统,并贯穿于作业管理的始终,在决策和控制过程中发挥着重要的作用,从而实现了成本计算与成本管理的结合。

(一)作业成本法与传统成本法的联系

1. 目的相同

二者的最终目的都是计算最终产品成本(产品、劳务或顾客)。传统成本计算方法是将各项费用在各种产品(成本对象)之间进行分配和再分配,最终计算产品成本;作业成本法是将各项费用先在各作业中心之间进行分配,建立成本库,然后按照各种产品耗用作业的数量,把各项作业成本计入各种产品成本,计算产品成本的方法。

2. 对直接费用的确认和分配方法相同

二者都依据受益性原则对发生的直接费用予以确认。

(二)作业成本法与传统成本法的区别

1. 成本计算对象不同

在传统成本法下,人们较为关注产品成本结果本身,集中表现在成本计算对象的单一性上。传统成本计算对象仅仅是企业所生产的各种产品,而且一般为最终产品。而在作业成本法下,人们不仅关注产品成本结果本身,更关注产品成本产生的原因及其形成的全过程。因而作业成本计算对象是多层次的,不仅包括最终产品,而且还把资源、作业、作业中心,劳务、顾客和市场等作为成本计算对象。

2. 成本核算范围不同

在传统成本法下,成本的核算范围是指产品的制造成本,只包括与生产产品直接相关的费用——直接材料、直接人工、制造费用等,并按照费用的经济用途设置成本项目,对于企业管理和组织生产经营的费用,以及产品销售费用则作为期间费用来处理。在作业成本法下,成本核算范围得到拓宽,是指产品的完全成本,具体而言,是生产产品所耗费的合理、有效的费用。它们按照作业类别设置成本项目,都是对最终产品有益的支出。即使是与产品生产没有直接关系的一些合理、有效的费用,如采购人员工资、广告费、质量检验费、物料搬运费等,也应纳入产品的成本核算范围。当然,此时也存在期间费用,但其所汇集的是所有无效的、不合理的支出,即作业中心所耗费的无效资源价值和非增值作业耗费的资源价值。作业成本法下所传递的成本信息,不仅消除了传统成本计算方法所扭曲的成本信息,而且还能使企业管理当局改变作业的经营过程。

3. 间接费用分配方法不同

传统成本法按照较为单一的标准(如机器工时、生产工时)将间接费用直接分配到最终产品上去,从而无法在生产过程中正确反映不同产品、不同技术因素对费用产生的不同影响。与传统成本法相比,作业成本法采用的是比较合理的多标准、多步骤的分配方法。首先依据资源动因将制造费用分配到各作业中心,并计算各作业中心所归集的成本。然后依据作业动因将作业中心的成本分配到最终产品上去。例如,制造费用的分配,在传统成本法下,单纯以直接人工成本等标准分配制造费用,而作业成本法则按照引起制造费用发生的各种成本动因进行分配,从而避免了对实际成本的扭曲。因此,作业成本法能够较客观、真实地反映先进制造环境下的产品成本。

二、作业成本法的优缺点

(一)作业成本法的优点

1. 能够提供更精确的成本信息

作业成本法将成本分配的重点放在间接成本上,不再使用单一的分配标准,而是采用多元分配基准,从成本对象与资源消耗的因果关系着手,根据资源动因将间接费用分配到作业,再按作业动因将作业计入成本对象,解决了传统成本法扭曲成本信息的问题,从而为信息使用者提供更精确的成本信息。

2. 有助于控制成本

采用作业成本法将作业、作业中心顾客和市场纳入了成本核算的范围,形成了以作业为核心的成本核算对象体系,通过对作业成本的确认、计量,尽可能消除"不增加价值的作业",改进"可增加价值的作业"以便更好地控制成本,促进企业战略目标的实现。

3. 有助于管理者进行决策

作业成本法提供了更真实、更丰富的作业驱动成本的计量信息,有助于管理者做出更好的产品设计决策,以及改进产品定价决策,并为是否停产老产品、引进新产品和指导销售提供准确的信息等,使管理者较容易利用相关成本进行经营决策。

4. 能够提高产品的竞争力

我国传统的成本管理模式只注重商品投产后与生产过程相关的成本管理,忽视了投产前商品开发与设计的成本管理,这已愈来愈难适应当代社会经济发展的需要,极大地阻碍了企业商品市场竞争能力的提高。作业成本法则能很好地适应现代企业在激烈的市场竞争中的发展需要,从一开始就特别重视商品设计、研究开发和质量成本管理,力求按照技术与经济相统一的原则,科学合理地配置相对有限的企业资源,不断改进商品设计、工艺设计及企业价值链的构成,减少浪费,降低资源的消耗水平,从而提高企业产品的市场竞争力。

5. 便于企业绩效考核

在作业成本法观念下,按作业设立责任中心,使用更为合理的分配基础,易于区分责任。通过各作业层所提供的有价值的成本信息,能明确增值作业与非增值作业、高效作业与低效作业,以评价个人或作业中心的责任履行情况。

（二）作业成本法的缺点

1. 作业的区分存在困难

企业生产经营活动复杂多样，各项活动相互联系、相互依存，并非所有的作业都界限清晰、责任分明，所以在作业的区分上存在困难。

2. 成本动因的确认存在困难

作业成本法要求以作业中心为基础来设置责任中心，选取合适的成本动因，按成本库进行归集，然而在实际中哪种因素与成本变动完全相关或相关性较大，并非清晰可辨，即要找到一般间接费用的成本动因，或一个合理的成本分配基础，并不那么容易。如果选择的动因过少，成本数据会不准确；如果选择过多，由此增加的实施成本会大于实施作业成本法产生的效益。

3. 成本动因的选择具有主观性

作业成本法在确认资源和作业，以及为资源库和作业库选择最佳的成本动因等方面，并不总是客观的和可验证的，难免具有主观性和一定程度的武断性，这为管理者操纵成本提供了可能，也降低了公司间报告结果的可比性，与现行会计准则的要求有一定的差距。

4. 没有合并对同类生产能力的计量

作业所消耗的各项资源具有不同的计量单位，将成本归集到作业时难以计算资源消耗的数量，只能将被耗用资源的价值（金额）归集到作业中。因此，运用作业成本法既无法看出资源的利用效果，也不能反映各种生产能力之间的差异。

5. 工作量大，代价昂贵

作业成本法将企业在生产经营中发生的全部资源耗费逐项分配到作业中，形成作业成本库，再将作业成本库的成本按作业动因分配到最终产品，核算工作十分烦琐。而且企业要想在激烈的竞争中求胜，就要不断地进行技术革新及产品结构的调整，这样就需要重新进行作业划分，也就增加了采用作业成本法的耗费。

关键术语

作业成本法　资源　作业　作业中心　作业成本库　资源动因　作业动因

应知考核

一、单选题

1. 由同质的成本动因组成的成本费用是指（　　）。
   A. 作业　　　　B. 作业链　　　　C. 成本库　　　　D. 作业中心

2. 要想降低批别水平作业成本，只能设法减少（　　）。
   A. 作业的批次　　B. 变动成本　　C. 单位成本　　D. 总成本

3. 与企业整体管理水平有关的作业是（　　）。
   A. 单位水平作业　B. 批别水平作业　C. 产品水平作业　D. 维持水平作业

4. 下列各项，属于产品水平作业的是（　　）。
   A. 产品检查　　B. 产品模板制作　C. 绿化作业　　D. 财务管理

5. 能够反映作业量与资源耗费之间因果关系的是（   ）。

    A. 资源动因   B. 作业动因   C. 产品动因   D. 成本动因

二、多选题

1. 在理想状态下，企业生产经营中的可增值作业为（   ）。

    A. 产品设计   B. 产品交付   C. 机器维修   D. 客户调查

2. 作业成本法和传统成本法明显的区别是（   ）。

    A. 以作业为中心来归集资源费用   B. 计算作业消耗

    C. 根据品种对直接费用进行归集   D. 采用多元化的制造费用分配标准

3. 下列各项属于批别水平作业的是（   ）。

    A. 机器预热   B. 机器调整   C. 产品检验   D. 订单处理

4. 下列各项，可作为间接人工的资源动因的有（   ）。

    A. 人数   B. 机器小时   C. 检验次数   D. 人工小时

5. 重构及优化作业链应采取的措施有（   ）。

    A. 消除非增值作业   B. 增加可增值作业

    C. 改变产品工艺设计   D. 合并划分过细的作业

三、判断题

1. 一个作业只有一个作业动因。（   ）

2. 本期发生的生产调度成本，其成本动因是生产批次。（   ）

3. 作业成本法是以产品需要为出发点而进行分析的一种先进的管理方法。（   ）

4. 作业成本法适合简单、大批量生产中产生的制造费用分配。（   ）

5. 作业成本法只是一种成本核算方法，而非成本管理方法。（   ）

四、简答题

1. 什么是作业成本法？其突出的特点是什么？

2. 什么是资源动因？什么是作业动因？

3. 作业成本法实施的具体步骤是什么？

4. 实施作业成本法的条件是什么？

应会考核

某银行的分支机构当年的工资成本信息如表7-9所示。

表7-9 工资成本信息表　　　　单位:元

前台人员工资	180 000
经理助理工资	80 000
经理工资	80 000

经过作业分析，该分支机构有4个作业，即开户作业、存取款作业、其他客户交易作业、其他作业。通过分析获得的作业分摊比例如表7-10所示。

表 7-10　作业分摊比例　　　　　　　　　　　　单位：%

作业项目	前台人员工资	经理助理工资	经理工资
开户作业	10	20	0
存取款作业	65	15	0
其他客户交易作业	15	25	30
其他作业	10	40	70
总计	100	100	100

要求：试将该分支机构的工资成本分配到各作业库中。

项目实训

某网络公司开发互联网应用软件。市场竞争异常激烈，且竞争对手不断以低价推出新产品。该公司生产多种软件，从使用户建立个人网页的简单程序到复杂的商业搜索引擎。与绝大多数软件公司一样，该公司的原材料成本是不重要的。

公司刚刚雇用陈龙，他刚从某大学会计系毕业。陈龙请求软件部经理王虎与他共同研究作业成本会计原理。陈龙和王虎确定了作业、相关成本和成本分配基数，如表 7-11 所示。

表 7-11　作业、相关成本和成本分配基数

作业	估计的间接作业成本（元）	分配基数	估计的成本分配基数数量
软件开发	1 600 000	新软件	4 个
内容编写	2 400 000	编码条数	12 000 000 条
测试	288 000	测试小时	1 800 小时
合计	4 288 000	—	—

该公司计划开发两种新软件：一种是 X-Page，用于开发个人网页，另一种是 X-Secure，用作商业安全和防火墙软件。其中，X-Page 需要编写 500 000 条代码及测试 100 个小时，而 X-Secure 需要编写 7 500 000 条代码及测试 600 个小时。公司预计生产和销售 30 000 套 X-Page 软件和 10 套 X-Secure 软件。

要求：

（1）计算每种作业的成本分配率。

（2）采用作业成本分配率计算 X-Page 和 X-Secure 的作业成本。（提示：首先计算分配给每个产品线的总成本，然后计算单位成本）

（3）假设该公司的原始单一成本分配基数成本系统按每编程小时 100 元将间接成本分配给产品。X-Page 需要 10 000 个编程小时，而 X-Secure 需要 15 000 个编程小时。计算原始成本系统下分配给 X-Page 和 X-Secure 的间接成本总额，并计算每种产品的单位间接成本。

（4）比较作业成本法和传统成本法的单位成本，分析单位成本的变化，解释产生这种变化的原因。

项目八 标准成本法

- 了解成本控制的含义。
- 了解成本差异的种类和成本差异管理的原则。
- 理解标准成本的概念和特点。
- 掌握各种成本差异的计算和原因分析。
- 掌握成本差异的账务处理。

通过项目学习,能够运用标准成本系统对成本差异进行计算与分析,能够对成本差异进行账务处理,理解标准成本系统在成本控制中的意义。

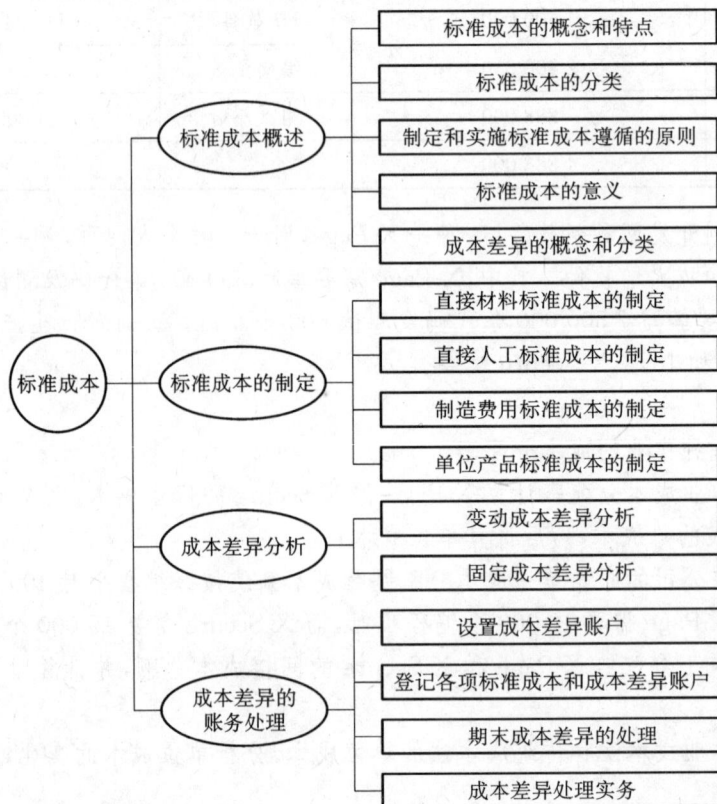

引导案例

位于美国芝加哥的西屋空气制动器公司要求员工以固定的时间间隔将产成品送上传送带。只要按当天规定完成这项任务,该车间的工人就可以得到 1.5 美元/小时的奖金。这项奖金使工人相同时间的工作收入提高了 12.5％,比正常收入 12 美元/小时有了显著的提高,有效地激励了工厂内大多数工人。传送带速度的变化反映了顾客需求的变化。需求下降,速度变慢;反之,速度变快。公司根据专业从事持续改进研究的专家和咨询人员的建议,实施了奖金计划。该项奖金计划使该公司的工厂生产力比上年提高了 10 倍,对西屋公司及员工来说似乎是一个双赢的措施。然而,你看出存在什么问题了吗?

【想一想】

结合成本控制原理分析西屋公司奖金计划存在的问题。

知识准备

任务一　标准成本概述

一、标准成本的概念和特点

(一)标准成本的概念

标准是衡量业绩的基准或规范。例如,医生需要根据人的年龄、身高和性别等标准来评价体重是否偏重或偏轻。盖斯威公司则利用标准成本来衡量三相电能表的成本控制是否有效。标准成本是指单位标准产品的估计成本,它是企业根据特定条件判定的预期成本标准。它是通过精确的调查、分析与技术测定而制定的,用来评价实际成本、衡量工作效率的一种预计成本。制造业、服务业、加工业等一般都会运用标准成本,如盖斯威公司就为三相电能表的生产制定了用料标准以及人工小时标准等。盖斯威公司对每一台电能表所需的原材料和用量也会制定相应的标准。当电能表的实际成本和标准不一样的时候就会产生差异,管理层就会调查产生这些差异的根本原因,并采取更正措施,从而改善经营。

标准成本是根据对实际情况的调查,按正常条件运用科学的方法制定的,而且一经制定,只要依据不变,就不必重新修订。作为对实际成本控制的目标,标准成本是衡量实际成本的尺度。所以它是目标成本的一种,可作为控制成本开支、评价实际成本、衡量成本控制绩效的依据。

(二)标准成本的特点

1. 目标性

作为企业在特定的生产经营环境下应该实现的成本目标,标准成本是衡量成本开支的尺度。

2. 科学性

作为衡量成本开支的尺度,标准成本并不是随意制定的,而是以详细的调查和分析为基础,运用科学的方法并考虑各种相关因素,根据实际情况而制定的,具有一定的科学性。

3. 稳定性

如果制约标准成本的相关因素没有发生本质变化,则标准成本一经确定就不能随意改变,即标准成本应维持相对的稳定性。

二、标准成本的分类

标准成本是企业预先制定的单位产品的目标成本。价格标准和数量标准不是某一个部门能够制定的,需要综合运用采购部门和生产部门、研发部门的每个人的专业技术经验共同完成,在一个制造业或加工企业中,这可能涉及会计人员、采购经理、工程师、生产监工、生产部门经理和生产一线的技术工人。过去材料的采购成本和生产使用量在制定标准时可以起作用,但是标准成本应该被设计成有效率的未来可行的标准,而不是对过去无效率经营的简单重复。根据目标成本的确定依据,标准成本可以分为历史标准成本、基本标准成本、理想标准成本和现实标准成本。

(一)历史标准成本

历史标准成本是指以过去某段时期的实际成本资料为基础,结合历史数据的统计特征(主要是均值)和企业未来的变动趋势制定相应的标准成本。历史标准成本易于计算,但由于实际成本往往不能充分体现企业的产能,所以该标准的考核要求较低,一般容易达到。例如,随着机械化生产的不断普及,工人的劳动生产率大大提高,在这种情况下,如果仍使用以前的成本数据来制定标准成本而忽略技术进步带来的变化,则无法达到准确考核员工绩效和企业产能的目的,会造成发展决策与判断的失误。

(二)基本标准成本

基本标准成本又称为固定标准成本,是以选定的某一基准年度的实际成本作为标准成本。基本标准成本已经确定即保持多年不变,除非生产的基本条件发生重大变化。衡量各年度的成本控制水平时只需要将当年成本与标准成本对比即可。由于基本标准成本在某个较长的时间内是稳定不变的,所以标准成本的制定工作量较小。但是,该标准仅适用于企业生产经营技术比较稳定的情况,制定的是在稳定的生产效率和经营状况下的成本标准。当企业生产技术、经营条件频繁变化时,基于该标准成本的业绩考核几乎是毫无意义的。

(三)理想标准成本

理想标准成本是指在最佳的生产经营条件下所确定的标准成本,是一种理想的标准成本。该成本是假设整个生产过程中生产能力处于最佳利用水平时,即在原材料无浪费、设备无故障、人员搭配合理、生产要素价格理想等条件下,成本所能达到的最低水平。

由于理想标准成本过于完美,所以采用该标准意味着企业在生产过程中的成本和费用必须达到现有条件下的最优水平,这几乎是不可能实现的。实际上,理想标准成本适用于作为长期的战略目标,而不宜成为企业日常成本控制和考核的依据。因为无法达到的目标不仅形同虚设,而且有可能严重挫伤员工的积极性,给企业的经营效果带来负面的影响。

（四）现实标准成本

现实标准成本也称正常标准成本,是依据企业的正常生产情况,充分考虑现有的生产技术水平和有效经营能力后制定的标准成本。现实标准成本介于理想标准成本和历史实际成本之间。

在制定标准时,现实标准成本不仅要求充分考虑正常的原材料损耗和浪费、机器设备的故障检修、人员闲置等现实问题,同时也要求及时修订标准以反映生产过程的变化,从而实现先进性和现实性的统一。对于企业员工而言,现实标准成本既不是高不可攀,也不是举手之劳,因而能够在成本管理工作中发挥重要的作用。目前,在实际工作中应用最广泛的就是现实标准成本。例如,在盖斯威公司三相电能表模块标准成本的制定过程中,一套三相电能表模块的标准价格是由采购价格、相关的运输费、保险费分摊、采购折扣等造成的,其中采购价格是参照电子产品模块生产行业的平均水平,按生产成本加成约8%～12%确定,三相电能表模块的采购价格是144.3元/套,再加上相关的运输费、保险费的分摊,以及大量购买的折扣,一套三相电能表模块的标准价格如表8-1所示。

表8-1 三相电能表模块标准价格表

单位:元

标准价格制定参考因素	价 格
采购价格,一套三相电能表模块	144.30
运费、保险费、搬运费等	15
验收和处理	10
仓储费	12
减采购折扣	（9）
一套三相电能表模块的标准价格	172.30

在表8-1中,三相电能表模块标准价格的制定考虑了从采购到验收入库的过程中比较重要的环节,需要注意的是,即使是现实标准成本,其制定过程中也不可能将现实中所有的环节考虑在内,只有重要的、日常发生的以及能够被预测到的情况才会体现在标准价格制定过程中,一些例外情况,如天气潮湿造成的运输过程中电子器件的失灵、仓库失窃等无法预测并且不属于经常发生的,在现实标准成本制定过程中对标准价格的影响不予考虑。

三、制定和实施标准成本遵循的原则

标准成本存在的意义在于成本控制和业绩衡量,通过实际发生的成本与标准成本的对比,寻找差异出现的原因,进而进行成本控制,并依据差异大小衡量员工业绩。由此可见,标准成本在企业运营过程中具有非常重要的地位。因此,标准成本的制定和实施应是非常严谨和慎重的一项工作。不同的企业在制定和实施标准成本中所依据的原则虽各有不同,但均需遵循以下几项基本原则。

（一）营造标准化管理的氛围

在标准成本的制定过程中，价格标准和数量标准的指定常常需要采购人员和车间工人的意见，采购人员对价格非常了解，而车间工人有原料加工使用过程中的具体操作经验。另外，标准成本的指定和实施还涉及财务人员、工程师、生产经理等，因此，标准成本系统的有效实施需要企业内各个部门的默契配合。为了保障标准成本制定和实施的效率以及质量，在企业内必须营造出一个标准化的管理氛围，建立科学合理的工作标准和完备的规章制度来规范采购、生产、销售以及售后等环节，在制度标准化的基础上，标准成本系统才能够顺利和彻底地被执行。

（二）标准的制定需要与现实相匹配

推行标准成本制度的最终效果在很大程度上取决于制定的标准与实际情况的适应程度。如果两者存在相当大的差距，标准成本就失去了标准本身应有的作用，就无法实现加强成本控制和提高工作效率的目的。例如，盖斯威公司在确定完成一台三相电能表时需要多少标准人工工时时，除了正常的操作时间，还需要考虑机器设备的散热能力、连续运转时间、清洁时间、工人的休息和工作准备时间等。另外，无论设计多优秀的生产线，都有生产出废品的可能，并且，废品率并不是一直不变的，设备的老化、操作工人的不熟练等，都有可能造成废品率的上升。因此，在制定标准人工时间时，这些现实的因素不可忽略，否则，制定出的标准人工工时就会因为脱离现实难以实现而挫伤生产工人的积极性，引发抵触情绪，同时也失去了业绩考核和成本控制的意义。

（三）标准的设计需要立足过去，激励未来

以历史成本资料为依据来制定标准成本，需要考虑当时的历史条件对成本的影响程度。但是，历史资料仅反映了企业过去的生产水平，而标准成本作为一种预定的未来成本，它不是"曾经发生的成本"，而是"应该的成本"。因此，在指定标准成本时，需要考虑产品生产要素市场的状况、技术改进、设备更新和工人熟练程度提高等因素，在历史成本水品上加以适当调整和提升，使制定的标准成本具有先进性。

（四）鼓励员工参与标准成本的制定

鼓励基层员工参与标准成本的制定主要有两方面原因：一是只有基层员工才最了解产品生产或服务的过程，也最清楚成本降低的潜力，他们的参与能使制定出的标准成本更具科学性和可行性；二是如果基层员工参与了标准成本的制定过程，就会在心理上感觉自己介入了该项工作，从而愿意承担责任。

四、标准成本的意义

（一）有利于实施目标管理和有效的成本控制

目标管理是提高企业管理水平的有效方法之一。标准成本本身就是一种目标成本，利用成本差异分析成本问题的过程实际就是一种目标管理。制定的标准成本是"应该发生的成本"，它是企业职工和各部门努力完成的目标，是管理层进行日常成本控制的依据。通过标准成本，企业管理层可以及时发现成本偏差并对其原因进行分析，使得成本控制过程更加及时和有效。

（二）有利于业绩的考核评价

传统的成本核算方法重点关注的是生产过程的实际耗费额，对生产过程中耗用资源的额定信息很少涉及，造成管理层无法评价生产耗用的合理性，不便于确定各部门的责任和业绩。标准成本法则通过预先制定标准成本作为考核评价的基准，通过分析成本差异，确定差异的归属，从而帮助企业有效地考核和评价各部门的工作质量。目前，标准成本法在企业的业绩评价中得到了广泛的应用。

（三）有利于企业的经营决策

企业的定价决策、成本决策、生产决策和营销决策等都需要一个合理的依据，仅仅依靠历史数据或主观判断很难制定出科学有效的决策方案。标准成本是一种预计合理并且实际可行的成本管理方法，其在制定过程中兼顾了各种实际因素，使得标准成本能够成为企业经营决策的参考，因而被广泛应用于企业的生产决策和管理中。

五、成本差异的概念和分类

（一）成本差异的概念

成本差异是指在标准成本制度下，企业在一定时期生产一定数量的产品所发生的实际成本与相关标准成本之间的差额。例如，盖斯威公司2013年共生产三相电能表30万台，单位平均成本为198元，实际总成本为5 940万元，而制定的单位产品标准成本为180元，则标准成本总额为5 400元，超出的540万元的差额就是成本差异。

（二）成本差异的分类

成本差异按照不同的分类标准可以分为不同类型。

1. 价格差异和用量差异

成本差异按形成过程分类，可分为价格差异和用量差异。

价格差异，是指由于直接材料、直接人工和变动制造费用等要素实际价格和标准价格不一致产生的成本差异。

用量差异，是指由于直接材料、直接人工和变动制造费用等各要素实际用量消耗和标准用量消耗不一致产生的成本差异。

2. 可控差异和不可控差异

成本差异按照是否可以控制分类，可分为可控差异和不可控差异。

可控差异，是指与主观努力程度相联系而形成的差异，又可称为主观差异。

不可控差异，是指与主观努力程度关系不大，主要受客观因素影响而形成的差异，又称客观差异。

3. 有利差异和不利差异

成本差异按照性质的不同分类,可分为有利差异和不利差异。

有利差异,是指实际成本低于标准成本而形成的节约差,通常用 F 表示。

不利差异,是指实际成本高于标准成本而形成的超支差,通常用 U 表示。

任务二　标准成本的制定

产品的标准成本是由直接材料、直接人工和制造费用三个成本项目的标准成本汇总得到的。因此,制定单位产品的标准成本应分别根据直接材料、直接人工的用量标准、材料的价格标准、人工工资率标准和制造费用分配率标准进行计算,按成本构成要素逐项确定。

某成本项目标准成本＝该成本项目的用量标准×该成本项目的价格标准

单位产品标准成本＝直接材料标准成本＋直接人工标准成本＋制造费用标准成本

一、直接材料标准成本的制定

单位产品直接材料标准成本是由直接材料用量标准和直接材料价格标准两个因素所决定的。

直接材料的用量标准是指在现有的生产技术条件下,单位产品应当耗用的材料数量,一般应由生产部门和技术部门通过技术分析制定。制定直接材料用量标准时需要考虑的主要因素有单位产品应耗用的直接材料数量、生产中的必要损耗以及不可避免的废品损失所耗用的直接材料数量等。

直接材料的价格标准是预计在下一个会计期间企业需要实际支付的进料单位成本,包括材料的发票价格、运输和装卸费用、检验费用和正常损耗等项目,是取得材料的完全成本。

制定价格标准时,应当充分研究市场环境及其变化趋势、供应商的报价和最佳采购批量等因素。企业应要求采购部门既对采购物品的价格负责,也对采购物品的质量负责,以避免采购部门只注重于寻找报价较低的供应厂商,而忽视采购物品的质量要求。而对于需要耗用多种材料的产品,在确定了各种材料的用量标准和价格标准之后,可以根据下述公式计算得到直接材料的标准成本:

直接材料标准成本＝$\sum$(单位产品第 i 种材料的用量标准×第 i 种材料的价格标准)

某材料的用量标准＝生产所需材料数量＋合理损耗数量

某材料的价格标准＝成交价格＋采购费用(如装运费、整理费、保险费、检验费等)

【例 8-1】 2019 年 1 月,盖斯威公司对三相电能表产品的成本核算使用标准成本法逐步制定了三相电能表的标准成本。

生产三相电能表时,磁保持继电器、电流互感器、分流器、表壳等构件是生产电能表必不可少的关键部件。因此,在产品标准成本的制定上,主要使用的是钢铁磁性材料以及一些电子元器件,如贴片电阻、贴片电容、半导体管、电池、液晶等。由于原材料比较多,本书主要选择大家比较熟悉的液晶和磁性材料为标准进行举例。暂且以这两种材料的标准成本作为直接材料的标准成本,且以2018年的平均单价为基础。其相关会计资料及直接材料标准成本的计算过程如表8-2所示。

表8-2 三相电能表部分直接材料标准成本计算过程   单位:元

标　准	液　晶	磁性材料
用量标准:		
材料需求(只)	1	3
损耗和损坏准备	0.5	1
不合格品准备	0.3	1
单位标准用量(只/台)	1.8=1+0.5+0.3	5=3+1+1
价格标准:		
采购价格	5.3	7.3
运输费、保险费等	1.5	2.1
验收和处理	1.1	0.5
减:采购折扣	0.6	0.6
价格标准(元/只)	7.3=5.3+1.5+1.1-0.6	9.3=7.3+2.1+0.5-0.6

要求:制定三相电能表消耗这两种直接材料的标准成本。

解:1台三相电能表消耗液晶的标准成本=1.8×7.3=13.14(元)

1台三相电能表消耗磁性材料的标准成本=5×9.3=46.5(元)

1台三相电能表主要直接材料的标准成本=13.14+46.5=59.64(元)

二、直接人工标准成本的制定

单位产品直接人工标准成本由人工工时耗用量标准和直接人工的价格标准两个因素决定。

人工工时耗用量标准是指直接生产工人生产单位产品所需要的标准工时,又称为工时消耗定额。一般是由生产部门和技术部门结合相关历史资料,在分析生产工艺和工人素质等因素的基础上制定的。制定直接人工标准工时时,通常应考虑直接加工工时、必要的休息和停工工时以及不可避免的废料、废品损耗工时等因素。

直接人工的价格标准又称为直接人工标准工资率,它是由人力资源部门、生产部门和技术部门共同制定的。制定直接人工标准工资率时应考虑的因素主要有企业采取的工资制度(计时工资或计件工资)、操作人员的技能水平等。

在确定了人工工时耗用量标准和直接人工的价格标准之后,可以按照下述公式计算得到直接人工的标准成本：

$$单位产品直接人工标准成本＝人工工时耗用量×直接人工价格标准$$
$$直接人工标准价格＝工资率标准×(1＋应付福利费提取率)$$

（1）如果采用计件工资制，工资率标准是生产单位产品所支付的生产工人工资，即计件工资单价。计算公式如下：

$$工资率标准＝生产工人某一等级的标准工资÷单位产品的工时定额$$

（2）如果采用计时工资，工资率标准是生产工人每一工作小时所应分配的工资与应付福利费之和，即小时工资率。计算公式如下：

$$工资率标准＝\frac{标准工资总额}{标准总工时}$$

如果产品的生产过程中涉及多道工序，而且不同工序的工资率不同，则可以采用与计算直接材料标准成本类似的方法计算确定直接人工标准成本。计算公式如下：

$$直接人工标准成本＝\sum\left(\begin{array}{c}单位产品第i道工序的\\直接人工价格标准\end{array}×\begin{array}{c}第i道工序的\\人工工时耗用量标准\end{array}\right)$$

【例8-2】 承【例8-1】，在三相电能表的生产过程中，生产程序可以大概分为两部分，主要零部件的生产以及产品的组装，由于采用了机械化生产，单位产品所需人工的加工时间大大降低，产品消耗的直接人工资料如表8-3所示。为了方便计算，每月工作时间为20天。

表8-3　三相电能表消耗的直接人工资料

标　准	工　序	
	工序一：主要部件生产	工序二：组装、检测和装箱
每人每月工时(8小时/天)×20天	160	160
工资率标准(元/小时)	8	7
应付福利费提取率(%)	14	14
直接人工价格标准(元/小时)	9.12＝8×(1＋14%)	7.98＝7×(1＋14%)
加工时间(人工小时/件)	2.5	2
休息和工作准备时间	0.4	0.3
清洁和机器故障准备	0.6	0.3
不合格品准备	0.1	0.2
其他时间(如换班、请假、停电等意外延误)(小时)	0.4	0.2
人工工时耗用量标准(工时/台)	4＝2.5＋0.4＋0.6＋0.1＋0.4	3＝2＋0.3＋0.3＋0.2＋0.2

要求：确定三相电能表生产每月消耗直接人工的标准成本。

解:第一道工序直接人工标准成本＝9.12×4＝36.48(元)

第二道工序直接人工标准成本＝7.98×3＝23.94(元)

一台三相电能表消耗直接人工的标准成本＝36.48＋23.94＝60.42(元)

三、制造费用标准成本的制定

单位产品制造费用的标准成本首先是按部门分别编制的,然后将同一产品涉及的各部门单位制造费用汇总,得出整个产品的制造费用标准成本。制造费用属于间接费用,其标准成本的制定比直接费用项目要复杂一些,原因在于:① 间接费用的控制责任分散于企业的各个部门;② 构成间接费用的项目具有大量不同的特征,有的是固定性质的,有的是变动性质的,还有的是混合性质的;③ 间接费用的具体内容差别很大,有生产方面、管理方面、修理方面,还有设备方面的,使得情况复杂化。

尽管如此,制造费用标准成本制定的核心仍然是制造费用的用量标准和价格标准两方面。具体来说,各部门的制造费用标准成本可以分为变动制造费用标准成本和固定性制造费用标准成本两个部分。

(一)变动制造费用标准成本的制定

变动制造费用的标准成本一般由生产部门和技术部门共同制定。其用量标准通常采用单位产品的直接人工标准工时,它在制定直接人工标准成本时就已经确定,有的企业则根据实际情况采用机器工时作为变动制造费用标准成本的用量标准。变动制造费用的价格标准是每一工时变动制造费用的标准分配率,是以变动制造费用预算总额除以直接人工标准总工时计算得出的。即:

$$变动制造费用标准分配率＝\frac{变动制造费用预算总额}{标准总工时}$$

在确定了变动制造费用的用量标准和价格标准之后,可以使用下述公式计算得到变动制造费用的标准成本:

单位产品变动制造费用的标准成本＝单位产品的工时×变动制造费用标准分配率

【例8-3】 承【例8-1】,在三相电能表的制造过程中,变动制造费用预算如表8-4所示。

表8-4　三相电能表变动制造费用预算表

标　　准	部　　门	
	零部件制造车间	组装测试车间
变动制造费用预算	7 200	2 400
加工时间(人工小时/台)	2.5	2
休息和工作准备时间	0.4	0.3
清洁和机器故障标准	0.6	0.3

标　准	部　门	
	零部件制造车间	组装测试车间
不合格品标准	0.1	0.2
其他时间(如换班、请假、停电等意外延误)(小时)	0.4	0.2
单位人工工时	4＝2.5＋0.4＋0.6＋0.1＋0.4	3＝2＋0.3＋0.3＋0.2＋0.2
生产工人人数	60	40
每月工作天数	20	20
每月总工时	4 800＝4×60×20	2 400＝3×40×20

要求:确定单位三相电能表消耗变动制造费用的标准成本。

解:零部件制造车间的变动制造费用标准分配率＝$\dfrac{变动制造费用预算总额}{标准总工时}$

$$=\frac{7\ 200}{4\ 800}=1.5(元/小时)$$

组装车间的变动制造费用标准分配率＝$\dfrac{变动制造费用预算总额}{标准总工时}$

$$=\frac{2\ 400}{2\ 400}=1(元/小时)$$

零部件制造车间单位人工工时标准＝4(小时/台)

组装测试车间单位人工工时标准＝3(小时/台)

单位三相电能表变动制造费用的标准成本＝4×1.5＋3×1＝9(元/台)

(二)固定性制造费用标准成本的制定

在变动成本法中,由于固定性制造费用不计入产品成本,所以此时单位产品的标准成品中不包括固定性制造费用的标准成本。在这种情况下,不需要制定固定性制造费用的标准成本,固定性制造费用的控制是通过预算管理来进行的。如果企业采用完全成本法计算,则固定性制造费用要计入产品成本,需要确定其标准成本。

单位产品固定性制造费用的标准成本也是由生产部门和技术部门共同制定的。固定性制造费用的用量标准与变动制造费用的用量标准相同,可以采用单位产品直接人工标准工时或单位产品标准机器工时,但是两者要保持一致,以便进行差异分析。固定性制造费用的价格标准就是固定性制造费用的每小时标准分配率,它是根据固定性制造费用预算总额和直接人工标准总工时计算得出的。即:

$$固定性制造费用标准分配率＝\frac{固定制造费用预算总额}{标准总工时}$$

在确定了固定性制造费用的用量标准和价格标准之后,两者相乘即可得到固定制造费用标准成本。

单位产品固定性制造费用标准成本＝单位产品标准工时×固定性制造费用标准分配率

【例 8-4】　承【例 8-1】,三相电能表的固定性制造费用预算如表 8-5 所示。

表 8-5　三相电能表固定性制造费用预算表

标　准	部　门	
	零部件制造车间	组装测试车间
固定性制造费用预算(元)	9 600	3 600
加工时间(人工小时/台)	2.5	2
休息和工作标准时间(小时)	0.4	0.3
清洁和机器故障标准(小时)	0.6	0.3
不合格品标准(小时)	0.1	0.2
其他时间(如换班、请假、停电等意外延误)(小时)	0.4	0.2
单位人工工时(小时)	4＝2.5＋0.4＋0.6＋0.1＋0.4	3＝2＋0.3＋0.3＋0.2＋0.2
生产工人人数	60	40
每月工作天数	20	20
每月总工时	4 800＝4×60×20	2 400＝3×40×20

要求:确定三相电能表消耗固定性制造费用的标准成本。

解:零部件生产车间的固定性制造费用标准分配率＝$\dfrac{固定制造费用预算总额}{标准总工时}$

$$＝\frac{9\ 600}{4\ 800}＝2(元/小时)$$

组装测试车间的固定性制造费用标准分配率＝$\dfrac{固定制造费用预算总额}{标准总工时}$

$$＝\frac{3\ 600}{2\ 400}＝1.5(元/小时)$$

零部件生产车间单位人工工时标准＝4(小时/台)

组装测试车间单位人工工时标准＝3(小时/台)

单位三相电能表固定性制造费用的标准成本＝2×4＋3×1.5＝12.5(元/台)

四、单位产品标准成本的制定

将以上确定的单位产品直接材料、直接人工和制造费用的标准成本按成品加以汇总,就可以确定有关产品完整的标准成本。通常,企业编制"标准成本卡"来反映产品标准成本的具体构成。在每种产品生产之前,其标准成本卡要送达有关人员,包括各级生产部门的负责人、会计部门、仓库等,作为领料、派工和支出费用的依据。

【例 8-5】　承【例 8-1】至【例 8-4】,编制三相电能表的标准成本卡如表 8-6 所示。

表 8-6 三相电能表的标准成本

项　目		价格标准	用量标准	标准成本(元/台)
直接材料	液晶	7.3 元	1.8 只/台	13.14
	磁性材料	9.3 元	5 只/台	46.5
小　计				59.64
直接人工	工序一	9.12 元/小时	4 小时/台	36.48
	工序二	7.98 元/小时	3 小时/台	23.94
小　计				60.42
变动制造费用	零部件制造车间	1.5 元/小时	4 小时/台	6
	组装测试车间	1 元/小时	3 小时/台	3
小　计				9
固定性制造费用	零部件制造车间	2 元/小时	4 小时/台	8
	组装测试车间	1.5 元/小时	3 小时/台	4.5
小　计				12.5
单位产品标准成本				141.56

任务三　成本差异分析

成本差异的计算与分析主要分为两大部分,一部分是变动成本差异分析,包括直接材料、直接人工和变动制造费用的差异分析;另一部分是固定成本差异分析,主要是固定性制造费用的差异分析。

一、变动成本差异分析

变动成本差异分析包括对直接材料成本差异、直接人工成本差异和变动制造费用差异分别进行差异分析。

（一）直接材料成本差异的分析

直接材料成本差异,是指一定产量产品的直接材料实际成本与直接材料标准成本之间的差额。

直接材料成本差异＝直接材料实际成本－直接材料标准成本

直接材料成本差异,由直接材料价格差异和直接材料用量差异两部分构成。这两种差异的形成,如图 8-1 所示。

①实际价格×实际用量
②标准价格×实际用量
③标准价格×标准用量

材料价格差异=①-②

材料用量差异=②-③

材料成本差异=①-③

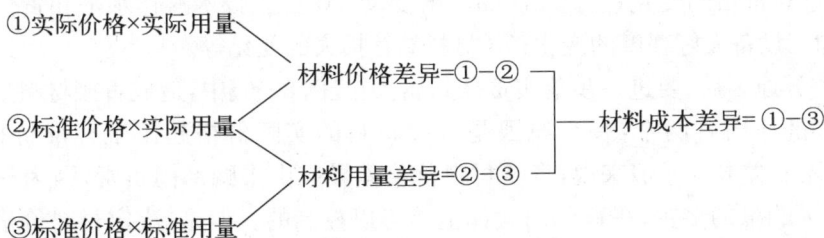

图 8-1　直接材料成本差异构成

直接材料价格差异,是指由于直接材料实际价格脱离标准价格而形成的直接材料成本差异。其计算公式为:

$$直接材料价格差异=(实际价格×实际用量)-(标准价格×实际用量)$$
$$=(实际价格-标准价格)×实际用量$$

直接材料用量差异,是指由于直接材料的实际耗用量脱离标准耗用量而形成的直接材料成本差异。其计算公式为:

$$直接材料用量差异=(标准价格×实际用量)-(标准价格×标准用量)$$
$$=(实际用量-标准用量)×标准价格$$

$$直接材料成本差异=直接材料价格差异+直接材料用量差异$$

下面举例说明直接材料成本差异的计算与分析方法。

【例 8-6】 承【例 8-1】2019 年 2 月底,由于国家经济政策的变化,盖斯威公司在三相电能表的制造中主要使用的两种原材料的价格也发生了不同的变动,液晶实际单价为 4.5 元/只,而磁性材料价格则上涨为 10 元/只,本期共生产三相电能表 1 500 台,实际耗用液晶 2 600 只,磁性材料 13 900 只。

要求:计算三相电能表产品的直接材料成本差异。

解:液晶的价格差异=(4.5-7.3)×2 600=-7 280 元(有利差异)

磁性材料的价格差异=(10-9.3)×13 900=9 730(不利差异)

三相电能表的直接材料价格差异=-7 280+9 730=2 450(不利差异)

液晶的用量差异=(2 600-1.8×1 500)×7.3=-730(有利差异)

磁性材料的用量差异=(13 900-1 500×5)×9.3=59 520(不利差异)

三相电能表的用量差异=-730+59 520=58 790(不利差异)

三相电能表直接材料成本差异=2 450+58 790=61 240(不利差异)

计算出直接材料成本差异以后,应进一步查明原因,找出引起直接材料成本差异增减变动的原因。

直接材料价格差异的产生主要有以下几个方面因素:① 材料价格的变化;② 采购批量的变动;③ 运输方式和运输线路的变化;④ 替代材料的使用;⑤ 材料质量的变化;⑥ 紧急订货等。

直接材料数量差异的形成原因主要有以下几个方面:① 产品设计和工艺的变更;

② 材料质量和价格的变化;③ 废、次品率的变动;④ 工人技术操作水平和责任心强弱的变化;⑤ 加工设备完好程度的变化;⑥ 材料储存损失的变化等。

找出差异原因后,要进一步落实责任归属。在【例 8-6】中,造成直接材料形成 61 240元不利差异的原因有两个:一个原因是直接材料的实际价格超出了标准价格,形成了2 450 元的不利差异。一般来说,直接材料价格差异应由采购部门负责,因为材料购买价格的高低、采购量的多少,采购部门大体上是可以控制的。但是,决定材料价格的因素是多方面的,有些引起材料价格变动的因素会超出采购部门的控制范围。例如,在盖斯威公司三相电能表的生产中,液晶价格因市场供求关系变化所引起的变动,就是采购部门所不能控制的。又如,因临时性需要紧急采购磁性材料时,由于改变运输方式(如由陆运改为空运)而引起的价格差异,也不应由采购部门负责,而应由造成这种情况的有关部门负责。另一个原因是材料消耗过量,超出了标准用量。这是造成直接材料不利差异的最主要原因。直接材料的用量差异一般应由控制用料的生产部门负责。因为在正常情况下,产品耗用某种材料数量的多少、加工过程中必不可少的材料损耗的大小,生产部门大体上是可以控制的。但是,影响材料耗用量的因素也是多方面的。除生产部门有关人员的原因(如是否注意合理用料、是否遵守操作规程、技术的熟练程度等)会对材料用量差异的形成产生影响外,其他部门的原因也可能对材料用量差异的形成产生影响。例如,因材料质量低劣而增加废品、因材料不符合要求而大材小用等原因引起的过量用料,就应该由采购部门负责。

总之,由于影响直接材料价格差异和用量差异因素的多样性,在进行直接材料成本差异分析时,应从实际出发,认真分析产生差异的具体原因,以便有针对性地采取改进措施。

(二)直接人工成本差异的分析

直接人工成本差异,是指一定量产品的直接人工实际成本和直接人工标准成本之间的差额。

$$直接人工成本差异=直接人工实际成本-直接人工标准成本$$

直接人工成本差异,由直接人工工资率差异和直接人工效率差异两部分构成。这两种差异的形成,如图 8-2 所示。

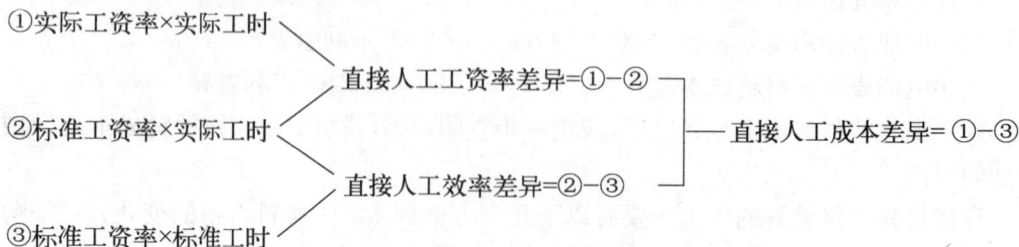

①实际工资率×实际工时
直接人工工资率差异=①-②
②标准工资率×实际工时
直接人工成本差异=①-③
直接人工效率差异=②-③
③标准工资率×标准工时

图 8-2　直接人工成本差异构成

直接人工工资率差异,是指由于直接人工的实际工资率脱离标准工资率而形成的直接人工成本差异。其计算公式为:

$$直接人工工资率差异=(实际工资率×实际工时)-(标准工资率×实际工时)$$
$$=(实际工资率-标准工资率)×实际工时$$

直接人工效率差异,是指由于直接人工实际工作时数脱离标准工作时数而形成的直接人工成本差异。其计算公式为:

$$直接人工效率差异=(标准工资率×实际工时)-(标准工资率×标准工时)$$
$$=(实际工时-标准工时)×标准工资率$$

$$直接人工成本差异=直接人工工资率差异+直接人工效率差异$$

下面举例说明直接人工成本差异的计算分析方法。

【例 8-7】　盖斯威公司本期生产三相电能表 1 500 台,在生产过程中,只有组装车间出现差异,实际耗用工时为 5 700 小时,实际工资总额为 44 000 元;标准工资率为每小时 7.98 元,单位产品该道工序的耗时标准为 3 小时。

要求:计算三相电能表的直接人工成本差异。

解:直接人工工资率差异=44 000-7.98×5 700=-1 486(有利差异)

直接人工效率差异=7.98×5 700-7.98×3×1 500=9 576(不利差异)

直接人工成本差异=-1 486+9 576=8 090(不利差异)

计算出直接人工成本差异以后,就要进一步分析、查明形成差异的原因。影响直接人工效率的因素有很多,具体有下列几个方面:① 企业劳动组织和人员配备情况;② 工人的技术熟练程度和责任感;③ 材料的质量、规格和供应的及时性;④ 动力供应情况;⑤ 工具配备情况;⑥ 机器设备的运转情况等。影响直接人工工资率差异的原因也有很多,主要有以下几个方面:① 企业工资的调整,工资等级的变更;② 奖金和津贴的变更;③ 对工人安排使用的变化;④ 工人的技术等级与工作要求的技术等级不符等。

根据差异产生的具体原因,最后应落实差异的责任归属。直接人工效率差异基本上应由生产部门负责,也可能有一部分应由其他部门负责。直接人工工资率差异通常由负责安排工人工作的人事部门或生产部门负责。在【例 8-7】中,造成直接人工不利差异的最主要原因是直接人工工时消耗过量,超出了标准工时水平,因此这部分的不利差异应当由生产部门负责,需要查明原因,落实责任。

（三）变动制造费用的差异分析

变动制造费用差异,是指一定产量产品的实际变动制造费用与标准变动制造费用之间的差额。

$$\begin{aligned}\frac{变动制造费用}{成本差异}&=\frac{实际产量下实际}{变动性制造费用}-\frac{实际产量下标准}{变动性制造费用}\\&=\left(\frac{实际产量下实际}{变动性制造费用}-\frac{实际产量}{标准工时}\right)×\frac{变动性制造费用}{标准分配率}\end{aligned}$$

式中，

$$变动性制造费用标准分配率 = \frac{变动性制造费用预算总额}{标准总工时}$$

由于变动制造费用等于变动制造费用分配率与直接人工工时(或机器工时)之积，因此，变动制造费用差异包括变动制造费用分配率差异和变动制造费用效率差异两部分。变动制造费用分配率差异也称变动制造费用开支差异、变动制造费用耗用差异或变动制造费用预算差异。变动制造费用分配率是指平均单位直接人工工时(或单位机器工时)应负担的变动制造费用。在成本差异分析中，变动制造费用分配率差异类似于材料价格差异和直接人工工资率差异，变动制造费用效率差异类似于材料用量差异和直接人工效率差异。其计算如图 8-3 所示。

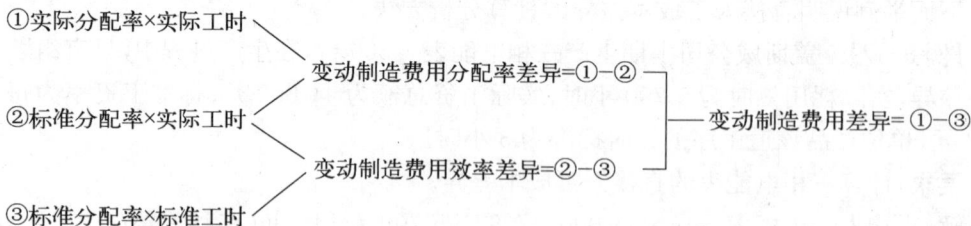

①实际分配率×实际工时
②标准分配率×实际工时　　变动制造费用分配率差异=①-②
③标准分配率×标准工时　　变动制造费用效率差异=②-③　　变动制造费用差异=①-③

图 8-3　变动制造费用差异构成

由图 8-3 可以导出变动制造费用差异分析的计算公式：

变动制造费用分配率差异＝(实际分配率×实际工时)－(标准分配率×实际工时)
　　　　　　　　　　　　＝(实际分配率－标准分配率)×实际工时

变动制造费用效率差异＝(标准分配率×实际工时)－(标准分配率×标准工时)
　　　　　　　　　　　　＝(实际工时－标准工时)×标准分配率

变动制造费用成本差异＝变动制造费用分配率差异＋变动制造费用效率差异

下面举例说明变动制造费用成本差异的计算与分析方法。

【例 8-8】　盖斯威公司本期生产三相电能表 1 500 台，产生差异的是零部件加工车间，实际耗用人工工时为 5 500 小时，实际发生变动制造费用为 11 000 元，单位产品工时标准为 4 小时，变动制造费用标准分配率为每直接人工工时 1.5 元。

要求：计算三相电能表的变动制造费用成本差异。

解：变动制造费用分配率差异＝11 000－1.5×5 500＝2 750(不利差异)

变动制造费用效率差异＝5 500×1.5－4×1 500×1.5＝－750(有利差异)

变动制造费用成本差异＝2 750－750＝2 000(不利差异)

从【例 8-8】中可得出，盖斯威公司三相电能表的变动制造费用总差异为超支 2 000 元，其中变动制造费用分配率差异为超支 2 750 元，而效率差异为节约 750 元。从中可以看出，造成变动制造费用成本超支的主要原因是实际分配率超出了标准范围。变动制造费用分配率差异和效率差异产生的原因，主要是间接材料、间接人工和其他有关变动制造费用的变动,以及生产过程中实际工时(或机器工时)利用情况发生了变化。所以应该在深入分析差异形成原因的基础上,将有关差异的责任具体落实到有关部门。

需要指出的是,变动制造费用是一个综合性费用项目。对其差异的分析,应结合构成变动制造费用的具体明细项目做进一步的分析。在实际工作中,通常根据变动制造费用弹性预算的明细项目,结合同类项目的实际发生数进行对比分析,从而找出差异的原因及责任归属。

二、固定成本差异分析

固定成本差异分析主要是指固定性制造费用成本差异的分析。所谓固定性制造费用成本差异,是指一定期间的实际固定性制造费用与标准固定性制造费用之间的差额。其计算公式如下:

$$\begin{aligned}\text{固定性制造费用成本差异} &= \text{实际产量下实际固定性制造费用} - \text{实际产量下标准固定性制造费用} \\ &= \left(\text{实际产量下实际固定性制造费用} - \frac{\text{固定性制造费用}}{\text{标准分配率}}\right) \times \frac{\text{实际产量}}{\text{标准工时}}\end{aligned}$$

通常可以将固定性制造费用差异分为三种,即开支差异、效率差异和能力利用差异。其中能力利用差异是指实际工时与预算工时之间的差异造成的固定性制造费用差异,而实际工时与预算工时之间的差异,实质上反映了实际生产能力利用程度与预算规定的水平的差异。

由于固定性制造费用总额一般不受产量变动的影响,因此,产量变动会对单位产品所负担的固定性制造费用产生影响。这就是说,实际产量与设计生产能力规定的产量或预算规定的产量的差异会对单位产品应负担的固定性制造费用产生影响。所以,固定性制造费用差异的分析方法与其他成本差异的分析方法有所不同。固定性制造费用差异的分析方法主要有两差异分析法和三差异分析法两种。

(一)两差异分析法

两差异分析法又称为二因素分析法,这种分析法是将固定性制造费用差异分为耗费(预算)差异和能量差异两种成本差异。

固定性制造费用耗费(预算)差异是指实际固定性制造费用与计划(也称预算)固定性制造费用之间的差异。计划固定性制造费用是按计划产量和工时标准、标准费用分配率事前确定的固定性制造费用。这种成本差异的计算公式如下:

$$\begin{aligned}\text{固定性制造费用耗费差异} &= \text{实际产量下实际固定性制造费用} - \text{计划产量下标准固定性制造费用} = \text{实际产量下实际固定性制造费用} - \text{计划产量} \times \text{工时标准} \times \text{标准费用分配率} \\ &= \text{实际产量下实际固定性制造费用} - \text{计划产量标准工时} \times \text{标准费用分配率}\end{aligned}$$

固定性制造费用能量差异是指由于设计或计划的生产能力利用程度的差异而导致的

成本差异,也就是实际产量标准工时脱离设计或计划产量标准工时而产生的成本差异。其计算公式为:

固定性制造费用能量差异＝(计划产量标准工时－实际产量标准工时)×标准费用分配率

固定性制造费用成本差异＝固定性制造费用耗费差异＋固定性制造费用能量差异

【例 8-9】 盖斯威公司一月计划生产三相电能表 1 800 台,实际产量为 1 500 台,零部件加工车间计划固定性制造费用为 14 400 元,实际发生固定性制造费用 15 200 元,标准工时为 4 小时,固定性制造费用标准分配率为每直接人工工时 1.5 元,实际工时为 6 800 小时。

要求: 使用两差异法,计算零部件加工车间三相电能表的固定性制造费用成本差异。

解: 固定性制造费用耗费差异＝15 200－1 800×4×1.5＝4 400(不利差异)

固定性制造费用能量差异＝1 800×4×1.5－1 500×4×1.5＝1 800(不利差异)

固定性制造费用成本差异＝4 400＋1 800＝6 200(不利差异)

(二) 三差异分析法

三差异分析法又称为三因素分析法,这种分析法是将固定性制造费用差异区分为耗费差异、能力差异和效率差异三种成本差异。其中耗费差异与两差异分析法相同,其计算公式仍为:

$$\frac{\text{固定性制造费用}}{\text{耗费差异}}＝\frac{\text{实际产量下实际}}{\text{固定性制造费用}}－\frac{\text{计划产量下标准}}{\text{固定性制造费用}}$$

能力差异是指实际产量实际工时脱离计划产量标准工时而引起的生产能力利用程度差异而导致的成本差异。其计算公式为:

固定性制造费用能力差异＝(计划产量标准工时－实际产量实际工时)×标准费用分配率

效率差异是指因生产效率差异导致的实际工时脱离标准工时而产生的成本差异。其计算公式为:

固定性制造费用效率差异＝(实际产量实际工时－实际产量标准工时)×标准费用分配率

$$\frac{\text{固定性制造费用}}{\text{成本差异}}＝\frac{\text{固定性制造费用}}{\text{耗费差异}}＋\frac{\text{固定性制造费用}}{\text{能力差异}}＋\frac{\text{固定性制造费用}}{\text{效率差异}}$$

【例 8-10】 承【例 8-9】盖斯威公司一月计划生产三相电能表 1 800 台,实际产量为 1 500 台,零部件加工车间计划固定性制造费用为 14 400 元,实际发生固定性制造费用 15 200 元,标准工时为 4 小时,固定性制造费用标准分配率为每直接人工工时 1.5 元,实际工时为 6 800 小时。

要求: 根据上面的资料,使用三差异分析法,计算零部件加工车间固定性制造费用的成本差异。

解: 固定性制造费用耗费差异＝15 200－1 800×4×1.5＝4 400(不利差异)

固定性制造费用能力差异＝(1 800×4－6 800)×1.5＝600(不利差异)

固定性制造费用效率差异＝(6 800－1 500×4)×1.5＝1 200(不利差异)

固定性制造费用成本差异＝4 400＋600＋1 200＝6 200(不利差异)

由以上计算结果可以看出,三差异分析法的能力差异与效率差异之和,等于两差异分析法的能量差异。因此,采用三差异分析法,能够更清楚地说明生产能力利用程度和生产效益高低所导致的成本差异情况,从而便于分清责任。

固定性制造费用也是一个综合性的费用项目,因此,为了较为准确地查明差异产生的原因,必须按固定性制造费用各项目的预算数与其实际发生数进行对比,以便逐项分析原因和责任。

固定性制造费用耗费差异的出现有外部原因,但大多数是内部原因,如临时购置固定资产,超计划雇用管理人员及辅助生产人员,研究开发费、培训费的增加等。能力差异主要是由产销数量引起的,如经济萧条、产品定价过高造成销路不好,或原材料、能源供应不足造成生产能力利用不充分等。

产生固定性制造费用效率差异的原因与直接人工效率差异的形成原因相同,主要应由人事部门和管理部门负责。

任务四　成本差异的账务处理

在标准成本系统的会计核算体系中,对产品的标准成本和成本差异应分别进行核算。对于日常生产经营活动中计算出来的成本差异,一方面要编制有关成本差异分析报告;另一方面要进行核算和反映,即在有关成本差异总账和明细账中登记。

一、设置成本差异账户

在标准成本制度下,将标准成本与实际成本的差异,分别反映在有关成本差异账户上。每期期末,应对各项成本差异进行适当的调整,将所有差异账户结清。在标准成本制度下,要按照成本差异的类别分别设置成本差异账户,对各种成本差异进行分类归集,以便用于成本控制和期末结转差异。

需设置的成本差异账户主要有"直接材料价格差异"账户、"直接材料数量差异"账户、"直接人工价格差异"账户、"直接人工数量差异"账户、"变动制造费用价格差异"账户、"变动制造费用数量差异"账户、"固定制造费用耗费差异"账户、"固定制造费用效率差异"账户和"固定制造费用生产能力利用差异"账户。也可以将"固定制造费用效率差异"账户和"固定制造费用生产能力利用差异"账户合并为"固定制造费用能量差异"账户。

成本差异的账户名称与各项成本差异名称一致,各个成本差异账户登记的差异性质是一致的,即成本差异账户的借方登记实际成本超过标准成本的不利差异,贷方登记实际成本低于标准成本的有利差异。

二、登记各项标准成本和成本差异账户

对于日常发生的各项实际成本,都应对将其分离为标准成本和成本差异两部分,并以

标准成本分别登记"原材料""生产成本""库存商品"和"主营业务成本"等各有关成本账户。

对于实际成本脱离标准成本而形成的各项成本差异,应当按照其不同的类别,分别登记各有关的成本差异账户。对于平时领用的原材料、发生的直接人工费用、各种变动及固定性制造费用应先在"直接材料""直接人工"和"制造费用"账户进行归集。月末计算、分析成本差以后,将实际费用中的标准成本部分从"直接材料""直接人工"和"制造费用"账户转入"制造成本"账户,将完工产品的标准成本从"制造成本"账户转入"产成品"账户,并对各成本项目的超支差异借记有关差异账户,节约差异则贷记相应账户。

(1) 月末计算成本差异后,编制直接材料及其成本差异的会计分录:

借:生产成本——直接材料　　　　(材料计划价格×实际产量下计划材料耗用量)
　　材料价格差异　　　　　　　　(不利差异)
　　材料用量差异　　　　　　　　(不利差异)
　　贷:原材料　　　　　　　　　(材料实际价格×实际产量下实际材料耗用量)

(2) 月末计算成本差异后,编制直接人工及其成本差异的会计分录:

借:生产成本——直接人工　　　　(标准工资率×实际产量下计划耗用工时)
　　人工效率差异　　　　　　　　(不利差异)
　　人工工资率差异　　　　　　　(不利差异)
　　贷:应付职工薪酬

(3) 月末计算成本差异后,编制变动制造费用及其差异的会计分录:

借:生产成本——变动制造费用　　(标准分配率×实际产量下计划耗用工时)
　　变动制造费用耗费差异　　　　(不利差异)
　　变动制造费用效率差异　　　　(不利差异)
　　贷:变动制造费用　　　　　　(变动制造费用实际金额)

(4) 月末计算成本差异后,编制固定性制造费用及其差异的会计分录:

借:生产成本——固定性制造费用　(标准分配率×实际产量下计划耗用工时)
　　固定性制造费用预算差异　　　(不利差异)
　　固定性制造费用效率差异　　　(不利差异)
　　固定性制造费用能力差异　　　(不利差异)
　　贷:固定性制造费用　　　　　(固定性制造费用实际金额)

三、期末成本差异的处理

各差异账户的累计发生额反映了本期成本控制业绩情况,每一会计期期末各个成本差异账户均应结清,将这些账户的余额分配调整至相关账户。在实际工作中有两种结转成本差异账户的方法,一是全部差异结转法,而是部分差异结转法。

(一)全部差异结转法

全部差异结转法是将本期发生的各项成本差异全部视同于当期的"销售成本",由本期收入补偿,全部计入损益表的一种处理方法。采用这种方法的依据是本期差异应体现本期成本控制业绩,要将发生的全部成本差异都作为当期产品销售收入的抵减项目,在本期利润上予以反映。该方法的特点是企业制定的标准成本代表了企业当期应达到的成本水平,成本差异能使当期经营成果与成本控制的业绩直接挂钩,使其在经济成果报告中予以反映。

（二）部分差异结转法

部分差异结转法是在会计期末将本期确认的各项成本差异按比例在产品的销售成本与存货成本之间进行分配。根据会计准则和税法的有关规定,企业需以实际成本反映存货成本和销货成本,故将本期确认的各项成本差异,一部分由销货成本负担,一部分由存货成本负担。

成本差异处理的方法选择,需要考虑多种因素,包括差异的类型、原因、大小和时间等。因此,各项成本差异的具体处理方法,因具体企业情况和差异情况而定。特别强调,选择差异处理方法上虽较灵活,但要保持历史的一致性,以便成本数据的可比性。

四、成本差异处理实务

【例8-11】　天宇公司生产甲产品,同时耗用 A、B 两种材料。本月实际产量为 160件,计划产量 170 件,各成本项目的用量及价格标准如表 8-7 所示,其中:A 材料实际单价为 30.5 元/千克,B 材料实际单价为 59.5 元/千克。实际耗用的工时为 700 小时,直接人工实际工资率为 8 元,变动制造费用实际发生 4 200 元,固定制造费用实际发生 5 600元。实际耗用 A 材料 1 600 千克,B 材料 475 千克。

要求:试计算和分析各成本项目的成本差异并编制会计分录。

表 8-7　单位产品标准成本卡

产品:甲

成本项目		用量标准	价格标准	单位标准成本
直接材料	A	9 千克	30 元	270 元
	B	3 千克	60 元	180 元
	小计	—	—	450 元
直接人工		5 小时	7 元	35 元
变动制造费用		5 小时	4.5 元	22.5 元
固定制造费用		5 小时	6 元	30 元
单位标准成本			537.5 元	

解:① 直接材料成本差异的计算及账务处理。

直接材料标准成本差异计算如下:

直接材料的实际成本＝1 600×30.5＋475×59.5＝77 062.5(元)

直接材料的标准成本＝160×9×30＋160×3×60＝72 000(元)

直接材料成本差异＝77 062.5－72 000＝5 062.5(元)(超支差)

其中：

A 材料数量差异＝(1 600－160×9)×30＝4 800(元)(超支差)

B 材料数量差异＝(475－160×3)×60＝－300(元)(节约差)

A 材料价格差异＝(30.5－30)×1 600＝800(元)(超支差)

B 材料价格差异＝(59.5－60)×475＝－237.5(元)(节约差)

借：生产成本——甲产品 72 000

　直接材料数量差异 4 500

　直接材料价格差异 562.5

　　贷：原材料 77 062.5

② 直接人工成本差异的计算及账务处理。

直接人工标准成本差异＝700×8－160×5×7＝0(元)

其中：

直接人工效率差异＝(700－160×5)×7＝－700(元)(节约差)

直接人工工资率差异＝(8－7)×700＝700(元)(超支差)

借：生产成本——甲产品 5 600

　直接人工工资率差异 700

　　贷：应付职工薪酬 5 600

　　　直接人工效率差异 700

③ 变动制造费用差异的计算及账务处理。

变动制造费用标准成本差异＝4 200－160×5×4.5＝600(元)

其中：

变动制造费用效率差异＝(700－160×5)×4.5＝－450(元)(节约差)

变动制造费用耗费差异＝(4 200÷700－4.5)×700＝1 050(元)(超支差)

借：生产成本——甲产品 3 600

　变动制造费用耗费差异 1 050

　　贷：变动制造费用效率差异 450

　　　变动制造费用 4 200

④ 固定制造费用差异的计算及账务处理。

固定制造费用成本差异＝5 600－160×5×6＝800(元)

两差异分析法分析如下：

固定制造费用能量差异＝170×5×6－160×5×6＝300(元)(超支差)

固定制造费用预算差异＝5 600－170×5×6＝500(元)(超支差)

三差异分析法分析如下：

固定制造费用能力差异＝(170×5－700)×6＝900(元)(超支差)

固定制造费用效率差异＝(700－160×5)×6＝－600(元)(节约差)

固定制造费用预算差异＝5 600－170×5×6＝500(元)(超支差)

借：生产成本——甲产品 4 800

　固定制造费用能量差异 300

```
        固定制造费用预算差异                          500
      贷:固定制造费用                                      5 600
或
    借:生产成本——甲产品                          4 800
        固定制造费用能力差异                        900
        固定制造费用预算差异                        500
      贷:固定制造费用                                      5 600
        固定制造费用效率差异                              600
```

关键术语

标准成本　标准成本系统　标准成本差异

应知考核

一、单选题

1. 在成本管理中能起积极控制作用的成本是(　　)。
   A. 历史成本　　　　　B. 标准成本　　　　C. 重置成本　　　　D. 变动成本

2. 根据企业正常的生产能力,以有效经营条件为基础而制定的标准成本,是指(　　)。
   A. 正常的标准成本　　　　　　　　B. 理想的标准成本
   C. 基本的标准成本　　　　　　　　D. 以上均错

3. 在实际工作中得到广泛应用的标准成本是(　　)。
   A. 基本标准成本　　B. 理想标准成本　　C. 正常标准成本　　D. 实际成本

4. 数量标准主要由(　　)制定。
   A. 生产部门　　　　　B. 采购部门　　　　C. 劳动部门　　　　D. 工程技术部门

5. 价格标准由(　　)会同有关责任部门制定。
   A. 生产部门　　　　　B. 采购部门　　　　C. 会计部门　　　　D. 工程技术部门

二、多选题

1. 单位产品的标准成本由(　　)组成。
   A. 直接材料的标准成本　　　　　　B. 直接人工的标准成本
   C. 制造费用的标准成本　　　　　　D. 管理费用的标准成本

2. 下列项目属于数量标准的是(　　)。
   A. 原材料标准消耗数量　　　　　　B. 原材料标准单价
   C. 标准工时　　　　　　　　　　　D. 标准工资率
   E. 制造费用标准分配率

3. 影响直接材料的标准成本的因素是(　　)。
   A. 单位产品的用料标准　　　　　　B. 单位产品的标准工时
   C. 材料的标准价格　　　　　　　　D. 标准工资率
   E. 标准工时

4. 单位产品的标准工时包括(　　)。

A. 对产品直接加工的时间　　　　B. 必要的间歇和停工时间

C. 不可避免的废品所用的时间　　D. 工资

E. 维修费

5. 制定标准成本的主要作用有（　　）。

A. 便于企业编制预算

B. 作为评价和考核工作质量和效果的重要依据

C. 为正确进行经营决策提供有用的数据

D. 简化产品成本的计算

E. 用于控制日常发生的经济活动

三、判断题

1. 标准成本就是理想成本。　　　　　　　　　　　　　　　　　　　（　　）

2. 在标准成本控制系统中，成本超支差异应计入成本差异账户的贷方。　（　　）

3. 理想的标准成本是现有条件下最理想的成本最低水平，在实际工作中被广泛采用。

（　　）

4. 在标准成本控制系统中，计算价格差异的用量基础是实际产量下的标准耗用量。

（　　）

5. 实际成本大于标准成本时称为有利差异。　　　　　　　　　　　　（　　）

四、简答题

1. 什么是标准成本系统？它有哪些特点？

2. 简述标准成本系统的构成内容。

3. 如何计算分析成本差异？

4. 成本差异如何进行账务处理？

应会考核

【业务处理一】

某公司制造 A 产品需用甲、乙两种直接材料，标准单价分别为 5 元/公斤、10 元/公斤，单位产品的标准单耗分别为 30 公斤、20 公斤；本期生产 A 产品 400 件，实际耗用甲材料 11 000 公斤、乙材料 9 000 公斤，甲、乙两种材料的实际单价分别为 4.5 元/公斤、11 元/公斤。

要求：对直接材料进行成本差异分析。

【业务处理二】

某公司本期生产甲产品 400 件，只需一个工种加工，实际耗用 5 000 工时，实际工资总额 9 000 元；标准工资率为 2 元，单位产品的工时耗用标准为 12 工时。

要求：对直接人工成本进行差异分析。

【业务处理三】

某公司本期生产甲产品 400 件，实际耗用人工工时 5 000 工时，实际发生变动制造费用 20 000 元，单位产品的工时耗用标准为 12 工时，变动制造费用标准分配率为每一直接人工工时 4.2 元。本期预算固定制造费用为 42 000 元，预算工时为 5 600 工时，实际固定制造费用 45 000 元。

要求:对制造费用进行差异分析。

项目实训

金鑫附件厂有职工 80 人,主要产品为管件,月生产能力为 800 只。该厂生产设备落后,成本管理较差。该厂于 2017 年年初采用标准成本制度进行成本控制,为缩短与先进水平企业之间的差距,以同行业的先进水平作为制定成本标准的依据,修改原有的定额指标,并以此考核职工的业绩。新制定的产品标准成本如表 8-8 所示。

表 8-8 金鑫附件厂产品标准成本表

成本项目	数量标准	价格标准	标准成本(元)
直接材料			
铸铁	2 千克	5 元/千克	10
合金钢	0.5 千克	26 元/千克	13
小 计			23
直接人工	18 工时	5 元/工时	90
制造费用			
变动制造费用	18 工时	1 元/工时	18
固定制造费用	18 工时	2.22/工时	40
产品标准成本			171

该厂对变动成本实行弹性控制,固定成本实行总额控制,每月固定制造费用总额为 32 000 元,每月计划产量为 800 只。该厂自实行标准成本制度以来,2017 年 1~6 月的成本执行情况均为超支,其中 1~5 月超支金额为 4 800~7 000 元,而 6 月实际成本为 148 757 元,与标准总成本相比成本差异高达 15 377 元。鉴于此,厂长组织有关人员深入各部门了解情况,要求分析成本差异,提出意见。经过调查分析,了解到如下情况:

(1)财务科汇总 2017 年 6 月产品的产量和成本资料如表 8-9 所示。

表 8-9 2017 年 6 月产品的产量和成本资料

实际产量	780 件		
材料耗用			
铸铁	1 800 千克	实际成本	9 000 元
合金钢	440 千克	实际成本	12 320 元
工资支出		实际工资	74 593 元
实际工时	14 430 工时		
变动制造费用		实际成本	15 444 元
固定制造费用			37 400 元
实际总成本			148 757 元
标准总成本			133 380 元
成本差异			15 377 元

（2）从劳动工资科了解到：6月按规定给职工增加了工资，平均每人增加40元，工资总额3 200元，其中生产工人为2 400元，管理人员为800元。

（3）从生产计划科了解到，有近60%的职工未能完成生产定额，厂里经常组织工人加班，并发给加班工资。

（4）从供应科了解到，由于市场上合金钢货源紧缺，所以供应单位提高了合金钢的价格，每千克提高了2元。

（5）从设备部门了解到，5月新增2台设备，每台价值为100 000元，月折旧率为0.4%，替代4台不适用的旧设备，每台原值为30 000元，月折旧率为0.4%。新设备使用后，旧设备未能及时处置。

（6）从厂办公室了解到，6月支出的各种捐款、资助费、社会事业费等共计3 000元，比5月增加一倍，其他情况同5月相差不多。

另外，在深入各部门了解情况的过程中，还听到了该厂职工对成本标准的议论：有些人认为标准不合理；有些人认为标准是合理的，主要是执行的原因；还有人认为标准反映的是基本情况，有些情况是难以估计的，所以偏离标准是正常的；等等。

要求：了解上述情况后，试完成下列目标：

（1）计算分析各种成本差异的原因。

（2）对现行成本标准提出评价。

（3）如要修改标准，你认为何种水平较为合理？

项目九　全面预算

知识目标

- 了解全面预算的含义和作用。
- 掌握全面预算的体系构成。
- 掌握全面预算的分类。
- 掌握全面预算的编制方法及其优缺点。

技能目标

通过项目学习,能够运用全面预算的编制方法和原理,编制全面预算;能够结合企业经营活动的特点,帮助企业选择合理科学的预算编制方法;能够熟练运用弹性预算和零基预算的编制原理进行预算编制。

知识导图

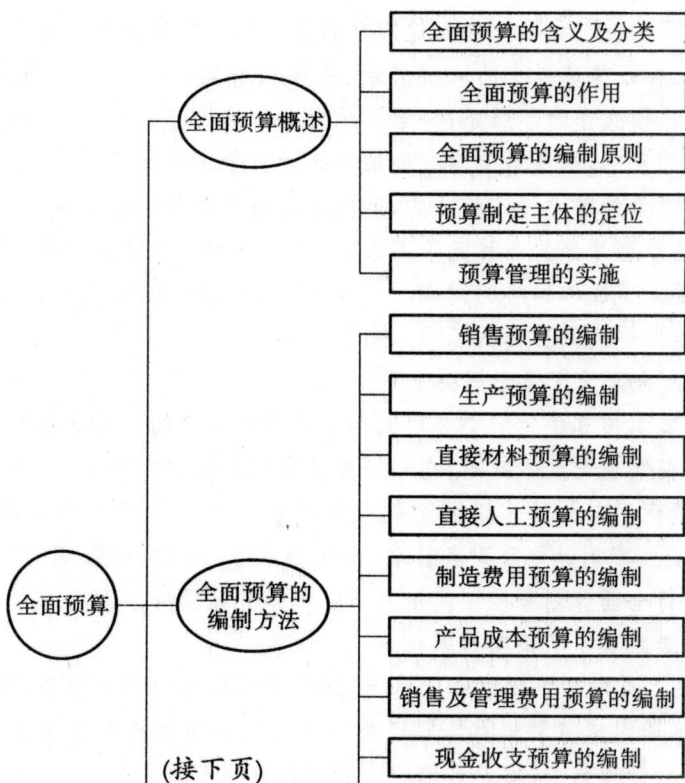

(接下页)

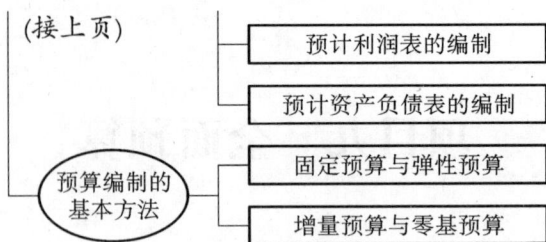

```
(接上页)
                                        ┌─────────────────────┐
                                        │   预计利润表的编制    │
                                        └─────────────────────┘
                                        ┌─────────────────────┐
                                        │  预计资产负债表的编制  │
                    ╭─────────╮         └─────────────────────┘
                    │ 预算编制的 │        ┌─────────────────────┐
                    │ 基本方法  │        │  固定预算与弹性预算    │
                    ╰─────────╯         └─────────────────────┘
                                        ┌─────────────────────┐
                                        │  增量预算与零基预算    │
                                        └─────────────────────┘
```

引导案例

深圳航空有限责任公司 1992 年 11 月成立,1993 年 9 月开航,是一家由广东广控(集团)公司、中国国际航空公司、全程物流(深圳)有限公司、深圳鼎协实业有限公司、深圳众甫地有限责任公司 5 家企业共同投资经营的股份制航空运输企业,主要经营航空客、货运输业务。目前拥有 24 架 B737 系列飞机,总资产 36.2 亿元,员工 1 900 多人,下辖 2 个分公司、5 个子公司、30 多个驻外营业部,经营国内航线 80 多条。深圳航空公司成功实施全面预算管理系统具体如下:

(1)深航低成本竞争策略。

"深航的管理者对企业发展和航空运输有独到的认识,通过认真分析外部经营环境,找准市场定位,实施有效战略,为企业确定了正确的前进方向。"

深航人认为,市场竞争取胜之道无非两条:一是"巧取",二是"豪夺"。深航本身规模实力不具备"豪夺"的条件,只能巧取,尤其是在涉及企业长远利益的战略目标、方针的设计上,必须做到"巧""准""稳"。为此,他们全面分析国内各航空企业的战略选择和战略布局,注意避开国企在战略选择上的一些失误、失策以及其他欠缺之处,同时以美国西南航空公司低成本运作模式作为参照系,科学地确定公司的战略目标和方针,为公司的长远发展奠定坚实可靠的基础,从根本上确立公司在市场竞争中的优势。

深航总经理董力加曾说过:"我认为,低成本战略是竞争战略中最具有杀伤力的战略,看似简单,却需要严谨地分析各种竞争因素,才可能找到一条可执行的低成本道路。在现实情况下,我们要对低成本战略的内涵予以丰富,坚持核心理念,把成本优势转化为消费诱因与动因,才是实现我们目标的正确方向。"

(2)实施用友全面预算管理解决方案。

如何让航线成本核算成为航空公司制定有效营销策略的重要依据? 如何有效控制企业经营成本? 如何实现低成本战略,在市场竞争中脱颖而出? 为此,深航找到了国内最大的 ERP 软件制造商用友公司。根据深航的战略目标及经营管理的具体情况,用友采用 NC 全面预算系统的费用计划及财务计划,并结合应收、应付、报账中心、总账等系统对运营成本与费用进行全面计划与控制。用友 NC 预算管理解决方案为深航走出中国特色的低成本航空发展道路奠定了坚实的基础。

① 预算体系。有限责任公司的计划/预算管理工作由财务部负责,财务部每年 10 月下达预算样表,两周内集团本部的各部门及下级二级公司根据自身情况安排编制本公司预算。根据深航的管理需求,按照各部门的费用项目进行预警控制、部分费用项目要求进

行事前控制,预算体系为以下两部分:

财务预算:按照会计科目、辅助项制定预算样表;

费用预算:按照收支项目、部门制定预算样表。

② 预算编制。按照费用最大集合、虚拟部门制定预算样表;垂直分解样表到各部门,各部门填制计划。对于应该由专项归口部门管理的预算须由归口部门操作员根据各部门填制的计划,按垂直汇总生成预算汇总部门专项预算的合计数。多部门、多费用列示表通过表间取数生成。

③ 预算控制。费用计划控制方案:费用计划通过 NC 应付、报账中心系统控制;

控制对象:收支项目及部门;

各部门通过权限设置实时查询自己部门的预算执行情况,并进行分析,不能看到其他无业务权限的部门的预算及执行情况。

④ 预算分析。以预算为基准,对照实际执行的结果,考察预算差异和预算执行进度;

在进行分析的过程中,考虑到异常因素,提供了异常因素剔除的分析;可以针对预算数据或者实际数据进行剔除;预算分析中,最经常用到的就是预算数据与实际执行数据的差异分析,包括分析差异率和差异额;此外,用户还可以进行更进一步的分析,包括因素分析、多维 OLAP 分析等。

(3) 实施效果。从 2001 年开始,深航开始实行全面预算管理,坚持以降低成本作为预算管理的总体指导思想,将一切经济业务纳入预算管理,做到事前有预测,事中有控制,事后有反馈考核。由于采用用友 NC 系统预算管理模块,对预算实行实时监控,把预算控制落实到各个部门的各项工作之中,对生产经营链条中每一环节进行财务成本控制,确定一个标准来核定预算指标,确保一切业务活动受控于预算。通过全方位的预算控制,将成本控制落实到公司生产经营的各个方面,最大限度地降低公司成本水平,从而大大提高了公司的经济效益。

(资料来源:http://blog. e-works. net. cn/693989/articles/1295006. html.)

【想一想】

如何理解全面预算? 实施全面预算对企业有什么意义?

知识准备

任务一　全面预算概述

一、全面预算的含义及分类

(一)全面预算的含义

所谓预算,就是以货币作为计量手段,将决策目标所涉及的经济资源的配置,以计划的形式,具体地、系统地反映出来的过程。简而言之,预算就是决策目标的具体化。而利用预算对企业未来行动和业绩实施控制,则被称为预算控制。一个企业,无论是其长期决策还是短期决策,为了实现既定目标,必须研究相应的途径和方法,同时要求企业所有的部门相互配合、协调行动,通过编制预算来对企业未来的经济活动进行计划、协调和控制,实行全面预算管理。

全面预算,是指企业为了实现未来一定时期的经营目标,以货币及其他数量形式反映的各项目标行动计划与相应措施的数量说明。全面预算是由一系列单项预算组成的有机整体,由一整套预计的财务报表和其他附表构成,用来反映企业计划期内预期的经营活动及其成果。全面预算不仅为企业确定了明确的目标,同时也提供了评价企业经营活动各项工作成果的基本尺度。

(二)全面预算的分类

一般而言,按其内容可以将全面预算分为营业预算、财务预算和资本支出预算。

1. 营业预算

营业预算也称日常业务预算,是指企业日常发生的基本业务活动的预算,是全面预算的基础。营业预算主要包括销售预算、生产预算、存货预算、销售及管理费用预算等。其中销售预算是编制营业预算的起点。

2. 财务预算

财务预算是业务预算中能够以货币表示的部分,是企业在预算期内反映有关现金收支、财务成果和财务状况的预算,主要包括现金收支预算、预计利润表、预计资产负债表等。财务预算是全面预算体系中的最后环节,它可以从价值方面总括地反映营业预算的结果,所以被称为总预算,其他预算被称为分预算或辅助预算。

3. 资本支出预算

资本支出预算也称专门预算,是指企业不经常发生的一次性业务的预算,主要是针对企业长期投资决策编制的预算,如厂房扩建预算、购置固定资产预算等特种业务预算。

各种预算在全面预算体系中的关系可以用图 9-1 表示。

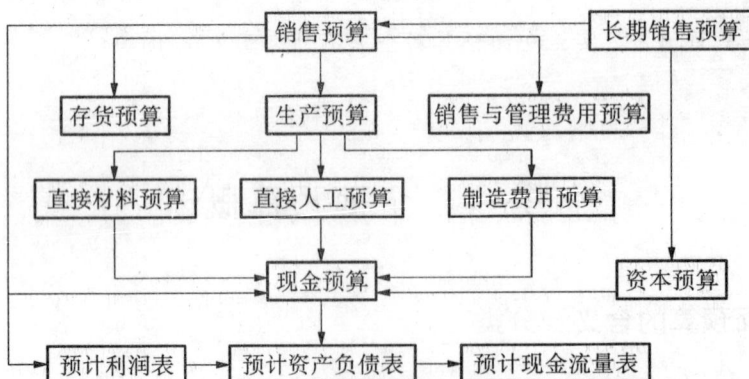

图 9-1　各种预算之间的关系

从图 9-1 中我们不难发现,企业的全面预算是以销售预算为起点并延伸到生产、成本、费用和资金收支等方面,最后以编制预计财务报表为总结的一种预算体系。虽然营业预算、财务预算和资本支出预算在全面预算的编制中各有侧重,但它们是密不可分、互为条件的。营业预算和资本支出预算是财务预算的基础,财务预算是营业预算和资本支出预算的现金流量总结。其中,销售预算起着主导性的作用,它直接关系并决定着预算期内的生产预算、费用预算、现金预算和各种预计财务报表上的有关金额。生产预算为直接材料预算、直接人工预算、制造费用预算和现金预算以及各种预计财务报表提供了基础。由于各种预计财务报表只有等其他预算提供数据后才能完成,因此各种预计财务报表最后才编制。

二、全面预算的作用

(一)明确目标

企业的经营目标,无论是长期的还是短期的,一经确定,各部门就需要协同配合,共同保证经营目标的实现。而全面预算恰恰是借助货币计量等手段将决策目标具体化,这样就能够使各部门的人员清楚了解自己的地位、作用和职责,从而保证企业一定时期内的经营活动不至于脱离计划,为决策目标的实现保驾护航。

(二)协调各部门工作

通过编制全面预算,企业就能够将多部门的工作纳入一个整体的、预定的轨道上来,使得相关各部门为了一个目标密切配合,协同作战,减少和消除可能出现的矛盾和冲突,使它们成为一个为完成经营目标而有序运转的有机整体。

(三)控制经济活动

企业财务管理的过程是一个由预测、决策、预算到控制实施的有机结合。全面预算的编制为各项经营活动的控制提供了数量标准。在实际执行预算的过程中,要不断通过对比、分析,及时发现各部门的实际与预算的差异程度和原因,从而采取措施,挖掘潜力,保证预算目标的实现,同时也为下期的财务预算提供重要的参考资料。

(四)评价经营业绩

全面预算是一种基于真实的历史数据和利用科学方法对未来所做的科学测算。它不仅为企业的日常经营活动提供了行动指南,同时也是考核评价企业各部门工作业绩的标准。在评价各部门工作业绩时,要以预算为依据,通过对比分析,落实经济责任,奖惩分明,促使企业各部门为实现整体目标而努力。

三、全面预算的编制原则

(一)预算资料要准确、可靠

计划期全面预算的编制往往需要收集前期的生产、销售、存货、费用等多方面的资料,通过分析掌握基本的变动趋势,结合未来的科学预测提出计划期目标预算水平。需要注意的是,对前期资料的吸收,务求剔除偶然和不合理因素,这样才能提高计划期预算的编制水平,为企业经营目标的实现奠定良好的基础。

（二）预算要全面、完整

全面预算的编制应站在整个企业的立场上，对所有影响经营目标实现的业务、事项，都要以货币或其他计量手段进行具体反映。对于各部门出现的个性甚至矛盾的情况，要经过综合分析、反复论证，确保各项预算指标之间相互衔接、钩稽严密，保证整个预算的综合平衡。

（三）预算数据既要积极可靠，又要留有余地

预算既是对未来目标的数据测算，也是对企业现有人力、物力、财力水平的整合运用，因此既要考虑客观环境和经济资源的最大可能，又不能人为地超越现有水平。这就要求企业在其内外部现实条件的基础上，编制出既高效又可以达到的合理预算。好的预算是一个能起到激励作用的标准。同时，预算只是企业各部门未来行动的指南，标准不是绝对的，在实际执行过程中不确定因素会有很大影响，因此，在编制预算时必须留有余地，使各项预算指标具有一定的弹性，以应付实际情况的变化。

四、预算制定主体的定位

（一）制定预算的参与者

企业预算管理有两项职能，即管理决策和管理控制，不同职能对预算管理体系的设计提出了不同的要求。例如，在生产预算的制定过程中，分工不同导致各部门之间的信息不对称，生产部门掌握企业的生产情况，如果预算仅仅是为了发挥管理决策功能，生产部门就会毫无保留地提供其掌握的信息，与各部门共享；但如果预算的目标是作为业绩评价标准，那么生产部门就可能会有意低估未来的生产量，从而有利于其业绩评价。然而，低估有可能造成销售收入的减少，企业则不能最大限度地获得预期营业利润。因此，为了解决各部门之间的矛盾，在预算管理实践中，一方面，应当让各部门参与预算制定，促进信息最大范围的流通，使预算编制的沟通更为细致，增加预算的科学性和可操作性；另一方面，过去很多企业只是由财务部门完成预算并实施，降低了预算的准确性，解决这一问题则需要让企业高层领导参与制定预算并拥有最后的决策权，这样才能从全局出发，制定出切实可行的预算方案。

（二）设置预算委员会

预算委员会应由各重要职能部门经理组成，由企业高层领导担任主席。预算委员会协调各部门信息的共享，使各部门就基础假设达成一致。预算委员会的人员组成应坚持权威原则、全面代表原则和效率原则。这决定了成员数量不宜过多，要做到精干、高效、统一。

五、预算管理的实施

（一）避免目标置换

预算目标从属于、服从于企业目标，但在企业活动中常常会出现严格按预算规定，始

终围绕预算目标,而忘记了首要职责是实现企业目标的状况。为了防止预算控制中出现目标置换,一方面应当使预算更好地体现计划的要求,另一方面应适当掌握预算控制力度,使预算具有一定的灵活性。

（二）避免过繁过细

有些企业认为,预算作为管理和控制的手段,应对企业未来经营的每一个细节都做出具体的规定。实际上这样做会导致各职能部门缺乏应有的余地,不可避免地影响企业运营效率,所以预算并非越细越好。企业应根据自身特点,合理选择繁简度。

（三）避免因循守旧

预算制定通常采用基数法,即以历史的情况作为评判现在和未来的依据,这样做存在一定的隐患。例如,管理部门用以前年度的日常支出作为预算编制标准,该部门就有可能故意扩大日常支出,以便在以后年度获得较大的预算支出标准。因此,必须采取有效的控制措施来避免这一现象,以便提高预算的精确性和科学性。

总之,全面预算管理作为加强企业内部管理控制的科学方法,正日益受到重视。加深对企业全面预算管理的了解和认识,有助于现代企业管理的科学化和战略化目标的实现,对完善企业治理机制具有深远的意义。

任务二　全面预算的编制方法

全面预算是由一系列单项预算组成的有机整体,按其内容可以分为营业预算、财务预算和资本支出预算。经营目标一经确定,企业就要根据各项预算之间的约束关系,按照一定的程序,采用一定的方法编制全面预算。

一、销售预算的编制

在以销定产的经济环境下,销售预算是全面预算的起点,其他预算是以销售预算为前提和基础编制的。没有合理的销售预算,其他（如生产安排、存货预算）都会与实际经济环境脱节。销售预算是根据年度目标利润所规定的销售量和销售单价编制的。在销售预算中,销售量可以按预测销售量来确定;销售单价可以采用企业根据定价目标所预测的销售单价,也可以采用历史销售单价的适当调整价格;预计销售收入则是销售量与所采用的销售单价的乘积。其计算公式为:

$$某种产品预计销售收入=该种产品预计销售量×预计销售单价$$

$$全部产品的销售收入总额=\sum 某种产品预计销售收入$$

【例9-1】　假设W公司生产经营甲、乙两种产品。甲产品预计单位售价为20元/件,乙产品预计单位售价为25元/件,2019年产品销售数量如表9-1所示。

表9-1 W公司2019年度产品销售数量表　　　　　　单位:件

产品名称	第一季度	第二季度	第三季度	第四季度	合 计
甲产品	700	800	90	1 000	3 400
乙产品	1 200	1 300	1 400	1 500	5 400

现根据上述资料编制W公司2019年度销售预算表,如表9-2所示。

表9-2 W公司2019年度产品销售预算表

季 度	产品名称	预计销售量(件)	预计单价(元/件)	预计销售收入(元)
第一季度	甲产品	700	20	14 000
	乙产品	1 200	25	30 000
	小 计	—	—	44 000
第二季度	甲产品	800	20	16 000
	乙产品	1 300	25	32 500
	小 计	—	—	48 500
第三季度	甲产品	900	20	18 000
	乙产品	1 400	25	35 000
	小 计	—	—	53 000
第四季度	甲产品	1 000	20	20 000
	乙产品	1 500	25	37 500
	小 计	—	—	57 500
全年合计	甲产品	3 400	20	68 000
	乙产品	5 400	25	135 000
	小 计	—	—	203 000

应当指出的是,在实际工作中,许多产品的销售是通过赊销实现的,这样销售收入就形成了应收账款和现金两部分内容,为了编制财务预算的需要,还应当在编制销售预算的同时,编制与销售收入有关的现金收入预算表。相关的计算公式包括:

某期预计现金收入=该期预计现销收入+该期回收以前期的应收账款

某期预计现销收入=该期预计销售收入×该期预计现销率

某期回收以前期的应收账款=本期期初的应收账款×该期预计应收账款回收率

【例9-2】 根据【例9-1】,假设W公司销售收入的40%是现销,60%的赊销在下季度收回,一季度的赊销额为上年第四季度的赊销额15 000元,则W公司本年现金收入预算如表9-3所示。

表9-3　W公司2019年度预计现金收入表　　　　　　　　　　　单位:元

项　　目	本期发生额	第一季度	第二季度	第三季度	第四季度
期初数	1 500	15 000			
第一季度	4 4000	17 600	26 400		
第二季度	48 500		19 400	29 100	
第三季度	53 000			21 200	31 800
第四季度	57 500				23 000
期末数	-34 500				
合　　计	183 500	32 600	45 800	50 300	54 800

二、生产预算的编制

生产预算是在销售预算的基础上编制的,由于企业的生产和销售不能做到"同步同量"。因此,本期预计的生产数量除了满足本期预计销售外,还应考虑期初和期末的存货水平。我们知道:

预计期初存货量＋某种产品预计生产量＝预计销售量＋预计期末存货量

由此可知:

某种产品预计生产量＝预计销售量＋预计期末存货量－预计期初存货量

式中,预计销售量可以来源于销售预算表;预计期末存货量应根据长期销售预测来定,实践中一般是按事先估计的期末存货量占下期销售量的比例进行估计;预计期初存货量等于上期期末存货量。

【例9-3】　仍根据【例9-1】,假设W公司各季度的期末存货按下一季度销售量的20%计算,各季度预计期初存货与上季度期末存货相等,年初甲产品存货110件,单位成本为14.5元/件,乙产品存货250件,单位成本为16.5元/件;年末甲产品存货230件,乙产品存货320件。据此,可编制W公司2019年度的生产预算,如表9-4所示。

表9-4　W公司2019年度生产预算表　　　　　　　　　　　单位:件

产品	项　　目	第一季度	第二季度	第三季度	第四季度	全年合计
甲产品	预计销售量	700	800	900	1 000	3 400
	加:预计期末存货	160	180	200	230	230
	减:预计期初存货	110	160	180	200	110
	预计生产量	750	820	920	1 030	3 520
乙产品	预计销售量	1 200	1 300	1 400	1 500	5 400
	加:预计期末存货	260	280	300	320	320
	减:预计期初存货	250	260	280	300	250
	预计生产量	1 210	1 320	1 420	1 520	5 470

三、直接材料预算的编制

直接材料预算以生产预算中所确定的预计生产量，结合预计期初和期末库存材料水平编制而成。预计直接材料采购量与期初、期末库存材料之间的关系可以用下式来表达：

预计直接材料采购量＝预计生产量×单位产品消耗量＋期末库存材料量－期初库存材料量

【例9-4】 仍沿用前述 W 公司的资料，假设 W 公司生产甲、乙两种产品需要同一种材料，甲单位产品材料耗用量6千克，乙单位产品材料耗用量8千克，该材料的成本为每千克1元，上年年末该种材料库存4 500千克。各季度的期末材料库存按下一季度生产需要量的30%计算，各季度预计的期初材料存货与上季度期末库存相等，年末预计材料库存5 600千克，据此编制的 W 公司2019年度直接材料预算如表9-5所示。同时假定 W 公司各季度采购货款中，有60%为本期现付，40%的赊购在下季度付清，上年年末的应付账款余额为7 800元，则 W 公司本年度现金支出预算如表9-6所示。

表9-5 W公司2019年度生产预算表　　　　　　　　单位:件

产品	项目	第一季度	第二季度	第三季度	第四季度	全年合计
甲产品	预计生产量(件)	750	820	920	1 030	3 520
	单位耗用量(千克)	6	6	6	6	6
	材料耗用总量(千克)	4 500	4 920	5 520	6 180	21 120
乙产品	预计生产量(件)	1 210	1 320	1 420	1 520	5 470
	单位耗用量(千克)	8	8	8	8	8
	材料耗用总量(千克)	9 680	10 560	11 360	12 160	43 760
生产需要总量(千克)		14 180	15 480	16 880	18 340	64 880
加:预计期末量(千克)		4 644	5 064	5 502	5 600	20 810
减:预计期初量(千克)		4 500	4 644	5 064	5 502	19 710
预计采购量(千克)		14 324	15 900	17 318	18 438	65 980
材料单位成本(元)		1	1	1	1	1
采购总额(元)		14 324	15 900	17 318	18 438	65 980

表9-6 W公司2019年度预计现金支出表　　　　　　　　单位:元

项目	本期发生额	第一季度	第二季度	第三季度	第四季度
期初数	7 800	7 800			
第一季度	14 324	8 594.4	5 729.6		
第二季度	15 900		9 540	6 360	
第三季度	17 318			10 390.8	6 927.2
第四季度	18 438				11 062.8

项 目	本期发生额	第一季度	第二季度	第三季度	第四季度
期末数	−7 375.2				
合计	66 404.8	16 394.4	15 269.6	16 750.8	17 990

四、直接人工预算的编制

直接人工预算也是以生产预算为基础编制的,其编制的主要依据有预计生产量、单位产品直接工时和预计的平均工资率。基本计算公式为:

某种产品直接人工工时总数=单位产品工时定额×预计该产品生产量

预计某种产品耗用直接工资=该种产品直接人工工时总数×单位工时工资率

【例9-5】 仍沿用前述 W 公司的资料,假设该公司只有一个工种,生产甲、乙两种产品所需单位产品直接人工工时都是 1 小时,每工时直接人工工时成本(单位工时工资率)均为 7 元,根据上述资料编制的直接人工预算如表 9-7 所示。由于各期直接人工成本的直接工资一般均由现金开支,因此无须单独编制与此相关的预计现金支出预算表。

表 9-7 W公司 2019 年度直接人工预算表

产品	项 目	第一季度	第二季度	第三季度	第四季度	全年合计
甲产品	预计生产量(件)	750	820	920	1 030	3 520
	单位产品工时(小时)	1	1	1	1	1
	直接人工工时合计(小时)	750	820	920	1 030	3 520
乙产品	预计生产量(件)	1 210	1 320	1 420	1 520	5 470
	单位产品工时(小时)	1	1	1	1	1
	直接人工工时合计(小时)	1 210	1 320	1 420	1 520	5 470
合计	总工时(小时)	1 960	2 140	2 340	2 550	8 990
	小时工资率(元/时)	7	7	7	7	7
	直接人工总成本(元)	13 720	14 980	16 380	17 850	62 930

五、制造费用预算的编制

制造费用预算多在变动成本法的基础上进行,可按变动性制造费用和固定性制造费用两部分内容分别编制。变动性制造费用一般用单位产品预算分配率乘以预计生产量求得,其中,变动性制造费用预算分配率的计算公式为:

$$变动性制造费用预算分配率=\frac{变动性制造费用预算总额}{相关分配标准预算总额}$$

上式中的分母可选择预计生产量或直接人工工时,多种产品生产情况下多选用直接人工工时作分母。在变动成本法下,固定性制造费用直接列入利润表作为当期利润的一个扣除项目。

【例9-6】 仍沿用前述资料,W公司预计的直接人工工时资料如表9-7所示,制造费用中的变动成本和固定成本部分的有关资料及制造费用预算如表9-8所示。

表9-8 W公司2019年度制造费用预算表　　　　　　　　　单位:元

项　　目	第一季度 (1 960 小时)	第二季度 (2 140 小时)	第三季度 (2 340 小时)	第四季度 (2 550 小时)	合　计 (8 990 小时)
间接材料	800	900	800	890	3 390
间接人工	800	900	800	900	3 400
维修费	600	500	600	500	2 200
变动制造费用合计	2 200	2 300	2 200	2 290	8 990
管理人员工资	2 300	2 300	2 300	2 300	9 200
折旧费	1 000	1 000	1 000	1 000	4 000
保险费	1 200	1 200	1 200	1 200	4 800
其他	300	300	300	300	1 200
固定制造费用合计	4 800	4 800	4 800	4 800	19 200

由表9-8可得:

变动性制造费用预算分配率=变动性制造费用预算总额÷相关分配标准预算总额

$1=8\,990÷8\,990$

在制造费用预算中,假设除了折旧费项目外,其他均以现金支付,现编制制造费用的现金支付表,如表9-9所示。

表9-9 W公司2019年度制造费用现金支付表　　　　　　　　　单位:元

项　　目	第一季度	第二季度	第三季度	第四季度	合计
制造费用合计	7 000	7 000	7 000	7 090	28 190
减:折旧	1 000	1 000	1 000	1 000	4 000
现金支付额	6 000	6 100	6 000	6 090	24 190

六、产品成本预算的编制

规划预算期内的产品成本,其内容包括产品生产成本、销售成本和期末存货成本的预算安排。本预算需要在前述销售预算、生产预算、直接材料预算、直接人工预算和制造费用预算的基础上进行编制。在变动成本法下,产品成本预算的编制也沿用本法,存货成本在采用先进先出法下,期末存货成本只负担当期的变动生产成本。根据上述有关资料,编制的W公司2019年度产品成本预算表如表9-10所示。

表 9-10　W公司 2019 年度产品成本预算表

产　品	甲产品	乙产品
直接材料(元)	6	8
直接人工(元)	7	7
变动制造费用(元)	1	1
单位产品变动生产成本(元)	14	16
期末存货(件)	230	320
存货变动生产成本(元)	3 220	5 120

由此可知：

甲产品生产成本总额＝甲产品产量×甲产品单位变动生产成本
　　　　　　＝3 520×14＝49 280(元)

乙产品生产成本总额＝乙产品产量×乙产品单位变动生产成本
　　　　　　＝5 470×16＝87 520(元)

甲产品销售成本＝期初产品成本＋本期生产成本－期末存货成本
　　　　　　＝110×14.5＋49 280－3 220＝47 655(元)

乙产品销售成本＝期初产品成本＋本期生产成本－期末存货成本
　　　　　　＝250×16.5＋87 520－5 120＝86 525(元)

七、销售及管理费用预算的编制

销售及管理费用预算的编制与制造费用预算的编制基础相同，也是采用变动成本法。

【例 9-7】　假设 W 公司经事先核定，销售过程中的变动费用，如销售佣金，按销售收入的 1％计算，销售运杂费按销售收入的 0.5％计算，销售中的固定费用包括管理人员工资、办公费和其他有关支出。根据上述有关资料编制的 W 公司 2019 年度销售及管理费用预算表如表 9-11 所示。

表 9-11　W公司 2019 年度销售及管理预算表　　　　　单位：元

项　目	第一季度 (44 000 元)	第二季度 (48 500 元)	第三季度 (53 000 元)	第四季度 (57 500 元)	合　计 (203 000 元)
销售佣金	440	485	530	575	2 030
销售运杂费	220	242.5	265	287.5	1 015
变动费用合计	660	727.5	795	862.5	3 045
管理人员工资	4 700	4 700	4 700	4 700	18 800
办公费	60	60	60	60	240
其他	25	25	25	25	100
固定费用合计	4 785	4 785	4 785	4 785	19 140

八、现金收支预算的编制

(一)现金收支预算的编制依据

现金收支预算也称现金预算,它是以日常业务预算和特种决策预算为基础编制的反映现金收支情况的预算。现金收支预算中的现金收入主要来源于产品销售收入和其他现金收入;现金支出主要有日常业务发生的营业现金支出项目,如直接材料、直接人工、制造费用、管理费用、税款支出及其他现金支出项目。现金收支预算表中,除了反映上述内容外,还要反映现金收支差额与期末现金余额的资金协调筹措及运用调整项目。一般而言,由于现金的有用性与一定量资金成本存在相互制约关系,因此企业应当在保证各项支出所需资金供应的前提下,注意保持期末现金余额在合理的范围内波动的特点。我们知道,现金储备不足,会影响企业业务周转;现金过量,又会造成资金闲置浪费,所以,企业要通过有效的现金筹措和运用来尽量抵补现金收支差额,实现期末现金余额的合理波动。期末现金筹措和运用的措施主要有银行借款、发行债券、发行股票和有价证券的买卖等方式。

(二)现金收支预算的编制过程

【例9-8】 承【例9-3】至【例9-7】中与现金支出的资料,假设第一季度取得短期银行贷款8 000元,第二季度和第三季度分别偿还借款利息3 000元和5 200元,第四季度以现金购买短期债券8 000元。W公司2019年度现金收支预算表如表9-12所示。

表9-12 W公司2019年度现金收支预算表 单位:元

项　目	第一季度	第二季度	第三季度	第四季度	全　年
期初余额	1 200	300	120	1 000	2 620
本期收入	32 600	45 800	50 300	54 800	183 500
可运用现金	33 800	46 100	50 420	55 800	186 120
现金支出					
材料采购	16 394.4	15 269.6	16 750.8	17 990	66 404.8
直接人工	13 720	14 980	16 380	17 850	62 930
制造费用	6 000	6 100	6 000	6 090	24 190
销售及管理费用	5 445	5 512.5	5 580	5 647.5	22 185
现金支出合计	41 559.4	41 862.1	44 710.8	47 577.5	175 709.8
现金收支差额	(7 759.4)	4 237.9	5 709.2	8 222.5	10 410.2
资金筹措及运用	8 000	−3 000	−5 200	−8 000	−8 200
加:短期借款	8 000				8 000
减:支付利息		3 000	5 200		8 200
购买有价证券				8 000	8 000
期末现金余额	240.6	1 237.9	509.2	222.5	2 210.2

九、预计利润表的编制

预计利润表是以货币形式综合反映预算期内企业经营活动成果水平的财务报表,它是在销售预算表、产品成本预算表、销售及管理费用预算表等的基础上进行编制的。

【例 9-9】 根据 W 公司的上述相关预算资料,采用变动成本法编制的该公司 2019年度预计利润表如表 9-13 所示。

表 9-13 W 公司 2019 年度预计利润表   单位:元

项　目	金　额
销售收入	203 300
减:变动销售成本	134 180
贡献毛益(生产)	68 820
减:变动销售管理费用	3 045
贡献毛益(销售)	65 775
固定成本	
制造费用	19 200
销售管理费用	19 140
利润总额	27 435
减:所得税(30%)	8 230.5
净利润	19 204.5

十、预计资产负债表的编制

预计资产负债表反映了企业在该预算期结束时,各有关资产、负债及所有者权益项目的预算执行结果。预计资产负债表除上年期末数为已知外,其他各项均需要根据前述日常业务预算分析填列。

【例 9-10】 根据 W 公司的上述相关预算资料,另提取盈余公积 2 880.68 元,编制的该公司 2019 年度预计资产负债表如表 9-14 所示。

表 9-14 W 公司 2019 年度预计资产负债表   单位:元

资　产	期初数	期末数	负债和所有者权益	期初数	期末数
流动资产:			流动负债:		
现金	1 200	790.2	应付账款	7 800	7 375.2
应收账款	15 000	34 500	应付利息		
原材料	4 500	5 600	应付所得税		
库存商品	5 720	8 340	流动负债合计	7 800	

续 表

资 产	期初数	期末数	负债和所有者权益	期初数	期末数
流动资产合计	26 420	49 230.2	所有者权益:		
固定资产	560 000	560 000	股本	500 000	500 000
减:折旧	32 000	36 000	留存收益	46 620	49 424.5
固定资产净值	528 000	524 000	所有者权益合计	546 620	549 424.5
资产合计	554 420	573 230.2	负债和所有者权益合计	554 420	573 230.2

任务三　预算编制的基本方法

企业在实际生产经营过程中,应考虑预算期内生产经营活动可能发生变动的情况,根据其特点,采用不同的方法。

一、固定预算与弹性预算

全面预算按照其与预算期内业务量变动关系及预算发挥效用中灵活程度的不同,可以分为固定预算和弹性预算。

（一）固定预算

1. 固定预算的概念

所谓固定预算,即静态预算,就是根据预算期内正常的可实现的某一业务量水平,不考虑可能发生的变动因素而编制的预算,固定预算是最传统、最基本的预算编制方法。

2. 固定预算的特点

固定预算编制的业务量基础是事先假定的,不随预算期内业务量水平的变化而变化,只以某一确定的业务量水平为基础预计其相应的数额。固定预算适用于业务量水平比较稳定的企业或非营利组织,将预算的实际执行结果与按预算期内计划规定的某一业务量水平所确定的预算数进行比较分析,并据以进行业绩评价、考核。

3. 固定预算的编制

【例 9-11】 信达公司在预算期内预计生产丙产品 2 400 件,单位产品成本构成如下:

直接材料 260 元

直接人工 120 元

变动性制造费用 120 元

其中:间接材料 30 元

间接人工 70 元

动力费 20 元

固定性制造费用 320 000 元

其中:办公费 100 000 元

折旧费 200 000 元

租赁费 20 000 元

信达公司当年实际生产并销售丙产品 3 000 件。若采用固定预算,则该公司的经营业绩如表 9-15 所示。

表 9-15　固定预算　　　　　　　单位:千元

项　　目	固定预算	实　际	差　异
生产量(件)	2 400	3 000	+600(F) *
变动成本			
直接材料	624	927	+303(U) * *
直接人工	288	360	+72(U)
变动性制造费用			
其中:间接材料	72	80	+8(U)
间接人工	168	220	+52(U)
动力费	48	40	-8(F)
小　计	288	340	+52(U)
合　计	1 200	1 627	+427(U)
固定性制造费用			
其中:办公费	100	90	-10(F)
折旧费	200	200	0
租赁费	20	30	+10(U)
合　计	320	320	0
生产成本总计	1 520	1 947	+427(U)

* (F)有利差异;* * (U)不利差异

从表 9-15 中可以看出,由于预算和实际产量基础不一致,二者所形成的差异不能恰当地说明企业成本控制的情况如何。也就是说,表中所列的成本不利差异 427 000 元,即实际成本比预算增加了 427 000 元,究竟是由于产量增加而引起成本的增加,还是由于成本控制不利而发生的超支? 很难通过固定预算与实际结果的对比正确地反映出来。很明显,固定预算以预算期某一特定业务量水平为依据编制,那么,当实际业务量水平与预算所依据的业务量水平不一致时,预算指标与实际业务量就失去了可比性。因此,按照固定预算方法编制的预算就不利于正确地控制、考核和评价企业预算的执行情况。

(二)弹性预算

1. 弹性预算的概念

弹性预算(Flexible-budget),又称变动预算或滑动预算,是固定预算的对称,是指在变动成本法下,根据预算期内以可预见的多种业务量水平为基础,编制能够适应多种情况预算的一种方法。这种方法可以随着业务量的变化而反映各业务量水平下的费用数额,具有一定的伸缩性。

2. 弹性预算的特点

弹性预算所依据的业务量可以是产量、销售量、直接人工工时、机器工时、材料消耗量或直接人工工资等,应根据企业的具体情况,选用业务量区间。一般来说,可定在正常生产能力的70%~110%,或以历史上最高业务量或最低业务量为其上下限。弹性预算可按预算期一定范围内的多种业务量来确定不同的预算额,扩大了预算的适用范围;当预算期实际业务量与计划业务量不一致的情况下,可将实际指标与相应的预算额进行比较,能够客观地评价、考核预算执行情况,从而发挥预算控制的作用。

3. 弹性预算的编制

在管理会计中,弹性预算主要用来编制成本预算和利润预算。

(1) 弹性成本预算的编制。

① 业务量水平固定不变。

根据预算期可达到的一些具体的业务量水平制定一系列固定的预算。例如,表9-16就是销售费用的弹性预算。

表 9-16　销售费用的弹性预算　　　　　　　　单位:元

销售收入 ＼ 销售费用	40 000	45 000	50 000	55 000	60 000	65 000	70 000
变动费用:							
销售佣金	4 000	4 500	5 000	5 500	6 000	6 500	7 000
销售运杂费	200	225	250	275	300	325	350
变动费用合计	4 200	4 725	5 250	5 775	6 300	6 825	7 350
固定费用:							
管理人员工资	4 700	4 700	4 700	4 700	4 700	4 700	4 700
办公费	60	60	60	60	60	60	60
其他	25	25	25	25	25	25	25
固定费用合计	4 785	4 785	4 785	4 785	4 785	4 785	4 785
销售费用合计	8 985	9 510	10 035	10 560	11 085	11 610	12 135

对于这种方法,不难看出较之固定预算明显增加了弹性区间,但当实际情况的数据发生未列在表内时,就无法获取直接比较信息,仍需要估计或计算获取信息。

② 业务量水平弹性变动。

根据本量间的依存关系,制定一个可用于任何业务量水平的弹性区间来编制弹性预算。

第一步,业务量弹性区间(相关范围)的选取。业务量根据编制对象的不同可以是产量、销量、生产工时等多种指标,一般来说,业务量可以选择为正常生产能力的70%~120%,或以历史最高业务量和最低业务量为其上下限。

第二步,按照成本性态分析的方法,将成本分为变动成本和固定成本,并确定成本函数 $y=a+bx$ 的形式。

第三步,确定计算期内各业务量水平的预算额。在实际工作中,弹性预算主要用于编制弹性成本预算和弹性利润预算。

弹性预算可以采用公式法,也可以采用列表法进行编制。

【例 9-12】 M 公司按公式法编制的弹性制造费用预算如表 9-17 所示。其中成本项目已经进行了了解。

表 9-17 M 公司制造费用弹性预算表　　　　　　　单位:元

直接人工工时:21 000~36 000 小时

项　目	a	b	项　目	a	b
管理人员工资	8 000		辅助材料		0.15
保险费	4 500		检验工工资	400	0.25
设备折旧费	3 000		维修费	200	0.1
水电费	620		…	…	…
辅助工工资		0.4	…	…	…

不难看出,公式法弹性预算的优点在于在一定业务量的相关范围内,预算的编制不受业务量波动的影响,预算编制的工作量较小;缺点是不能提供确切数据进行预算控制和考核,且按细目进行成本分解较为麻烦并存在一定误差。在实际工作中,通常将公式法和列表法结合运用来编制弹性预算。

【例 9-13】 M 公司按列表法编制的弹性制造费用预算如表 9-18 所示。

表 9-18 M 公司制造费用弹性预算表(列表法)

直接人工工时(小时)	21 000	24 000	27 000	30 000	33 000	36 000
生产能力程度(%)	70	80	90	100	110	120
变动成本项目(元)	11 550	13 200	14 850	16 500	18 150	19 800
辅助工工资(元)	8 400	9 600	10 800	12 000	13 200	14 400
辅助材料(元)	3 150	3 600	4 050	4 500	4 950	5 400
混合成本项目(元)	7 950	9 000	10 050	11 100	12 150	13 200
检验员工资(元)	5 650	6 400	7 150	7 900	8 650	9 400
维修费(元)	2 300	2 600	2 900	3 200	3 500	3 800
固定成本项目(元)	16 120	16 120	16 120	16 120	16 120	16 120
管理人员工资(元)	8 000	8 000	8 000	8 000	8 000	8 000
保险费(元)	4 500	4 500	4 500	4 500	4 500	4 500
设备折旧费(元)	3 000	3 000	3 000	3 000	3 000	3 000
水电费(元)	620	620	620	620	620	620
制造费用预算(元)	35 620	38 320	41 020	43 720	46 420	49 120

【例9-13】中业务量的间距为10%，实际工作中可以选择更小一些的间距，这样虽然加大了工作量，但实际业务量的可比性更强。列表法的优点主要体现在可以从表中直接查到各种业务量下的成本预算额，便于预算控制和考核。但这种方法工作量较大，同时也不能包括所有业务量下的费用预算。

(2) 弹性利润预算的编制。

弹性利润预算是根据成本、业务量和利润之间的依存关系，以销售收入为计量基础，按成本性态，进行相应项目的扣减，计算出不同销售收入水平下可实现的利润或发生的亏损的预算编制。常用的方法有公式法和列表法。

① 公式法。

利润预算＝预计销量×(预计单价－预计单位变动成本)－固定成本预算总额

【例9-14】 M公司生产销售某种产品，预计单价为250元，预计单位变动成本为140元，固定成本总额为400 000元。

要求：计算预计销量为8 000件时的税前利润。

解：销量为8 000件的税前利润＝8 000×(250－140)－4 000 000＝480 00(元)

② 列表法。

【例9-15】 根据上例，假设M公司以销量8 000件为基础，在80%～120%范围内用列表法制定弹性利润预算，如表9-19所示。

表9-19　M公司弹性利润预算(列表法)

销售量(件)	7 200	8 000	9 600
销售收入(元)	1 800 000	2 000 000	2 400 000
减：变动成本总额(元)	1 008 000	1 120 000	1 344 000
贡献毛益(元)	792 000	880 000	1 056 000
减：固定成本总额(元)	400 000	400 000	400 000
税前利润(元)	392 000	480 000	656 000

二、增量预算与零基预算

全面预算按照编制预算方法的出发点不同，可以分为增量预算和零基预算两类。

(一) 增量预算

1. 增量预算的概念

增量预算一般是以基期成本费用水平为出发点，考虑预算期内各种影响成本因素的未来变动情况，通过调整有关原有费用项目而编制预算的方法。

2. 增量预算的特点

传统的预算编制，一般都是以基期成本费用水平为基础，结合预算期业务量水平及有关影响成本费用因素的未来变动情况，通过调整有关原有成本费用项目编制而成的。增量预算的基本假定有三个：

（1）现有的业务活动是企业所必需的。

（2）原有的各项开支都是合理的。

（3）增加费用预算是值得的,未来预算期费用变动是在现有费用的基础上调整的结果。

3. 增量预算的编制

增量预算编制是以过去的经验为基础,不加分析地保留或接受原有的成本项目,不在预算内容上做较大改进。

【例9-16】 某公司产销B产品,2019年产销量8 000件,产品成本费用资料为:单位变动生产成本120元,其中直材料70元、直接人工40元、变动制造费用10元;固定制造费用总额300 000元;单位变动销售及管理费用6元,固定销售及管理费用总额280 000元,B产品销售售价200元。2020年预计产销量增加25%、直接材料降低10%、直接人工增加15%、变动制造费用降低20%、单位变动销售及管理费用减少1元,固定性制造费用节约30 000元,固定销售及管理费用节约40 000元。采用增量预算方法编制2020年B产品成本预算表和利润预算表,分别如表9-20、表9-21所示。

表9-20　B产品成本预算表

产量:10 000件

单位:元

成本项目	单位成本	总成本
直接材料	63	630 000
直接人工	46	460 000
变动制造费用	8	80 000
固定制造费用	27	270 000
合　计	144	1 440 000

表9-21　B产品利润预算表

单位:元

项　目	金　额
销售收入	2 000 000
减:变动成本	1 220 000
其中:变动生产成本	1 170 000
变动销售及管理费用	50 000
贡献边际	780 000
减:固定成本	510 000
其中:固定制造费用	270 000
固定销售及管理费用	240 000
税前净利	270 000

由此不难看出增量预算的缺陷:首先是该预算受原有费用项目的制约,导致不合理的保留项目形成不必要的开支,造成预算上的浪费;然后是造成预算编制人员工作的简单

化,不利于挖潜改造;最后是由于只尊重历史,不展望未来的实际变化,因此很大程度上会限制企业发展。

为了克服这些缺点,1970 年,美国德州仪器公司的彼得·派尔在该公司首次创造并运用了零基预算法。随着其在编制预算工作中优势的体现,该方法在世界各国迅速得到推广,并被公认为是一种最先进的预算编制方法。

(二)零基预算

1. 零基预算的概念

以零为基础编制计划和预算的方法,简称零基预算或零底预算。它是指在编制成本费用预算时,不考虑以往会计期间所发生的费用项目或费用金额,而是将所有的预算支出均以零为出发点,一切从实际需要和可能出发,逐项审议预算期内各项费用的内容和开支标准是否合理,在综合平衡的基础上决定现有资源的分配顺序的一种方法。

2. 零基预算的特点

零基预算不以现有费用水平为基础,一切以"零"为起点来观察分析一切费用开支项目,确定预算金额,规划预算期内的业务活动及其费用开支标准。其预算程序有以下几步:

(1)根据年度计划项目确定成本费用的预算项目。一般来说,企业编制零基预算要以预算期内的财务活动、生产设计、产品研制、营销策划、资产维修等项目为对象,安排成本费用的预算项目。

(2)采用成本—效益分析法进行综合比对,排列成本费用项目的顺序。

(3)分配资金,落实预算。

3. 零基预算的编制

【例 9 - 17】 某公司经实地调查,确定本期的销售及管理费用采用零基预算法编制。经研究,下一年度该费用项目可用资金为 78 万元,预算编制步骤如下:

第一步,确定预算年度销售及管理费用预算项目及金额,如表 9 - 22 所示。

表 9 - 22　某公司销售及管理费用初步预算　　　　　　　　单位:万元

项　目	金　额
销售人员工资及福利费	12
销售机构经费	10
广告费	50
销售佣金	15
差旅费	3
保险费	2
合　计	92

第二步,经分析研究,预算年度内的费用项目中销售人员工资及福利费、销售佣金、差旅费和保险费属于约束性费用,必须足额保证,而销售机构经费和广告费属于酌量性费用,可以采用成本—效益分析法来合理确定剩余资金在这两个费用项目间的分配,如

表 9 - 23 所示。

表 9 - 23　某公司成本—效益分析表

成本项目	成本金额	收益金额
销售机构经费	1	3
广告费	1	7

第三步,确定费用项目的预算金额,落实资金分配。

约束性费用项目金额＝12＋15＋3＋2＝32(万元)

剩余资金＝78－32＝46(万元)

运用成本—效益分析法,将剩余资金在销售机构经费和广告费两个费用项目之间进行分配。

销售机构经费＝46×3÷10＝13.8(万元)

广告费＝46－13.8＝32.2(万元)

销售机构经费和广告费的资金缺口应通过提高工作销量、精打细算等措施加以解决。在实际工作中,费用项目的成本—效益关系不容易确定,采用零基预算法编制预算时,应根据企业的实际情况来确定预算项目,安排预算资金。

关键术语

全面预算　固定预算　弹性预算　增量预算　零基预算　业务预算　财务预算
专门决策预算

应知考核

一、单选题

1. 下列作为预算编制基础的管理工作是(　　)。

　　A. 决策和考核　　B. 控制和考核　　C. 预测和控制　　D. 预测和决策

2. 编制全面预算的基础是(　　)。

　　A. 生产预算　　　B. 销售预算　　　C. 直接材料预算　　D. 制造费用预算

3. 决策目标的具体化形式可以表现为(　　)。

　　A. 预测　　　　　B. 控制　　　　　C. 预算　　　　　D. 考核

4. 以某一特定业务量水平为基础编制预算的方法被称为(　　)。

　　A. 固定预算　　　B. 弹性预算　　　C. 全面预算　　　D. 零基预算

5. 全面预算体系的最终环节是(　　)的编制。

　　A. 费用预算　　　B. 现金预算　　　C. 存货预算　　　D. 预计财务报表

二、多选题

1. 在管理会计中,构成全面预算的是(　　)。

　　A. 业务预算　　　B. 财务预算　　　C. 资本预算　　　D. 滚动预算

2. 全面预算的职能主要体现在(　　)。

　　A. 协调　　　　　B. 控制　　　　　C. 评价　　　　　D. 考核

3. 在编制预算时,以生产预算为基础编制的有( )。

    A. 销售预算   B. 直接材料预算   C. 直接人工预算   D. 管理费用预算

4. 在编制生产预算时需要考虑的因素有( )。

    A. 预计期初存货量   B. 预计销售量

    C. 预计期末存货量   D. 预计现金流量

5. 零基预算法的优点有( )。

    A. 不受基期费用水平的限制   B. 有利于有效地分配资源

    C. 促使重视预算编制工作   D. 加大预算编制的工作量

6. 编制弹性预算的业务量可以是( )。

    A. 产量   B. 销量   C. 直接人工工时   D. 机器工时

三、判断题

1. 一般而言,弹性预算业务量可以选择正常生产能力的 70%～120%,或以历史最高业务量和最低业务量为其上下限。   ( )

2. 预测和预算是进行决策的基础。   ( )

3. 全面预算具有协调、控制、考核、评价等多种作用。   ( )

4. 生产预算的安排是全面预算的起点。   ( )

5. 现金收支预算不包括资金筹措的内容。   ( )

6. 零基预算法应充分考虑历史水平。   ( )

四、简答题

1. 什么是全面预算? 编制全面预算的主要作用是什么?

2. 全面预算包括哪些内容,它们之间的关系如何?

3. 现金预算应根据哪些预算编制? 它的目的是什么?

4. 什么叫弹性预算? 它有什么优点,其应用范围如何?

5. 什么是零基预算? 它有哪些优点?

应会考核

【业务处理一】

某企业只生产甲产品,甲产品的有关资料如下:

(1) 2020 年四个季度的预算销售分别为 2 000 件、2 500 件、3 000 件、2 500 件。其销售单价为 25 元,参照以往历史资料,估计以后每季的销售数中有 60%能于当季收回,其余 40%要等下季才能收回现金。

(2) 2018 年年底应收账款(应收销售款)为 30 000 元,这些销售款将于 2020 年第一季度收回现金。

(3) 该企业各季末的产品存货量相当于下季销售量的 20%,预计 2020 年第一季度销售量为 2 500 件。各季期初存货量与上季期末存货量相等。2019 年年初的产品存货为 500 件,每件单位成本为 13.8 元。

(4) 该企业生产甲产品只需一种材料,材料单耗为 2 千克,每千克单位成本为 4 元,每季末材料存货相当于下季生产量的 20%,各季期初存料与上季期末存料相等。2019 年年底的材料存货量为 1 400 千克,预计 2020 年第一季度生产量为 8 000 千克,预计每季材料采购额中有 60% 在当季付款,其余 40% 在下季付款,2019 年年底应付未付的材料采购款为 12 000 元。

(5) 生产甲产品所需各工种的单位工时直接人工成本都是 2.4 元,生产 1 件甲产品所需的各工种的工时之和为 2 小时。

(6) 该企业规定计划期间现金的最低库存余额为 8 000 元,不足部分可全额向银行贷款(向银行贷款数除需抵补现金收支轧抵的不足数外,还要保证期末最低现金余额为 8 000 元),借款年利率为 10%,并每季发放股息 1 000 元。

(7) 准备 2020 年第一季度购进设备一台,价款为 35 000 元,第四季度购入设备一台,价款为 6 000 元。

(8) 预计 2020 年的制造费用资料如表 9 - 24 所示。

表 9 - 24　2020 年制造费用预计表　　　　　　　　　　　　单位:元

摘　　要	第一季度	第二季度	第三季度	第四季度	全　年
变动制造费用	2 000	2 600	2 900	2 500	10 000
固定制造费用	2 000	2 000	2 000	2 000	8 000
制造费用合计	4 000	4 600	4 900	4 500	18 000

说明:在每季的固定制造费用中,均含有折旧费 800 元,全年累计折旧费为 3 200 元。

(9) 预计 2020 年的销售费用及管理费用支出如表 9 - 25 所示。

表 9 - 25　2020 年销售费用及管理费用支出预计表　　　　　　单位:元

摘　　要	第一季度	第二季度	第三季度	第四季度	全　年
变动销售费用及管理费用	800	1 000	1 200	1 000	4 000
固定销售费用及管理费用	1 000	1 000	1 000	1 000	4 000
合　　计	1 800	2 000	2 200	2 000	8 000

(10) 2020 年的单位变动成本为 13.8 元。

(11) 本年度所得税率为 25%。

(12) 该企业 2019 年 12 月 31 日资产负债表如表 9 - 26 所示。

表 9 - 26　资产负债表

2019 年 12 月 31 日

　　　　　　　　单位:元

资　　产	金　　额	负债及所有者权益	金　　额
流动资产:		流动负债:	
现金	10 000	应付购料款	12 000
应收账款	30 000	股东权益:	
材料存货	5 600	普通股股份本	40 000

续 表

资 产	金 额	负债及所有者权益	金 额
产成品存货	6 900	保留盈余	80 500
流动资产合计	52 500	股东权益合计	120 500
固定资产：			
土地	40 000		
房屋及设备	60 000		
减：累计折旧	20 000		
固定资产总计	80 000		
资产总计	132 500	负债及所有者权益总计	132 500

要求：根据已知资料编制下列预算（保留整数）。

(1) 销售预算（见表 9 - 27）。   (2) 生产预算（见表 9 - 28）。

(3) 直接材料预算（见表 9 - 29）。   (4) 直接人工预算（见表 9 - 30）。

(5) 现金预算（见表 9 - 31、表 9 - 32）。   (6) 预计利润表（见表 9 - 33）。

(7) 预计资产负债表（见表 9 - 34）。

表 9 - 27　2020 年度企业销售预算　　　　　　　　　　　　　　单位：元

摘　要		第一季度	第二季度	第三季度	第四季度	全　年
预计销售量（件）						
销售单价						
预计销售金额						
预计现金收入计算表	期初应收账款					
	第一季度销售收入					
	第二季度销售收入					
	第三季度销售收入					
	第四季度销售收入					
	现金收入合计					

表 9 - 28　2020 年度企业生产预算　　　　　　　　　　　　　　单位：元

摘　要	第一季度	第二季度	第三季度	第四季度	全　年
预计销售量					
加：预计期末存货量					
预计需要量					
减：期初存货量					
预计生产量					

表 9−29 2020 年度某企业直接材料预算

摘　要	第一季度	第二季度	第三季度	第四季度	全　年
预计生产量(件)					
单位产品材料消耗定额(千克)					
预计生产需要量(千克)					
加:期末存货量(千克)					
预计需要量合计(千克)					
预计购料量(千克)					
材料计划单价(元)					
预计购料金额(元)					
预计支出计算表 期初应付账款(元)					
第一季度购料款(元)					
第二季度购料款(元)					
第三季度购料款(元)					
第四季度购料款(元)					
现金支出合计(元)					

表 9−30 2020 年度企业直接人工预算

摘　要	第一季度	第二季度	第三季度	第四季度	全　年
预计生产量(件)					
单位产品工时定额(小时)					
直接人工小时总数(小时)					
单位工时直接人工成本(元)					
预计直接人工成本总额(元)					

表 9−31 2020 年度企业现金预算(1)　　　　　　　　　单位:元

摘　要	第一季度	第二季度	第三季度	第四季度	全　年
期初现金额					
应收账款及销售收入					
可动用现金合计					
减:材料采购					
直接人工					
制造费用					
销售及管理费用					

续　表

摘　要	第一季度	第二季度	第三季度	第四季度	全　年
所得税					
设备购置					
股息					
现金支出合计数					
收支轧抵现金结余					

表 9－32　2020 年度企业现金预算(2)　单位:元

摘　要	第一季度	第二季度	第三季度	第四季度	全　年
向银行借款(期初)					
归还借款(期末)					
支付利息(年利率10%)					
通融资金合计					
期末现金余额					

表 9－33　2020 年度企业预计利润表　单位:元

摘　要	第一季度	第二季度	第三季度	第四季度	全　年
销售收入					
变动生产成本					
变动销售及管理成本					
变动成本小计					
贡献毛益					
固定制造费用					
固定销售及管理费用					
期间成本小计					
税前净利					
减:所得税					
税后净利					

表 9－34　企业资产负债表
2020 年 12 月 31 日　单位:元

资　产	金　额	负债及所有者权益	金　额
流动资产:		流动负债:	
现金		应付购料款	

续 表

资 产	金 额	负债及所有者权益	金 额
应收账款		股东权益:	
材料存货		普通股股本	
产成品存货		保留盈余	
流动资产合计		股东权益合计	
固定资产:			
土地			
房屋及设备			
累计折旧			
资产总计		负债及所有者权益总计	

【业务处理二】

长江公司只生产 A 产品,生产 A 产品只需用一种原材料,其他相关资料如下:

(1) 企业预计 A 产品在预算期内的销售价格为 100 元/件,预期其在各个季度的销售量:第一季度为 700 件、第二季度为 900 件、第三季度为 800 件、第四季度为 850 件。根据其历史情况,企业预期销售 A 产品的货款的 60% 可于当季度收回,剩下的货款可在下个季度收回,其基期期末的应收账款为 20 000 元。

(2) 为保证企业正常经营,该企业每季度末 A 产品的库存量按下个季度销售量的 20% 计算。假设企业预算期期末库存量为 200 件。

(3) 企业生产单位 A 产品需耗用原材料 8 千克,其计划单价是 5 元/千克。企业每季度的购料款当季付款 70%,剩下的在下季度支付。每季度期末原材料的库存量按下一季度生产用量的 20% 估算,预算期第一季度期初应付账款为 1 万元,预算年度期初材料存量为 1 200 千克,期末材料为 1 300 千克。

(4) 企业生产一个 A 产品需要的直接人工是 5 个工时,单位工时的工资率是 2 元。

(5) 企业间接人工每工时 0.5 元,间接材料按每工时 0.3 元计算,水电费除每季度固定的 300 元外,还需按每小时 0.2 元计算。上个季度的折旧为 1 400 元,管理人员薪金为 1 200 元,保险费为 400 元,最后三个费用项目在每个季度都保持稳定。

(6) 销售人员工资按销售收入的 8% 计算,运杂费按销售收入的 2% 计算。其他学生费用和管理费用每季度支付情况如下:广告费 500 元,行政管理人员工资 1 300 元,其他杂项支出 300 元。

(7) 假设企业规定预算期内,其现金余额不得低于 15 000 元,否则将向银行借款,借款利率为 8%;最高不得超过 25 000 元,超出部分应用于归还借款或投资于短期证券。此外,企业计划每季度缴纳所得税 5 000 元,并且预计在第二季度购置设备 20 000 元,第四季度支付股利 10 000 元。假设企业预算期初的现金余额为 20 000 元。

要求:根据上述资料,按季度编制下列预算:

(1) 该企业预算期的销售预算及预计现金收入计算表;

(2) 该企业预算期的生产预算;

(3) 该企业预算期的直接材料预算及预计现金支出计算表;

(4) 该企业预算期的直接人工预算及预计现金支出计算表;

(5) 该企业的制造费用预算及预计现金支出计算表;

(6) 该企业的产品单位生产成本和期末存货预算;

(7) 该企业的销售及管理预算;

(8) 该企业的现金预算。

项目实训

海南红光科技有限公司是一家高科技企业,生产大容量存储系统。该系统的设计独一无二,代表了业界的最新成果。公司的产品集软硬盘的优点于一身。公司已创立8年,正着手编制2020年的全面预算。该预算将评述每一季度的业务以及全年的总体业务。全面预算将以下面的资料为依据:

(1) 2019年第四季度的销售量为55 000件。2020年每季度的预计销售量如表9-35所示。

表9-35 2020年各季度的预计销售量

季 度	预计销售量	季 度	预计销售量
第一季度	65 000	第三季度	75 000
第二季度	70 000	第四季度	90 000

每单位销售价格为370元,所有销售均为赊销,公司85%的销售款在当季度收讫;其余的15%在下个季度收讫。公司无坏账损失。

(2) 产成品无期初存货,公司计划季末保持的产成品存货数量如表9-36所示。

表9-36 2020年各季度的预计存货量 单位:件

季 度	预计存货量	季 度	预计存货量
第一季度	13 000	第三季度	20 000
第二季度	15 000	第四季度	10 000

(3) 每件产品需耗费直接人工5小时,直接材料3个单位。工人每小时工资10元,每单位原材料成本80元。

(4) 2020年1月1日,直接材料期初存货为65 000单位。第一季度末公司计划保持的存货将满足下一季度30%的销售量的需求。该公司年末原材料存货将与年初保持同样的水平。

(5) 公司采用赊账方式购买原材料。50%的购货款在当季度支付,另50%在下个季度支付。工资、薪金分别在每月的15日、30日支付。

(6) 每个季度的固定费用为1 200 000元。其中,550 000元为折旧费,其他固定费用在发生当季度用现金支付。固定制造费用分配率等于全年固定制造费用总额除以全年预计生产量。

（7）变动性制造费用预计每直接人工小时6元。所有变动制造费用在发生当季度以现金支付。

（8）固定销售及管理费用每季度为250 000元，其中包括50 000元折旧费。

（9）变动销售及管理费用预计为10元/件。在当季度均以现金支付。

（10）2019年12月31日的资产负债表如表9-37所示。

表9-37　海南红光科技有限公司资产负债表

2019年12月31日　　　　　　　　　　　　　　　单位:元

资　产	期末数	负债及所有者权益	期末数
流动资产：		流动负债：	
库存现金	250 000	应付账款	7 248 000
应收账款	3 300 000	流动负债合计	7 248 000
存货	5 256 000	股东权益：	
原材料	5 256 000	普通股	27 000 000
流动资产合计	8 806 000	留存收益	8 058 000
固定资产：		股东权益合计	35 058 000
厂房设备	50 000 000		
减:累计折旧	16 500 000		
固定资产合计	33 500 000		
资产总额	42 306 000	负债及股东权益合计	42 306 000

（11）2020年的资本预算表明，公司计划在第一季度末购买价值为2 000 000元的设备。购买设备的资金来源将主要依靠营业现金，必要时将借入短期借款（借款必须是100的整数倍）。假定借款发生在季度初，还款发生在季度末，年利率为6%。

（12）公司所得税按25%的比例计算缴纳，在第四季度末支付。

要求: 根据以上资料，编制红光科技有限公司2020年的全面预算。

项目十　责任会计

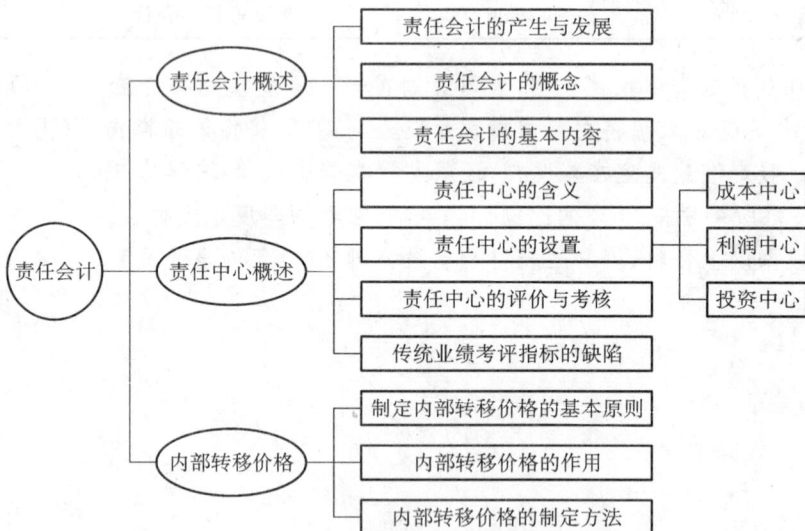

海尔集团是世界白色家电第一品牌,在全球建立了 29 个制造基地,8 个综合研发中心,19 个海外贸易公司,全球员工总数超过 6 万人,已发展成为大规模的跨国企业集团。2009年,海尔品牌价值高达812亿元,累计申请专利9 738项,其中发明专利2 799项。仅2009

年,海尔就申请专利 943 项,其中发明专利 538 项,平均每个工作日申请 2 项发明专利。

海尔以人单合一的自主经营体为支点,通过"虚实网结合的零库存下的即需即供"商业模式,努力打造满足用户动态需求的体系。海尔的 SBU 管理革命始于 1998 年的企业内部的流程再造。SBU 是英语 Strategical Business Unit 的缩写,意思是"战略事业单元",即在企业内部模拟市场交易。

海尔全员推行 SBU 的目的,是为了克服大企业病,让海尔这个千亿规模的企业"大象"能像小企业一样充满活力,会"跳舞"。SBU 具体的体现就是速度和创新,即把目标量化到每个人身上,每个人都去创新,都以速度去争取用户。SBU 的原则是:"挣够市场费用、留足企业利润、盈亏都归自己"。SBU 的四个要素是:市场目标、市场定单、市场效果、市场报酬。这也是企业的四个目标,要转化到每个人身上去。

① 市场目标:以速度体现的市场竞争力,创造用户资源;② 市场定单:以创新创造有价值的定单,实现市场目标;③ 市场效果:以定单执行到位创造出用户满意度的量化数据,并由企业信息化系统显示;④ 市场报酬:自己创造的市场增值部分在收入中的体现,并能对市场目标的再提高产生作用。SBU 对员工意味着要成为创新的主体,应该通过在为用户创造价值的过程中体现自己的价值,就是经营自我。

SBU 经营的三个特征体现在,一是没有上级,没有下级,只有市场目标和市场关系;二是没有起点,没有终点,只有把握市场变化不断地创新;三是建设充满活力,有速度,有竞争力的市场终端。

海尔通过 SBU 大力倡导"人单合一",每个人都有自己的定单(定单就是市场),都要对定单负责,而每一张定单都有人对它负责,即"人人都管单,单单有人管"。

海尔集团的组织架构图如图 10-1 所示。

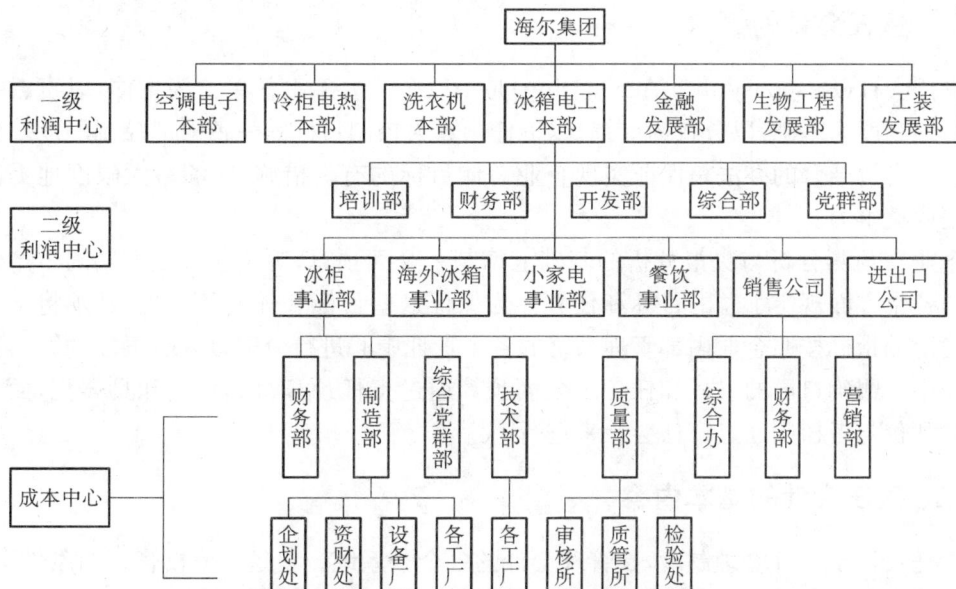

图 10-1 海尔集团本部制与二级利润中心

【想一想】

(1) 分析海尔集团实行的 SBU 和传统职能性组织结构的相同和不同之处。

(2) 参照责任会计的相关理论,分析海尔集团 SBU 组织架构的实施重点和难点。

(3) 谈谈你对海尔集团推行全员 SBU 管理实践的看法。

知识准备

任务一　责任会计概述

一、责任会计的产生和发展

责任会计产生于 19 世纪末 20 世纪初。这一时期,西方资本主义经济发展迅速,企业组织规模不断扩大,成本会计得到了充分的发展,其标志是以泰罗的"科学管理原理"为基础的标准成本制度的出现。管理科学理论的出现,使责任会计体系得到进一步完善。责任会计在理论和方法上的成熟,则是在 20 世纪 40 年代以后。第二次世界大战后,企业的规模以前所未有的速度发展,出现了越来越多的股份公司、跨行业公司和跨国公司。传统的管理模式已不适用或者效率低下,这样一来,责任会计受到了人们的普遍重视,其方法也被不断改进,并最终形成了现代管理会计中的责任会计。责任会计在制定企业的总体目标和各级管理部门目标的过程中,能够运用先进的科学理论和科学工具,使影响企业目标的各种因素达到最优组合,使责任考评科学化和合理化,从而进一步调动企业内部各级管理部门的积极性。

二、责任会计的概念

责任会计(Responsibility Accounting)是指以企业内部责任单位为主体,以责、权、利相统一的制度为基础,以分权为前提,以责任预算为控制目标的一种内部控制制度。这种责、权、利有机结合的办法是保证实现企业总体目标的有效措施,能够最大限度地提高效益和企业竞争力。

企业在预测分析与决策分析的基础上编制了全面预算,为企业在预算期间生产经营活动的各个方面规定了总的目标和任务。为保证这些目标和任务的实现,必须将全面预算中确定的指标按照企业内部管理系统的各个责任中心进行分解,形成"责任预算",使各个责任中心明确自己的目标和任务。全面预算通过责任预算得到落实和具体化,而责任预算的评价与考核则通过责任会计来进行。

三、责任会计的基本内容

责任会计是一种管理制度,是管理会计的一个子系统。它是在分权管理的条件下,为适应经济责任制的要求,在企业内部建立若干责任单位,并对其分工负责的经济活动进行规划与控制的一整套专门制度。其要点就在于利用会计信息对各分权单位的业绩进行计量、控制与考核。责任会计一般包括以下内容:

（1）划分责任中心，明确权责范围。根据企业内部各部门生产经营活动的特点和管理的需要，将它们划分为若干个责任中心，规定每一个责任中心的权责范围。

（2）分解奋斗目标，编制责任预算。将企业全面预算所确定的奋斗目标和任务进行层层分解，落实到每一个责任中心，形成责任预算，并作为今后控制和评价它们的经济活动的主要依据。

（3）计量实际成果，考评工作业绩。对各责任中心的日常经济活动进行记录、计算，及时分析经济责任指标的实际完成情况与责任预算的差异，定期编制业绩报告，考评工作业绩，提供信息反馈，控制和调节它们的经营活动，以保证企业总目标的实现。

任务二　责任中心概述

一、责任中心的含义

企业为了有效地进行内部协调与控制，通常采用统一领导、分级管理的原则，根据企业组织结构的不同，可以将整个企业逐级划分为若干个责任区域，也就是各个责任层次能够严格进行控制的活动范围，即责任中心（Responsibility Center）。责任中心是指由专人承担一定的经济责任，并具有相应管理权限和相应经济利益，能够对其经济活动进行严格控制的企业内部单位。责任中心受命完成某项特定的任务，并接受企业提供的为完成这些任务所需要的资源。

建立责任中心的关键是要分清责任和权限。各级管理人员对应该负责和能够控制的各种财务成本指标进行严格管理，对不该管的和不能控制的指标则无须负责。权限不能交叉，否则会出现各责任中心之间互相"扯皮"现象。同时，建立责任中心应将各个责任中心的经营目标与企业的总目标统一起来，确保经营目标的一致性。因此，在对责任中心进行考评时，应该注意它们的经营目标是否与企业的总体目标相矛盾，如有矛盾，应由管理当局进行协商调整。

建立责任中心是建立责任会计制度的首要问题。概括来说，建立责任中心必须满足以下条件：

（1）有承担经济责任的主体——责任者。

（2）有确定经济责任的客观对象——资金运动。

（3）有考核经济责任的基本标准——责任预算。

（4）具备承担经济责任的基本条件——职责和权限。

凡不具备以上条件的单位和个人，不能构成责任实体，不能作为责任会计的基本单位。

二、责任中心的设置

责任中心按其责任者的责任范围不同，可以划分为成本中心、利润中心和投资中心。

（一）成本中心

1. 成本中心的含义

成本中心（Cost Center），是指只发生成本而不取得任何收入的责任中心。任何只发生成本的责任领域都可以确定为成本中心。成本中心通常没有收入，因而它只对成本负责，对收入、利润和投资不负责。成本中心所发生的各项成本，对成本中心来说，有些是可以控制的，有些则是无法控制的。凡是成本中心能够控制的各项耗费，称为可控成本；凡是成本中心不能控制的各种耗费，称为不可控成本。作为一个成本中心的可控成本，需要同时满足下列三个条件：

（1）可预测性。成本中心的责任人能够通过一定的方式预知将要发生的成本。

（2）可计量性。成本中心能够对发生的成本进行计量。

（3）可调节性。成本中心能够通过自己的行为对成本加以调节和影响。

凡不能同时满足上述三个条件的成本通常为不可控成本，一般不在成本中心的责任范围之内。也就是说，只有可控成本才是成本中心应当负责的成本，即责任成本。

需要指出的是，成本的可控与不可控是相对而言的，这与责任中心所处的管理层次的高低、管理权限的大小以及控制范围的大小有直接关系。对企业来说，几乎所有的成本都可以被视为可控成本，一般不存在不可控成本；而对于企业内部的各个部门、车间、工段、班组乃至职工个人来说，既有其各自专属的可控成本，又有各自的不可控成本。对于较高层次的责任中心来说属于可控的成本，对于其下属的较低层次的责任中心来说可能就是不可控成本。例如，直接用于生产的原材料、燃料、动力、生产工人工资，以及车间经费中的变动部分，对生产班组来说是可控的；车间经费的固定部分，对生产班组来说虽是不可控的，但对车间来说却是可控的。

2. 成本中心的分类

成本中心的应用范围最为广泛，凡企业内部有成本发生、需要对成本负责并能够进行控制的单位都是成本中心。在实践中，成本中心可按以下标准划分。

（1）按管理范围划分。由于企业内部的各部门分别负责不同的业务，拥有各自的管理范围，因而成本中心可分为以下几种：

① 生产车间或分厂。它包括基本生产车间和辅助生产车间。生产车间通常只发生生产耗费，不取得收入，而且不拥有供、产、销等方面的管理权限，因而一般可以定为成本中心。

② 仓库。它包括材料仓库、半成品仓库和产成品仓库，这些仓库分别负责各自对象的收、发、保管业务，既要占用一定的资金，也会发生一些费用，故通常也被确定为成本中心。

③ 管理部门。它是指企业的大多数职能部门，包括供应部门、生产部门、人事部门、会计部门等，这些职能部门通常只是考核其费用支出的数额，因而它们往往也被称为费用中心，这是广义上的成本中心。

（2）按管理层次划分。如果说按管理范围划分成本中心是横向划分的话，那么按管理层次划分则是对成本中心进行纵向划分。企业要根据其组织结构特点，按管理层次进行纵向划分。例如，就分厂而言，可以划分为分厂、车间（工段）、班组、个人等复合成本中心；就仓库而言，可以划分为仓库、保管人员两级成本中心；就管理部门而言，可以划分为管理部门、管理人员两级成本中心。最基层的成本中心就其控制的成本向上一级成本中心负责。

3. 成本的分类

成本既可按可控性分类，又可按其他标准分类。由于分类的角度不同，这两种分类之间既相互联系，又相互区别，因而要注意把握它们之间的联系与区别。

（1）成本按可控性分类与成本按成本性态分类的联系与区别。从一个成本中心看，一般来讲，变动成本大多是可控成本，固定成本大多是不可控成本。但不应绝对化，要结合实际情况具体分析。例如，在摩托车装配车间，每辆摩托车应装配一个前灯，摩托车灯（外购件）显然属于变动成本，它随摩托车产量的增减而增减，但它对于装配车间的负责人来讲，属于不可控成本，因为车灯的成本是由装配车间的外部因素决定的，不受该负责人的控制。另外，有些固定成本却可能属于可控成本。例如，广告费可以作为固定成本，但它的发生额在一定程度上受有关管理部门负责人的控制，因而属于可控成本。

（2）成本按可控性分类与成本按归属分配到各成本中心的方法分类的联系与区别。成本按归属分配到各成本中心的方法可分为两类：直接成本和间接成本。直接成本是指各成本中心直接发生的成本，间接成本是指由其他部门分配来的成本。一般来讲，直接成本大多是可控成本，间接成本大多是不可控成本。但也不能绝对化，应做具体分析。例如，上述摩托车装配车间生产中用的车灯（外购件）是直接成本，但不是可控成本。而有些间接成本却有可能归属于可控成本。例如，辅助生产部门为生产单位提供服务的成本，对生产单位来讲，是从外部分配而来的间接成本，但如果分配来的服务成本是按受益单位生产耗用数量的多少为标准进行分配的话，那么这项间接成本对生产单位来讲就是可控成本。

（二）利润中心

1. 利润中心的含义

利润中心（Profit Center），是指既能控制成本，又能控制收入的责任中心。由于利润等于收入减去成本和费用，因此利润中心实际上就是对利润负责的责任中心。这类责任中心往往处于企业中较高的层次，一般指有产品或劳务生产经营决策权的部门，如分厂、分公司以及有独立经营权的各部门等。利润中心的权力和责任都大于成本中心。

2. 利润中心的类型

利润中心可分为自然利润中心和人为利润中心两类。自然利润中心是指能直接与外界发生经营业务往来、获得业务收入，并独立核算的责任单位。这类利润中心主要是企业内部管理层次较高、具有独立收入来源的分公司、下属工厂等。人为利润中心是为明确划分责任中心的经济责任、考评其经营业绩而人为地设立的，它是指为企业内部各责任中心提供产品和劳务，按企业内部转移价格进行独立核算的责任中心。人为利润中心不能直接对外销售其产品和劳务。这类利润中心主要是企业中为其他责任中心提供产品或半成品的生产部门，或为其他责任中心提供劳务的动力、维修等部门。显然，当企业为各责任中心相互提供产品或半成品及劳务而规定了内部转移价格后，大多数成本中心可转化为人为利润中心。此时，各责任中心之间虽然没有现金结算，但在会计账务处理上，供应方视同收入,受益方视同成本或费用,因而也就可以对供求双方的业绩进行考评。

3. 可控利润

利润中心的成本和收入,对利润中心来说都必须是可控的,以可控收入减去可控成本就是利润中心的可控利润,也称责任利润。一般来说,可控利润通常包括以下两类:

(1)自然形成利润中心的可控利润。如果责任中心有产品销售权,能够对外销售产品并取得实际收入,在此基础上计算的利润,是真正实现的利润,我们称之为自然形成利润中心的可控利润。

(2)人为形成利润中心的可控利润。如果责任中心的产品不能直接对外销售,而只是提供给企业内部的其他单位,那么取得的收入就不是对外销售的实际收入,只是企业内部销售收入,这种内部销售收入与该利润中心完工产品成本的差额,是所谓的内部利润,它并非是现实的利润,我们称之为人为形成利润中心的可控利润。

(三)投资中心

投资中心(Investment Center),是指既对成本、收入和利润负责,又对资金及其利用效益负责的责任中心。这类责任中心不仅在产品和销售上享有较大的经营自主权,而且能够相对独立地运用其所掌握的资金,如大型集团公司下面的分公司、子公司等。投资中心的责任对象必须是其能影响和控制的成本、收入、利润和资金。

由于投资的目的是获取利润,因而投资中心同时也是利润中心,但两者又有区别:投资中心拥有投资决策权,即能够相对独立地运用其所掌握的资金,有权购置和处理固定资产,扩大或缩小生产能力;而利润中心没有投资决策权,它是在企业确定投资方向后进行的具体经营。

投资中心是分权管理模式的最突出表现,它在责任中心中处于最高层次,具有最大的经营决策权,也承担着最大的责任。在组织形式上,成本中心基本上不是独立的法人,利润中心可以是也可以不是独立的法人,但投资中心基本上都是独立的法人。

三、责任中心的评价与考核

责任会计的主要目的之一是评价与考核各责任中心的经营业绩。评价与考核的基础和依据是各责任中心的责任预算。责任中心应该定期编制责任报告,反映责任预算的执行情况,并列示实际情况与预算之间的差异。差异额是评价与考核责任中心经营业绩优劣的重要标志。由于各责任中心的责任范围不同,因此评价与考核的内容也不完全一样。

(一)成本中心的评价与考核

成本中心没有收入,它的可控区域仅为成本,因而对其评价与考核的重点只能是其责任成本。成本中心编制业绩报告的依据是其责任预算和责任预算的执行情况,并计算两者之间的差异。业绩报告一般按其可控成本的各明细项目分别列示预算数、实际数和差异数,至于其不可控成本可不列示,或作为参考资料列出,以便有关人员和管理层了解该成本中心的成本消耗全貌。其中,成本差异数是评价与考核成本中心经营业绩的重要依据:当实际数大于预算数时,称为"不利差异",表示超支或逆差;当实际数小于预算数时,称为"有利差异",表示节约或顺差。然而这仅仅是表面现象,业绩报告应对成本差异形成的原因做出分析和说明,作为今后巩固和发扬成绩、纠正缺点、修正预算或采取措施控制成本支出的信息反馈。

成本中心的业绩报告按成本中心的层次编写,并且从最底层的成本中心自下而上逐级编制,直至最高管理层。其中,除最底层的成本中心之外,各级成本中心的责任成本都应包括下级转来的责任成本和本身的可控成本。成本中心的业绩报告基本内容和一般格式如表 10-1 所示。

表 10-1 ××成本中心(车间)业绩报告

2019 年 10 月

单位:元

项 目	预算数	实际数	差异数
下属单位转来的责任成本			
甲工段	10 000	10 500	500
乙工段	12 000	12 400	400
小 计	22 000	22 900	900
本车间可控成本			
间接材料	5 000	4 500	−500
间接人工	2 500	2 400	−100
管理人员薪金	3 000	2 800	−200
设备维修费	1 500	1 600	100
物料费	500	600	100
小 计	12 500	11 900	−600
本车间主任成本合计	34 500	34 800	300
本车间不可控成本			
房屋租金	—	2 000	—
固定资产折旧费	—	4 000	—
其他分配费用	—	2 500	—
合 计	—	8 500	—
总 计	34 500	43 300	300

(二)利润中心的评价与考核

利润中心既能控制成本,又能控制收入,从而可以控制利润。对利润中心评价与考核的重点是其责任利润,具体指标是贡献毛益和税前净利。利润中心编制业绩报告的依据是其成本预算、销售预算和它们的实际执行情况,并计算两者的差异。业绩报告应该列示销售收入、变动成本、贡献毛益、固定成本和税前净利的预算数、实际数和差异数。其中,差异数是评价与考核利润中心经营业绩的重要依据:当销售收入、贡献毛益和税前净利的实际数大于预算数时,为"有利差异",反之为"不利差异";当变动成本和固定成本的实际数大于预算数时,为"不利差异",反之为"有利差异"。业绩报告还应对各种差异形成的原因做科学分析和说明。利润中心的业绩报告基本内容和一般格式如表 10-2 所示。

表 10-2 ××利润中心(分厂)业绩报告

2019 年 10 月 单位:元

项 目	预算数	实际数	差异数
销售收入	250 000	265 000	15 000
变动成本			
变动生产成本	60 000	61 000	1 000
变动摊销费用	40 000	42 000	2 000
变动管理费用	10 000	9 500	-500
变动成本小计	110 000	112 500	2 500
贡献毛益	140 000	152 500	12 500
期间成本			
固定制造费用	58 000	59 000	1 000
固定摊销费用	11 000	12 000	1 000
固定管理费用	3 000	3 500	500
期间成本合计	72 000	74 500	2 500
税前净利	68 000	78 000	10 000

(三)投资中心的评价与考核

由于投资中心不仅要对成本、收入和利润负责,而且要对资金的利用效益负责,因此对投资中心的考核内容不仅包括投资中心的成本、收入和利润,而且包括资金使用效率。通常,对投资中心的考核采用投资报酬率和剩余收益两项指标。

1. 投资报酬率

投资报酬率又称投资利润率,是指投资中心所获得的利润与投资额之间的比率。其计算公式如下:

投资报酬率=利润÷投资额×100%

式中,利润——息税前的营业利润;投资额——经营中占用的固定资产和流动资产的平均余额。

投资报酬率是目前许多公司十分偏爱的评价投资中心业绩的指标。它具有如下优点:

(1)投资报酬率能反映投资中心的综合盈利能力。投资报酬率由三项指标构成,即收入、成本和投资。提高投资报酬率可以通过增收节支来实现,也可以通过减少投入资本来实现。

（2）投资报酬率具有横向可比性。作为效益指标，投资报酬率体现了资本的获利能力，剔除了因投资额不同而导致的利润差异的不可比因素，有利于判断各投资中心经营业绩的优劣。

（3）投资报酬率可以作为选择投资机会的依据，这样有利于调整资本流量和存量，优化资源配置。

（4）以投资报酬率作为评价投资中心业绩的指标，有利于正确引导投资中心的管理行为，避免短期行为。这是因为这一指标反映了投资中心运用资产并使资产增值的能力，资产运用的任何不当行为都将降低投资报酬率。因此，以投资报酬率作为评价投资中心业绩的尺度，将促使各投资中心用活闲置资产，合理确定存货，加强对应收账款及固定资产的管理，及时处理变质、陈旧过时的库存商品等。

【例 10-1】 假定某企业下属甲、乙两个分公司均为投资中心。报告期甲分公司的经营资产平均余额为 1 000 000 元，利润为 230 000 元；乙分公司的经营资产平均余额为 1 500 000 元，利润为 270 000 元。

要求：计算甲、乙分公司的投资报酬率。

解：甲分公司的投资报酬率＝230 000÷1 000 000×100％＝23％

乙分公司的投资报酬率＝270 000÷1 500 000×100％＝18％

这两个分公司的经济效益单从利润绝对数看，乙分公司要比甲分公司好，但从投资报酬率来看就恰恰相反了。显然，甲分公司的经营业绩优于乙分公司。

投资报酬率作为评价指标的不足之处是会使投资中心缺乏全局观念。各投资中心为达到较高的投资报酬率，可能不愿接受获利较低的投资项目，尽管这种项目对整个企业是有利的。

【例 10-2】 假定【例 10-1】中企业要求甲分公司计划期生产某种新产品，该产品的预计投资额是 200 000 元，预计年利润将增加 44 000 元。

要求：计算生产新产品后甲分公司计划期的预计投资报酬率。

解：甲分公司计划期投资报酬率＝（230 000＋44 000）÷（1 000 000＋200 000）×100％
＝22.83％

由于生产新产品，甲分公司的投资报酬率将下降到 22.83％，用投资报酬率指标评价业绩，则说明甲分公司的经营业绩下降。甲分公司当然不会接受这一新的投资项目。但该投资项目的投资报酬率达到 22％（＝44 000÷200 000），高于企业平均的投资报酬率 20％［＝（230 000＋270 000）÷（1 000 000＋1 500 000）］。显然，接受该投资项目将会提高整个企业的投资报酬率，因而从企业全局来看，该投资项目还是有利的。

2. 剩余收益

为了使各投资中心的局部目标与企业的总体目标保持一致，克服投资报酬率考核投资中心业绩的局限性，还可采用剩余收益作为考核指标。剩余收益是指投资中心获得的利润扣减其最低投资收益后的余额。其计算公式是：

剩余收益＝利润－（投资额×预期最低投资收益率）

这里的最低投资收益率一般是指企业各投资中心的平均报酬率或整个企业的预期报

酬率。这一指标的含义是,只要投资收益超过平均或预期的报酬额,就对企业和投资中心都有利。利用剩余收益指标来考核投资中心的业绩,不仅具有与投资报酬率指标一样的优点,而且克服了投资报酬率指标的缺陷。

【例10-3】 假设【例10-2】中。企业改用剩余收益指标考核投资中心的业绩,投资中心的平均报酬率为20%。

要求:计算甲分公司接受生产新产品的剩余收益。

解:生产新产品的剩余收益=44 000-200 000×20%=4 000(元)

计算结果表明,甲分公司接受该项目,企业所得到的投资报酬率将超过20%,而且甲分公司可以增加剩余收益4 000元,此时甲分公司就愿意接受该项目。可见,利用剩余收益指标考核投资中心的业绩,将使企业的整体利益与投资中心的局部利益达到一致。

当然,上面的情况并非说明采用剩余收益作为考核指标一定比投资报酬率好,要视具体情况而定:当资金比较宽裕时,一般采用剩余收益较好,因为资金较难找到市场,只要有利可图即可;而当资金比较短缺时,应尽可能充分利用资金,将其投入最有利的项目,即投资报酬率最高的项目,以力求获得尽可能多的报酬。

投资中心的业绩评价同样以其业绩报告为依据。投资中心业绩报告的一部分内容同利润中心相似,即列示成本、收入和利润的预算数、实际数和差异数,此外还要列出经营资产平均占用额、销售利润率、投资报酬率以及剩余收益的预算数和实际数,以便对投资中心的业绩做出全面的评价。投资中心的业绩报告格式如表10-3所示。

表10-3 某投资中心业绩报告

2019年度 单位:元

项 目	预算数	实际数	差异数
销售收入	840 000	800 000	-40 000
变动成本			
变动生产成本	500 000	480 000	-20 000
变动销售管理费用	90 000	100 000	10 000
贡献毛益	250 000	220 000	-30 000
固定成本			
固定制造费用	120 000	120 000	0
固定销售管理费用	80 000	52 000	-28 000
产品销售利润	50 000	48 000	-2 000
经营资产平均占用额	100 000	100 000	0
销售利润率	5.95%	6%	0.05%
投资报酬率	50%	48%	-2%
预期投资报酬率(30%)			
应取得报酬额	30 000	30 000	0
剩余收益	20 000	18 000	-2 000

四、传统业绩考评指标的缺陷

传统的业绩考评制度，都离不开对财务指标的分析，但是，在现代市场竞争环境下，各种不确定因素对企业前景有着众多影响，仅仅通过一些财务指标已经不能满足企业业绩考评的需要，它在设计思路、具体内容和运作方式上都过于陈旧。

（1）只注重对过去经营业绩的考评，不能对未来应采取的行动提供充分的指导。传统的业绩考评作为一种基于过去经营数据的评价，只能获取滞后指标，不能及时地捕捉到后期乃至更远的会计期间各部门（责任中心）的行为给企业创造了多少价值或对企业的价值增值有什么破坏性影响，因而不能对未来创造企业价值而采取的行动提供充分的指导。

（2）只注重财务因素，不反映非财务因素。传统的业绩考评只注重对财务业绩的考评，而对于许多对企业经营管理有着重要影响的非财务因素，都不能作为业绩考评的内容进行。

（3）只注重短期财务成果，不关注长期价值创造。传统业绩考评会造成企业部门（责任中心）过分重视取得和维持短期的财务成果，急功近利，在短期绩效方面投资过多，而在长期价值创造方面，特别是使未来增长得以实现的知识资产方面投资过少。

（4）只注重内部各种因素，不考虑外部因素影响。传统业绩考评只注重内部各种因素，而对企业经营业绩有重要影响的许多外部因素（如供应商、客户、合作伙伴、竞争对手等）关注较少，因此，传统的业绩考评只能发现问题而不能提供解决问题的思路，只能做出评价而难以改善企业的状况。面对企业日益复杂的内外部环境，单纯的财务指标已经难以全面评价企业的经营业绩，只有突破单一的财务指标，采用包括财务指标和非财务指标相结合的多元化指标体系，才能对企业各个部门（责任中心）的经营业绩做出全面、正确的评价。由此，综合业绩考评制度——平衡计分卡应运而生。

任务三　内部转移价格

内部转移价格（Internal Transfer Price），也称内部结算价格，是企业内部各责任中心之间提供产品和劳务的价格，它在企业内部起到利益再分配的作用。合理制定内部转移价格有助于分清责任，有助于调动各方面的积极性。

如果一个责任中心的产出是另一个责任中心的投入，那么合理制定内部转移价格对于正确评价相关责任中心的经营业绩就显得十分重要。内部转移价格定高了，卖方责任中心的利润就会增加，而买方责任中心的利润就会相应减少；反之，则相反。内部转移价格制定得不合理，就会损害一方或几方的利益，打击企业内部的积极性。

一、制定内部转移价格的基本原则

内部转移价格在企业内部起到利益再分配的作用。合理制定内部转移价格有助于分清责任，有助于调动各方面的积极性。基于责任会计的目的，制定内部转移价格应遵循以下基本原则。

（一）目标一致

它是指应尽可能做到各责任中心负责人在追求本部门利益最大化的同时实现企业整体利益最大化。

（二）公平合理

它是指不应使任何责任中心以损害其他责任中心的利益来换取自身的利益。

（三）评价与激励相结合

它是指制定的转移价格不但应提供合理的评价基准，而且应赋予责任中心负责人一定的经营自主权。

二、内部转移价格的作用

内部转移价格的作用主要表现在以下四个方面。

（一）有助于经济责任的合理落实

内部转移价格利用其调节手段，通过内部交易的形式在各责任中心之间调节彼此的收入和负担，使得各责任中心的经济责任合理，从而使这些经济责任易于落实。

（二）为责任中心的激励提供一个公正和易于使用的基础

要使物质利益起到鼓励先进和鞭策后进的作用，促进企业经济效益提高，就必须联系履行责任来计算利益。责任明确合理，计算利益才能公平有效。内部转移价格提供了反映责任中心综合成果的内部利润额，也便于具体利益的计算和分配。

（三）使企业资源得到最佳利用

制定内部转移价格，再结合最优化生产计划，可使企业资源得到最佳利用，使企业整体取得最好的经济效益。

（四）为制定和调整新产品价格提供资料

内部转移价格还为制定新产品价格和今后调整产成品的外部销售价格等工作提供了必要的资料。

三、内部转移价格的制定方法

（一）按标准（定额）成本制定转移价格

以标准（定额）成本作为内部转移价格，是制定内部转移价格最简便的方法。这种方法适用于成本中心之间相互提供产品或劳务，在管理工作较好的企业里，各种产品的定额资料都比较完整，能够容易地计算出各中间产品和半成品的定额成本，而实行标准成本计算的企业则更有完整的标准成本资料。因此,以标准(定额)成本作为内部转移价格制定的基础,具有相对稳定和易于操作的优点,而且将管理和核算工作结合起来,使责任清楚,避免将卖方节约或浪费的成本转嫁给买方,有利于调动买卖双方降低成本的积极性。

(二)按标准成本加成制定转移价格

按标准成本加成制定转移价格是指根据提供产品或劳务的标准成本,加上以一定合理的成本利润率计算的利润作为内部转移价格的方法。这种方法适用于提供产品或劳务的利润中心和投资中心。其优点是能够分清买卖双方的经济责任,缺点是加成利润率的确定具有一定的主观性。一般认为以最终产品成本利润率确定较为合理,因为最终产品是各有关责任中心共同创造完成的,由此创造的利润就应按有关责任中心参与的份额进行分配,各责任中心有了相同的利益,就能相互配合,更好地发展生产。

(三)按市场价格制定转移价格

按市场价格制定转移价格是指以市场价格作为提供产品或劳务的内部转移价格。这种方法适用于中间产品存在一个完全竞争市场的情况,应用于独立核算的利润中心。由于各责任中心将产品或劳务提供给企业内部和外部,都采用相同的市场价格,比较客观公正,不会偏袒任何一方,最能体现责任中心的基本要求,因此,市场价格被认为是制定内部转移价格的最好基础。

虽以市场价格作为内部转移价格,但并不意味着两者相等。由于是内部转移,卖方可以节约一定的销售费用、广告费和运输费等,因此买方往往要求内部转移价格低于市场价格。同时还要注意,有些产品或劳务是专门为企业内部生产和提供的,即没有外部市场,因而没有现成的市场价格,其内部转移价格的制定就无法以此为基础。

关键术语

责任会计　成本中心　利润中心　投资中心　投资报酬率　剩余收益　内部转移价格

应知考核

一、单选题

1. 在其他条件不变的情况下,总厂提高了某下级分厂生产产品的内部转移价格,其结果是( )。
   A. 企业总体的利润水平不变　　　　B. 企业总体的利润水平下降
   C. 企业总体的利润水平上升　　　　D. 该分厂的利润水平不变

2. 在责任会计中,对成本中心评价与考核的重点是( )。
   A. 产品成本　　B. 变动成本　　　C. 责任成本　　　D. 直接成本

3. 在同一企业中,提高企业内部转移价格会使企业利润总额( )。
   A. 上升　　　B. 下降　　　　C. 不变　　　　D. 不确定

4. 责任会计制度的基本特征是( )。

A. 目标一致　　B. 信息反馈　　　　C. 业绩考评　　　　D. 责、权、利统一

5. 制定内部转移价格应强调（　　）的最大利益。

A. 企业内部"买方"　　　　　　　B. 企业内部"卖方"

C. 企业整体　　　　　　　　　　D. 各责任中心

6. 某公司的某一部门有关资料如下：部门销售收入 30 000 元，部门销售产品变动生产成本和变动销售费用 20 000 元，部门可控固定成本 1 600 元，部门不可控固定成本 2 400 元。则该部门的边际成本为（　　）元。

A. 10 000　　　　B. 8 400　　　　C. 6 000　　　　D. 4 000

二、多选题

1. 与成本中心考核有关的成本是（　　）。

A. 机会成本　　B. 可控成本　　C. 不可控成本　　D. 责任成本

2. 企业通常采用（　　）法制定内部转移价格。

A. 标准（定额）成本　　　　　　B. 实际成本

C. 市场价格　　　　　　　　　　D. 标准成本加成

3. 以市场价格作为内部转移价格，应当具备的条件是（　　）。

A. 必须是成本中心　　　　　　　B. 必须是利润中心

C. 中间产品有完全竞争的市场　　D. 中间产品不能从外单位购买

4. 责任中心应具备（　　）的条件。

A. 有业务活动特点　　　　　　　B. 有责任者

C. 有资金运动　　　　　　　　　D. 有经济绩效

5. 投资报酬率作为考核投资中心业绩的指标，具有（　　）的优点。

A. 可以据以选择投资机会　　　　B. 横向可比性

C. 反映综合盈利能力　　　　　　D. 可以避免短期行为

三、判断题

1. 在责任会计中，责任成本应当按公司、分厂、车间、班组的层次顺序逐级汇总。

（　　）

2. 剩余收益是指投资中心获得的利润扣减其投资收益后的余额。　　　（　　）

3. 以市场价格为基础的内部转移价格，通常会低于市场价格，这之间的差额反映了与外部销售有关的销售费用、广告费等。　　　（　　）

4. 责任中心是逐级设置的，责任成本也应该自下而上逐级汇总。　　　（　　）

5. 较低层次责任中心的可控成本，不一定是其所属较高层次责任中心的可控成本。

（　　）

6. 与成本中心相比，利润中心的权力和责任都要大得多。　　　（　　）

四、简答题

1. 什么是责任会计？责任会计的内容有哪些？

2. 什么是责任中心？责任中心有哪几种？考核指标各有哪些？

3. 什么是内部转移价格？内部转移价格的类型有哪些？

应会考核

【业务处理一】

某总公司加权平均投资利润率为 18%，其所属 A 投资中心的经营资产平均余额为 400 万元，利润为 100 万元。现该投资中心有一投资项目，投资额为 50 万元，预计投资利润率为 20%。若该公司要求的最低投资报酬率为其加权平均投资利润率。

要求：

(1) 如果不考虑投资项目，计算 A 投资中心目前的投资利润率。

(2) 如果按投资利润率来衡量，A 投资中心是否愿意接受这一投资项目？

(3) 计算投资项目的剩余收益。

(4) 如果按剩余收益来衡量，A 投资中心应否接受这一投资项目？

【业务处理二】

某公司下设甲、乙、丙三个子公司，均为投资中心，有关资料如表 10-4 所示。

表 10-4　某公司甲、乙、丙三个子公司有关资料

子公司	经营资产平均余额(万元)	预计销售利润率
甲	200	10%
乙	250	15%
丙	150	20%

假定该公司现定的最低投资报酬率为 25%。

要求：

(1) 计算各分公司应达到的最低资金周转率。

(2) 计算各分公司应实现的最低销售收入。

(3) 计算各分公司应获得的营业利润。

项目实训

安利公司有一个阀门制造部，制造和销售标准阀门，有关资料如表 10-5 所示。

表 10-5　制造和销售标准阀门有关资料

生产能力	100 000 个	单位变动成本	16 元/个
对外客户的销售价	30 元/个	单位固定成本(基于生产能力)	9 元/个

该公司另有一个水泵制造部，其中一个型号的水泵要使用这种阀门。该水泵制造部目前每年从海外供应商处以每个 29 元的价格购买 10 000 个阀门。

要求：

(1) 假设阀门制造部有足够的闲置生产能力，可以多生产阀门以满足水泵制造部的要求。两分部之间的内部转移价格的合理范围是多少？

(2) 假设阀门制造部正对外部客户销售它所能生产的所有阀门,两分部之间的内部转移价格的合理范围是多少?

(3) 假设阀门制造部正对外部客户销售它所能生产的所有阀门,还假设在公司内部转移时,由于销售成本的减少,内部转移的阀门可减少 3 元的变动成本,则两分部之间的内部转移价格的合理范围是多少?